UWE WOLFF

BREIT AUS DIE FLÜGEL BEIDE

UWE WOLFF

Breit aus die Flügel beide

Von den Engeln des Lebens

HERDER
FREIBURG · BASEL · WIEN

Für Jaakob Elias

Zweite Auflage

Umschlagmotiv: Jakob ringt mit dem Engel.
Gemälde von Rembrandt van Rijn, um 1660. Berlin, Staatliche Museen Preußischer Kulturbesitz, Gemäldegalerie.

Reproduktionen: Repro-Color Weinacker, Nimburg
Herstellung: Freiburger Graphische Betriebe 1994
ISBN 3-451-22922-6

INHALT

Engel, laß die Zeit
stillstehn
lehr mich zu verstehn
lehr mich dankbar sein
Engel, laß uns ein Wunder tun
die Welt soll wissen, warum
sich zu lieben lohnt
Engel, das wär schön.

Marius Müller-Westernhagen, Engel

DER ENGEL DER GEBURT

„Guten Abend, gut' Nacht,
von Englein bewacht ..."

Deutsches Wiegenlied

Kinderfragen

Wer bin ich? Wo war ich? Was bin ich geworden? Wohin eile ich? Was ist Geburt? Was ist Wiedergeburt?

Kinder fragen so und Philosophen. Die Kindheit ist die Zeit der großen Fragen.

Wo komme ich her? Warum bin ich auf der Welt? War ich auch in Deinem Bauch?

Die Mutter ist schwanger geworden. Ihr Leib wölbt sich. Das Kind begleitet Vater und Mutter zur Schwangerschaftsgymnastik. Mit dem hölzernen Hörrohr erlauscht es die Herztöne des Ungeborenen. Es fühlt sein Pochen gegen die Bauchdecke.

Der Geburt gehen Vorbereitungen voraus. Sie stimmen das Kind nachdenklich. Doch die großen Fragen nach Ursprung, Sinn und Ziel des Lebens sind unabhängig von jeder Anschauung mit dem Menschsein gegeben, und jedes Kind stellt sie in dem Augenblick, wo das Bewußtsein seiner Existenz in ihm erwacht.

Der Vater wird dem Kind erzählen, daß es auch einmal im Bauch der Mutter gewesen war. Das Kind wird ihm Glauben schenken und weiter fragen.

Wo war ich, bevor ich in Mamas Bauch war?

Die Mutter wird den biologischen Vorgang der Zeugung kindgemäß erklären. Das Kind wird ihr Glauben schenken und weiter fragen.

Gab es mich nicht, bevor ich in Deinem Bauch war? Oder lebte ich im Himmel unter den Engeln?

Viele Erwachsene haben ihre Kinderfragen vergessen oder verdrängen müssen, weil sie nie eine Antwort darauf erhalten haben. Doch still fragt in ihnen weiter das Kind, das sie einmal waren. Alte Menschen wagen wieder Kinderfragen zu stellen.

„Ich erinnere mich. Am Anfang war die Begegnung mit dem Engel", so beginnt ein alter Mann, der als Diplomat im deutschen Dienst die ganze Welt bereist hat, seine Lebenserinnerungen. Aufgewachsen im Dörfchen Wilhelmsort, in der preußischen Provinz Posen, als Sohn eines Distriktkommissars, steht am Anfang von Erwin Wickerts Autobiographie die Urerinnerung an den Engel der Geburt. Das Kind muß damals zwischen zwei und drei Jahren alt gewesen sein, denn es konnte schon laufen und die Klinken der Türen herunterdrücken. Treppen konnte es auf allen vieren hinauf- und rückwärts hinabkriechen. Dann kam der Tag, wo das Kind wie die Erwachsenen die Treppen hinuntergehen wollte. Zu spät tritt das polnische Kindermädchen aus dem Bügelzimmer, um die Gefahr zu bannen. Ein Schrei, die Mutter stürzt herbei. „Aber ein Engel hob mich sanft auf, trug mich und setzte mich sechs oder sieben Stufen tiefer auf dem nächsten Absatz sanft nieder, sanft wie eine Feder." Noch heute fühle er, wie behutsam ihn der Engel aufgenommen habe, um mit ihm hinabzuschweben. Gesehen habe er den Engel nicht. Polen-Irma, das Kindermädchen, hatte dagegen den Schutzengel leibhaftig erblickt. Durch ihre Erzählung und Deutung wird das Urerlebnis zu einer unauslöschlichen Gedächtnisspur.

Der Glaube an die Existenz seines Engels überdauerte den Verlust des Glaubens an die Wunder der Bibel und an die Auferstehung Jesu, doch habe er „nie und mit niemand von dem Engel gesprochen". Wie Kinderfragen, so tragen viele Menschen auch frühkindliche Urerfahrungen von Transzendenz still durch ihr Leben. Sie können sofort Erwin Wickerts Begründung für das lange Schweigen über die Engelerfahrung nachvollziehen. „Denn ich wußte, wenn ich von ihm spreche, ist er mir verloren."

Das Wirken der Engel führt in das Geheimnis unserer Existenz. Hier stoßen wir auf Sprachprobleme, denn Letztes wird berührt. Wie das Leben, so sind auch die Engel durch keine Wissenschaft zu ergründen. Sie entziehen sich dem begrifflichen Denken. Deshalb sind ihnen die Kinder nahe. Die Engel des Lebens begleiten das Kind und bezeugen in allen Lebensphasen Gottes Gegenwart. Am Eingang ins Leben ist der Engel der Geburt zur Stelle. Dies erzählt anschaulich die berühmteste Geburtsgeschichte der Welt.

Gabriel

Keiner der Berichterstatter war Augenzeuge der Geburt; doch was Lukas, als Arzt mit nüchternem Realitätssinn ausgestattet, von der Niederkunft und ihrer Vorgeschichte berichtet, hat wie kein zweiter Abschnitt der Bibel Menschen bewegt und Dichter wie Priester in Nachdenklichkeit versetzt. In detaillierter gynäkologischer Beobachtung der einzelnen Schwangerschaftsphasen verknüpft Lukas den ärztlichen Befund mit dem Geheimnis göttlichen Botentums. Sein Bericht ist beides: Wissenschaftsreport und verdichtete Theologie, ein frühes Dokument pränataler Psychologie und ein Zeugnis vom Wirken der Engel im menschlichen Leben. Lukas hat mündliche Erzählungen von der Geburt Jesu gesammelt, geordnet und kritisch bewertet. Ergebnis dieser Recherchen ist seine Weihnachtsgeschichte. Nur hier tritt Gabriel, der Engel der Geburt, in Erscheinung. Die anderen drei Berichterstatter, Markus, Matthäus und Johannes, kennen keinen Engel der Geburt. Vielleicht kam ihnen diese Geschichte nie zu Ohren. Vielleicht erschien sie ihnen allzu phantastisch, um erinnert zu werden. Wir wissen es nicht. Daß ausgerechnet ein Arzt, dessen gesamte Berichterstattung darauf zielt, den Realismus und die historische Bezeugbarkeit der Geburt des Gottessohnes herauszustellen, ausführlich vom vorgeburtlichen Wirken des Engels Gabriel erzählt, stimmt nachdenklich.

Die Weihnachtsgeschichte des Lukas beginnt im Himmel. Gabriel erhält den Auftrag, die Geburt zweier Kinder anzukündigen, eine wunderbarer als die andere. Zuerst erscheint er dem betagten jüdischen Priester Zacharias und teilt ihm mit, daß seine Frau Elisabeth trotz ihres hohen Alters auf natürliche Weise schwanger werden und ein Kind mit Namen Johannes zur Welt bringen wird. Daß Zacharias dieser frohen Botschaft mit rationaler Skepsis begegnet, wundert den Leser nicht; denn das Klimakterium scheint überschritten, und die Art der göttlichen Nachrichtenübermittlung muß einen Priester irritieren. Gabriel kommt direkt „von oben", und das kann Zacharias als Einmischung in den priesterlichen Vermittlungsweg zwischen Gott und Mensch, sogar als Kränkung seiner Berufsehre verstanden haben. Denn nach dem Brauch der Priesterschaft bringt er gerade im Jerusalemer Tempel das Räucheropfer dar, während die ganze Menge des Volkes vor dem Allerheiligsten kniend betet. In diesem Augenblick der Ausübung seines Mittleramtes erscheint Gabriel an der rechten Seite des Räucheraltars. Zacharias reagiert, wie später Maria und die Hirten auf dem Feld, mit Schrecken. Furcht überkommt ihn. Der Engel spricht eine Entwarnungsformel: „Fürchte dich nicht!" Jeder Engel ist schrecklich, doch nicht wegen seiner äußeren Erscheinung. Die Bibel weiß nichts von der zarten androgynen Gestalt, in der Maler späterer Jahrhunderte Gabriel dargestellt haben. Sie kennt auch keine Flügel, durch die der Himmelsbote als nicht von dieser Welt kommend kenntlich wäre. Der Engel wird auch nicht zuerst an seiner Botschaft erkannt. Seine Erscheinung ist unmittelbare Antwort auf Zacharias' Gebet um einen Sohn. Der Engel der Geburt führt in eine vorsprachliche Welt. Sein Auftritt markiert eine Schnittstelle von Himmel und Erde, von Noch-Nicht-Sein und Empfängnis. Er ist Bote des Überganges, und er stellt das menschliche Leben in den Kontext göttlicher Sorge. Der Engel der Geburt ist Hüter des Lebens. Er verknüpft das ihm anvertraute Kind mit einer Vorgeschichte. Der Name von Johannes war genannt, ehe er im Mutterleibe empfangen wurde.

Sechs Monate später kommt Gabriel nach Nazareth zu einer Jungfrau mit Namen Maria. Wie der Priester Zacharias reagiert sie mit Furcht und Zweifel an dem Wahrheitsgehalt der Botschaft. „Wie soll das zugehen, da ich von keinem Manne weiß?" Auf den zahllosen Bildern, die Künstler aller Jahrhunderte von diesem Frühlingstag (25. März) gemalt haben, hebt Maria in abwehrender Gestik die rechte Hand. Die Vernunft kann nicht fassen, was hier angekündigt wird. Was Maria im Glauben annimmt, ist die Zusicherung des Engels, daß „bei Gott kein Ding unmöglich" ist. Im Gegensatz zu vielen Theologen haben Dichter wenig Schwierigkeiten gehabt, diese wunderbare Empfängnis auszufühlen. In seinem „Marien-Leben" (1912) läßt Rainer Maria Rilke den Zimmermann Joseph mit Argwohn auf seine schwangere Verlobte blicken. Vor Wut ballt er die Fäuste. Mit finsterer Miene murmelt er, fragt grollend nach dem vermeintlichen Nebenbuhler. Der Engel schreit ihn an: „Zimmermann, merkst du's noch nicht, daß der Herrgott handelt?" Erst eine Analogie zwischen göttlichem und menschlichem Schöpfertum läßt ihn das Wunder dieser Empfängnis begreifen. Auch bei Matthäus braucht Joseph einen hermeneutischen Nachhilfeunterricht. Als er Maria heimlich zu verlassen gedenkt, erscheint ihm ein Engel im Traum und erklärt ihm die Vorgeschichte der Empfängnis. Vom Argwohn Josephs weiß Lukas nichts. Das Geheimnis der Schwangerschaft erfühlen nur Frauen und der Engel der Geburt. Mit psychologischem Gespür für die feinsten Regungen des Herzens zeichnet Lukas das Portrait einer Frau, die sich durch hohe Sensibilität und ästhetische Begabung auszeichnet. Maria ist still, zurückhaltend, oft in meditativer Ruhe verharrend, Worte in ihrem Herzen bewegend, nachdenklich, aber auch in unglaublicher Risikobereitschaft offen für eine völlige Umgestaltung ihres Lebens.

Geburt und Tod sind Knotenpunkte im menschlichen Leben. Der Wille zur Selbstbehauptung erfährt hier eine Begrenzung. Jede Schwangerschaft ist eine „Störung" gewohnter Lebensumstände. Jedes Kind greift in Berufs- und Alltagsleben ein, beansprucht Raum, Zeit und verlangt Opfer. Durch ihre poetisch-visionäre Begabung schaut Maria den exemplarischen Gehalt ihrer Schwangerschaft. Ihr Lobgesang beschreibt als Folge der Empfängnis eine völlige Umgestaltung der Gesellschaft. Könige werden vom Thron gestürzt, Reiche gehen leer aus, Arme erfahren Gerechtigkeit. Der Engel Gabriel leitet nicht nur die Empfängnis des göttlichen Kindes, sondern die Geburt einer neuen Zeit ein. Auf das anbrechende Friedensreich und seinen Boten weist auch Johannes hin. Schon im Mutterleib nimmt er sein Täuferamt wahr. Nach der Begegnung mit Gabriel geht Maria zu Elisabeth. Diese ist bereits im sechsten Monat schwanger. Die Freude der Mutter ergreift auch den kleinen Johannes in ihrem Leib. „Denn siehe, als ich die Stimme deines Grußes hörte, hüpfte das Kind vor Freude in meinem Leibe." Erneut wird Gottes Gegenwart im vorsprachlichen Bereich wahrgenommen. Dieses frühe literarische Dokument pränataler Psychologie dürfte kaum erfunden worden sein. Für unsere durch Psychologie geschulte Wirklichkeitswahrnehmung ist die gesamte Geschichte der Empfängnis und Geburt Jesu mit psychosomatischen Signalen atmosphärisch aufgeladen. Im Wechselverhältnis beeinflussen sich hier Geist und Körper gegenseitig.

Der Engel der Geburt zeigt: Jedes Leben ist erwählt und von Gott beim Namen gerufen, noch bevor es empfangen wird. Es gibt ein Leben vor der Geburt. Jedes Neugeborene hat bereits ein Stück Welt erfahren. Nach außen noch nicht in Erscheinung getreten, steht es doch schon in tiefer Beziehung zur Mutter. Wann treten wir ins Leben? Wenn nicht erst bei der Geburt, dann bei der Empfängnis – der Planung? Beim ersten vorbewußten Wunsch der Mutter zu empfangen? Ob bewußt geplant oder zufällig empfangen, ob im Reagenzglas gezeugt oder als „Pillenpanne" passiert: Jede Empfängnis weist über sich hinaus. Durch die Verbindung von Technik und Geburt ist das

Geheimnis des Lebens noch größer geworden. Ob Geburtsverhinderung durch Frühgeburt oder Abtreibung, Geburtsverzögerung durch schockgefrorene befruchtete Eizellen oder Zeugungsverzögerung durch Spermabanken: Die Frage nach dem Ursprung, dem Sinn und der Würde des Lebens ist durch die Möglichkeiten und Abgründe der Technik nur verschärft worden.

Die Erforschung vorgeburtlicher Lebenswelten hat den Anfang des Lebens bis zum Augenblick der Verschmelzung von Samen- und Eizellen vorverlagert. Der Arzt Lukas richtet darüber hinaus den Blick auf den göttlichen Ursprung des Lebens, über dem der Engel der Geburt schwebt. Er erscheint auch den Hirten auf dem Felde und kündigt ihnen an, was sie von sich aus nicht wissen können: daß nicht fern von ihnen der Heiland geboren worden ist. Auch diese grobschlächtigen Gesellen werden – noch bevor der Engel ein Wort gesprochen hat – von Furcht ergriffen. Die Erscheinung des Engels ist von der leuchtenden „Klarheit des Herrn" begleitet. Dann erscheint auf dem nächtlichen Feld die Menge der himmlischen Heerscharen und lobt Gott mit den Worten, die in das Sanctus der gottesdienstlichen Liturgie eingegangen sind: „Ehre sei Gott in der Höhe und Friede auf Erden bei den Menschen seines Wohlgefallens."

Die Geburtsgeschichte verknüpft Horizontale und Vertikale, Himmel und Erde. Eine Welt ist in Bewegung. Joseph und Maria folgen dem Gebot des Kaisers Augustus im fernen Rom, nach dem sich „alle Welt" schätzen lassen sollte, und ziehen in die Davidsstadt Bethlehem. Gott wird Mensch in einer Krippe und durch seine Engel zugleich Bote der Menschwerdung. Die Hirten verlassen die Herden und suchen das göttliche Kind. Dann kehren sie auf ihre Felder zurück und nehmen den Lobgesang der Engel auf. Diese Bewegung von Himmel und Erde findet ihren Widerhall im Herzen der Maria, dort, wo die Worte des Engels der Geburt auf fruchtbaren Boden gefallen waren: „Maria aber behielt alle diese Worte und bewegte sie in ihrem Herzen."

Der Engel der Geburt, dieser in Bethlehem und jeder anderen, die ihr folgte, begleitet den Menschen in einer Situation, wo sich das Leben verdichtet und über den Augenblick hinausweist auf das unbegreifliche Geheimnis der Schöpfung. Dem entsprechen die Sprachformen, die Schwangerschaft und glückliche Geburt begleiten. Zacharias verstummt, Maria bewegt in meditativer Stille Worte in ihrem Herzen, Hirten und Engel stimmen den Lobgesang an. Die Geburt des Kindes ist zugleich eine Geburtsstunde des Glaubens. Dem entspricht die menschliche Grunderfahrung, daß sich in den Knotenpunkten der Verdichtung des Lebens die religiöse Ansprechbarkeit erhöht. Wir sind dann bereit, wie Maria die Türen zur Werkstatt unseres Herzens zu öffnen, damit Gott in ihr wirken kann. Vor der Geburt in Bethlehem steht die Geburt in der Krippe des Herzens.

Der Engel der Geburt ist auch Bote der spirituellen Empfängnis, und Luther hebt vor allen Dingen die Geburt des Glaubens hervor, die Gabriels Worte einleiten: „Dies Wunderzeichen muß in uns ohne Unterlaß erneuert werden, ein jeglicher muß sich des Kindes annehmen, daß er sage und glaube, das Kind sei sein. Wie die Jungfrau tat, als sie empfangen hatte: Ein jeglicher muß tun, als sei es ihm alleine geboren. Wer sich des Kindes nicht so annimmt, an dem ist diese Geburt ganz verloren." Der Engel der Geburt ist auch der Engel der Gottesgeburt im Herzen. Rilke ist hier noch einen Schritt weitergegangen, wenn er Gabriel zum Geburtshelfer der Vergöttlichung des Menschen stilisiert. Er läßt Marias Seele von Gabriel in den Himmel tragen, „hinein in ihre göttliche Natur". Wie nach ihm Carl Gustav Jung betont Rilke, daß der Himmel ohne Maria „unvollständig war", „eine Spur von Einsamkeit" erfüllte die göttliche Sphäre. Was fehlte dem Himmel, da doch Christus als Erlöser bereits hinabgestiegen war zur Erde und den Weg zum Vater gewiesen hatte? Maria hatte den Heiland nicht nur zur Welt gebracht, sondern sie war vor allen Jüngern und Jüngerinnen die erste, die Christus bis unter das Kreuz nachfolgte. Sie hatte keine göttliche Natur, aber mit ihrer Himmelfahrt wurde entworfen, wohin alle Nachfolge Christi führt. Deshalb schauten sie Kinder- und Dichterseelen im Zustand der Vollendung und der Herrlichkeit neben dem himmlischen Gottessohn.

Der Engel der Geburt ist ein Bote des Übergangs. Seine Gegenwart markiert die Schwelle der Zeit. Neues Leben beginnt. Deshalb wird der Engel der Geburt dem Frühling zugeordnet. Er begleitet aber auch alle Phasen der seelischen und geistigen Neugeburt. Gabriel bringt den Frühling in die menschliche Seele. Sein sprechender Name verweist dabei auf die Quelle aller Fruchtbarkeit. „Gabriel" bedeutet „Kraft Gottes".

Gottes Geburt im Herzen

Die großen Mystikerinnen des Mittelalters haben die biblischen Texte allegorisch gedeutet. Sie konnten einen Satz wörtlich verstehen oder ihm eine spirituelle Dimension abgewinnen. Wenn etwa das Hohelied Salomonis in reicher Metaphorik die leibliche Schönheit des Mannes oder der Frau besang, so sahen sie in der Beschreibung äußerlicher Merkmale auch einen Hinweis auf die geistige und geistliche Schönheit. Der Körper wurde unter den Augen der Mystikerinnen zum Sprachrohr der Seele, der Geliebte zum Hinweis auf die Liebe zu Christus: „Sein Mund ist süß, und alles an ihm ist lieblich. – So ist mein Freund; ja, mein Freund ist so, ihr Töchter Jerusalems!" (Hoheslied 5,16).

Die inneren Augen sehen diesen Bräutigam, und die Süße seiner Küsse schmecken allein die Lippen der Seele. Ein kaltes Herz, so kommentiert das von Mystikerinnen geschriebene „Trudperter Hohelied", kann von diesen Liebeswonnen nicht sprechen. Wenn sich

Engel begleiten das Leben Jesu von der Geburt bis zur Himmelfahrt. Gott wird Mensch im Schoß der neuen Eva. Gabriels Botschaft kann von der Vernunft nicht begriffen werden. Daher hebt Hans Memlings Maria abwehrend die rechte Hand. „Wie soll das zugehen, da ich von keinem Manne weiß?" Allein im Glauben öffnet sie sich Gottes Gegenwart und wird so zur Mutter aller Glaubenden.

Verkündigung.
Gemälde von Hans Memling, 1482.
New York, Metropolitan Museum of Art.

die mystischen Predigten und Traktate des Mittelalters einer ungebrochenen Beliebtheit erfreuen, so liegt dies begründet in einer farbenprächtigen Sprache, die ihren hohen Grad an Anschaulichkeit aus der Beschreibung sinnlicher Phänomene gewinnt. Selbstfindung und Gottesliebe werden mit erotischen Metaphern umschrieben. Die biologischen Vorgänge der Empfängnis und der Geburt sind Spiegelbilder der Gottesgeburt im Herzen des Menschen. So wiederholt sich die jungfräuliche Empfängnis in jeder gläubigen Seele. Hier tritt der Engel der Geburt wieder in Erscheinung.

Mechthild von Magdeburg (1210–1282) ruft Gabriel als Geburtshelfer an. Krank sei sie vor Liebe. Kein Arzt könne ihr helfen als Christus allein. Gabriel möge ihr Christus als Wundsalbe auf die Liebeswunden der Seele legen, damit sie geheilt werden. Mechthild schaut anschließend den spirituellen Geburtshelfer Gabriel in einer Vision. Er ist gekleidet in ein spirituelles Gewand aus Liebesfeuer („minnevurige cleider"), auch sein Antlitz leuchtet aus freundlicher Liebesglut. Gabriels Verhältnis zu Gott wird mit männlichen und weiblichen Metaphern beschrieben. Er sei von Gott durchdrungen und umfangen. Gabriel erscheint in Mechthilds Himmelsschau als Gleichnis vollendeter Liebe von Mann und Frau. Deshalb kann sie seine Worte noch nicht verstehen, obwohl sie aus innerer Gewißheit spürt, daß ihr Wunsch erfüllt worden ist.

Es ist bezeichnend für die Begegnung mit dem Engel der Geburt, daß auch auf der spirituellen Ebene die Erfahrung der Sprachnot wiederkehrt. Mechthild legt sich wie Erwin Wickert ein Schweigegebot auf. Im Stall zu Betlehem sind es nach der Legende sprachlose Wesen, Ochs und Esel, die das Geheimnis der Gottesgeburt still betrachten. Friedrich Hölderlin spricht von „Ruh und Schweigen" als Eigentum der Kleinkinder, „das Engeln auch zum Lob gereicht". Jedes mystische Sprechen umkreist ein letztlich unsagbares Geheimnis. Deshalb fällt es immer wieder ins Schweigen zurück. Das gilt auch für die Mystik des Alltags. Eine Idee überfällt uns, ein Gedankenblitz erleuchtet unser Herz und Hirn. Wo kommen sie her? Literaturwissenschaftler können das „Faust"-Motiv vom späten Mittelalter bis zu Goethe verfolgen, den Wortschatz des Autors analysieren und viele gelehrte Untersuchungen schreiben. Das Wunder der Dichtung wird ein Geheimnis bleiben. Das haben besonders die Mystikerinnen gewußt, weil sie Erfahrungen mit Dichtung und Religion besaßen. Auf beiden Gebieten waren sie spirituell begabt.

Als Engel der spirituellen Geburt ist Gabriel zugleich der Engel der Inspiration. Nach der Legende erschien Gabriel in Babylon dem betenden Daniel und kündigte ihm die Geburt des Messias an. Maria soll er während eines Gebetes begegnet sein. Die „Beherzigung" in älteren Legendensammlungen leitet daraus für die spirituelle Praxis des Alltags ab: „Willst du, daß die Engel sich gern bei dir einfinden, so sei eifrig im Gebete und Dienste Gottes." Bei Mechthild wird der religiöse Grund der Dichtung deutlich. Ihr Gedicht ist zugleich Gebet, denn es beginnt mit der Anrufung des Engels der Geburt. Auch Wolfram von Eschenbach eröffnet seine große Legende „Willehalm" mit einem Gebet. Schweigen und Sprechen kommen im Gebet zusammen. Beides nimmt der Engel der Inspiration in sich auf. Wem er gnädig ist, schenkt er ein neues Lied.

Die Geburt Jesu erfolgt in stiller Nacht. In der Stille der Berge suchen Menschen Erholung, aus der Stille der Meditation oder des Gebetes steigen neue Gedanken. Menschen unterhalten sich angeregt. Sie kommen sich näher. Das Glück des Verstehens erfüllt sie. Sie blicken sich in die Augen. Stille tritt ein. Ein Engel fliegt durch das Zimmer: Wir werden neu geboren.

Gabriels Rolle als Geburtshelfer wird umfassend erzählt von einer jüdischen Legende. Der Priester Elisa war ein Gerechter ohne Fehl, doch starben seine Kinder bei der Geburt. Seine Frau und er beschließen, noch mehr auf die Reinheitsgebote zu achten und sich vor jedem Geschlechtsakt im Badehaus zu waschen. Eines Tages, Elisas Frau hatte sich gerade gewaschen, begegnete ihr auf dem Weg nach Hause ein Schwein. Sie kehrte daraufhin um und wusch sich erneut. Kaum betrat sie die Straße, begegnete ihr ein Kamel. Vierzigmal wird ihr Unreines in den Weg treten, vierzigmal wird sie sich nach jüdischer Sitte reinigen. Dann fährt vom Himmel der Engel der Geburt herab und macht dem Spuk ein Ende. Er schmückt sich wie ein Bräutigam und stellt sich vor die Tür des Badehauses. Die Frau denkt, er sei ihr Mann Elisa. Ungehindert geht sie nach Hause, wo sie in der Nacht einen Knaben empfangen wird. Der Engel Gabriel wird Gevatter des Knaben. Unter seiner Begleitung wächst er zu einem bedeutenden Gelehrten und Priester heran. Dieser Rabbi Ismael konnte sogar in den Himmel steigen. Er rief dazu den heiligen Namen Gottes an, fuhr hinauf, und Gabriel erzählte ihm alles, was er wissen wollte.

Hier ist in jüdischer Färbung das gesamte Wirken des Engels der Geburt zu einer Geschichte verdichtet. Gabriel ist bei der Zeugung des Kindes zugegen, er begleitet es in der religiösen Erziehung, und er schenkt ihm religiöse Inspiration. Denn Rabbi Ismael kann wie der berühmte Baal-Schem-Tow in Ekstase den Leib verlassen und durch die Himmel reisen. Dazu kommt noch eine visionäre Begabung. Gabriel erzählt ihm auf der Himmelsreise von den Quellen des Heils und des Trostes, die dereinst dem Volke Israel zuteil werden sollen. Er schaut also die zukünftige Geburt einer erlösten Welt.

Jenseits von Eden

Gabriel hütet die Schwelle des Lebens am Anfang und am Ende. Daß er als Bote Gottes über der Zeugung wacht, hat ihn zum Fürsprecher kinderloser Ehepaare werden lassen. Sie bitten Gabriel um fruchtbringenden Segen für den weiblichen Schoß, damit sich in ihm neues Leben einniste.

Die Vorstellung von einer unsterblichen Seele ist griechischen Ursprungs. Sie hat jüdisches und christliches Nachdenken über ein mögliches Leben vor der Geburt beeinflußt und lebt ungebrochen fort in der anthroposophischen Sicht des Menschen, wie sie Rudolf Steiner formuliert hat. Auch die Zwei-Naturen-Lehre Christi (Gott und Mensch) und die Trinitätslehre gründen sich auf griechisches Denken. Die jüdische Legende vom Geburtshelfer Gabriel muß nicht die Vorstellung von einer unsterblichen Seele aufgreifen, um ihrem Leser zu zeigen, daß der Wunderrabbi Ismael schon vor seiner Geburt in Gottes Gedächtnis lebte. Auch der Prophet Jeremia wurde von Gott erwählt, noch bevor er im Mutterleib gebildet wurde (Jeremia 1,5). Der Mensch hat bei Gott und in Gott ein Vorleben. Er ist erkannt, geliebt und angenommen, noch bevor er sich bewußt im Glauben Gott zuwenden kann. Ausdruck dieser Erwählung des Menschen durch Gott ist das Sakrament der Taufe.

Die Metapher von Gottes Gedächtnis, in das alle Menschen unauslöschlich eingeschrieben sind, wird ergänzt durch die über Jahrhunderte äußerst populäre Metapher vom „Buch des Lebens". Wie der Geistliche hienieden den Namen des Täuflings in die Taufregister einträgt, so Engel bei der himmlischen Buchführung. Das Kirchenlied bezeugt diesen Glauben, wenn es heißt: „Nun schreib ins Buch des Lebens, Herr, ihre Namen ein, und laß sie nicht vergebens dir zugeführet sein." Beide Metaphern betonen die aktive und dominante Position Gottes. Der Mensch verdankt sein Leben ausschließlich Gott und der göttlichen Erinnerung *(memoria)*. Der Kontakt zwischen Mensch und Gott ist enger, die menschliche Abhängigkeit größer.

Anders zeichnet sich das Verhältnis, wenn man die Vorstellung von einer unsterblichen Seele zugrunde legt. Sie bedeutet – auch wenn die Seele von Gott erschaffen sein sollte –, daß in jedem Menschen ein göttlicher Funke lebt, der ihm eine gewisse Autonomie gegenüber Gott gibt. Pointiert gesagt: Die unsterbliche Seele kann ihr zeitliches und ewiges Schicksal selbst in die Hand nehmen. Sie braucht keinen Gott, der sich ihrer erinnert. Bestenfalls benötigt sie eine religiöse oder ethische Erziehung, um sich nicht an die Welt zu verlieren. Weil aber der Mensch das Bedürfnis nach Selbstbestimmung hat und weil er, um frei zu sein, eigene Entscheidungen treffen muß, hat er sein Wesen zu allen Zeiten durch diese Seelenvorstellung zur Sprache gebracht gesehen.

Die Metapher von Gottes Gedächtnis hüllt den absoluten Ursprung des Menschen in ein unergründliches Geheimnis. Niemand schaut in Gott hinein. Über ein menschliches Vorleben in Gottes Gedächtnis gibt es nichts zu erzählen. Der Vorstellung von einer unsterblichen Seele liegt ein Substanzbegriff zugrunde, der in Geschichten vorzüglich entfaltet werden kann. Die Seele hat ein Schicksal. Vielleicht kommt sie aus einem überirdischen Ort, vielleicht sogar direkt aus dem Paradies. Man kann erzählen, warum und auf welche Weise sie ihren Ursprung verlassen hat. Ist sie freiwillig gegangen, weil ihr das himmlische Leben zu langweilig wurde? Überschritt sie göttliche Gebote und wurde deshalb aus der Ewigkeit in die Zeitlichkeit geworfen? Erinnert sie sich an ihre himmlische Heimat mit Wehmut? Oder liegt über ihrem Ursprung ein Schleier des Vergessens, eine totale Amnesie, die nur ein Engel aufheben kann? Und wenn sie die Erde durchschritten hat, was wird dann ihr Schicksal sein? Wird sie ausgelöscht werden? Zu Gott zurückkehren? Gibt es ein Gericht?

Der kleine Fragenkatalog macht sofort sinnfällig, warum die Seelenvorstellung zu allen Zeiten und in vielen Religionen der narrativen Veranschaulichung von Grundfragen des Menschseins dienen konnte. Im Spiegel mythologischer Erzählung erkannte die Menschheit ihre eigene Seelenlage. Alle Fragen haben Antworten gefunden. Nicht immer originelle, nicht immer christliche. Gnostiker haben sich an ihnen versucht, Neuplatoniker, die frühneuzeitliche Kabbala des Isaak Luria und der osteuropäische Chassidismus. Ihre Antworten beeinflußten maßgeblich die Anthroposophie und die esoterischen Strömungen des späten 20. Jahrhunderts, deren Seelenbegriff die griechische Substanzvorstellung und der Gedanke der Erziehbarkeit zugrunde liegen. Zwischen Tradition und Moderne steht das berühmte Gedicht „Der Engel" von Michail Lermontow (1814–1841), das wegen seiner breiten Rezeption hier vollständig zitiert sei.

Der Engel

Um Mitternacht flog, flog am Himmel entlang
Ein Engel und leise er sang.
Und Sterne und Mond und die Wolken all,
Sie lauschten dem heiligen Hall.

Von seligen, sündlosen Seelen er sang
Im Schatten von Eden; so erklang
Das Lob des allmächtigen Gottes fürwahr
Im Lied ungeheuchelt und klar.

Er trug eine junge Seele im Arm
Zur Welt, hin zu Trauer und Harm.
Der Klang dieses Liedes, er blieb für und für
Ganz wortlos lebendig in ihr.

Sie quält sich auf Erden in bitterem Los.
Wie war ihr Verlangen so groß!
Vergaß sie beim irdischen Trauergesang
Doch nie jenen himmlischen Klang.

Der russische Dichter imaginiert eine Urszene, die sich als Erinnerungsspur tief in das Menschheitsgedächtnis eingeschrieben hat. Nicht ein einmaliger Fall wird erzählt, sondern das Menschheitsschicksal. Der Engel der Geburt trägt eine junge Seele vom Himmel zur Erde hinab. Es ist um Mitternacht. Als Grenzgänger zwischen Himmel und Erde erscheint der Engel zwischen den Zeiten. Er markiert einen doppelten Übergang: Ewigkeit und Zeitlichkeit, Nacht und Tag. Der Engel singt der jungen Seele ein Lied vor, so wie Mutter und Vater zu abendlicher Stunde am Kinderbett. Das Lied handelt vom Paradies, der himmlischen Heimat. Sie steht als deutlicher Kontrast der Welt gegenüber, in die der Engel die junge Seele trägt. Der Dichter spekuliert nicht über die Ursache der Inkarnation. Die Seelen im Schatten von Eden werden jedoch als selig und sündlos bezeichnet. Das könnte Hinweis auf eine Welt vor dem Sündenfall oder Aussicht auf eine versöhnte, neue Welt sein. Worauf es ihm ankommt, ist die Urerfahrung von Heimatlosigkeit, die der Gesang des Engels in der Seele auslöst. Was die spekulative Psychoanalyse mit Otto Rank auf die Phase des Austritts aus dem Uterus terminiert, verlagert Lermontow in eine pränatale Welt. Das Trauma der Geburt hat schon vor der Empfängnis stattgefunden. Dennoch wird als unauslöschbare Seelenmelodie der Klang des himmlischen Liedes in dem Kind lebendig bleiben. Entscheidend für den Dichter und bezeichnend für ein wesentliches Merkmal des Engels der Geburt ist die vorsprachliche Welt dieser Urerfahrung. Die Worte vom Paradies wird das Kind vergessen, nicht aber den Klang der Stimme des Engels.

Nicht anders ist es mit den Kinder- und Wiegenliedern, die Kleinkindern vorgesungen werden. Sie können noch keine Worte sprechen und verstehen nicht den Text der Lieder. Was sich zu lebenslanger Erinnerung in der Kinderseele ablagert, ist die Melodie. Anders gesagt: Nicht die Inhalte überdauern, sondern die Form. Das abendliche Wiegenlied prägt Empfindungsformen, die im weiteren Leben des Kindes neue Gestalt und neuen Ausdruck suchen werden. Doch erkennbar bleibt das Grundmuster. Vielleicht nicht für das erwachsene Kind selbst, wohl aber für den, der ihm einst himmlische Lieder vorsang. Sei es der Engel oder die Mutter.

Urszenen

In einem der innigsten deutschen Wiegenlieder hallt der Gesang des Engels in zarter Bewegung nach. Achim von Arnim und Clemens Brentano haben es in ihre berühmte Sammlung „Des Knaben Wunderhorn" aufgenommen. Populär wurde es durch die Vertonung (1868) von Johannes Brahms. Die zweite Strophe, auf die es hier ankommt, wurde von Georg Scherer gedichtet.

Wiegenlied

Guten Abend, gut' Nacht,
mit Rosen bedacht,
mit Näglein besteckt,
schlupf' unter die Deck!
Morgen früh, wenn Gott will,
wirst du wieder geweckt,
morgen früh, wenn Gott will,
wirst du wieder geweckt.

Guten Abend, gut' Nacht,
von Englein bewacht,
die zeigen im Traum
dir Christkindleins Baum.
Schlaf nur selig und süß,
schau im Traum 's Paradies,
schlaf nur selig und süß,
schau im Traum 's Paradies!

Wie der Gesang des Engels, so führt auch das Wiegenlied in eine vorgeburtliche Welt. Engel sollen das schlafende Kind bewachen und ihm im Traum die himmlische Heimat zeigen. Mancher Erwachsene wird diese später mit der Kindheit identifizieren. Der Engel, der das Kind zur Geburt führt, und die ersten beiden Jahre nach der Geburt können von keinem Menschen mit dem Bewußtsein erinnert werden. Die entscheidenden Prägungen haben im vorsprachlichen Bereich stattgefunden. Wird die Urszene mit der Mutter auf den Engel, der die Seele zur Geburt führt, zurückprojiziert? Spiegelt sich eines im andern? Die Mutter im Engel, der himmlische Gesang des Engels im Wiegenlied der Mutter? Niemand hat darauf eine beweisbare Antwort. Keine Psychoanalyse hilft da weiter. Wie im Traum, dem die Mutter ihr Kind überläßt, verschwimmen die Bezüge. Der Engel der Geburt steht am Horizont der Ewigkeit. Ein Übergang wird markiert. Da gibt es kein Wissen, wohl aber Gewißheit.

Nicht anders war es bei der Begegnung zwischen Gabriel und Maria, nicht anders wirkt der Engel der Inspiration, den wir bei Mechthild von Magdeburg kennenlernten. Auf der Ebene der Erfahrung ist die Wirklichkeit und das Wirken des Engels der Geburt evident. Ein kaltes Herz kann davon nicht sprechen. Doch vielleicht wird es erwärmt, wenn es selbst dem eigenen Kind Wiegenlieder vorsingt. Die Erfahrung der Vater- oder Mutterschaft reaktiviert die eigene Kindheit. Das Wiegenlied wirkt auf den, der es seinem Kind vorsingt, zurück. So tritt der Engel der Geburt wieder neu ins nun bewußt gewordene Leben der Seele – jenseits von Eden.

Der Engel der Geburt bezieht seine Bedeutsamkeit aus der Verknüpfung von konkreter Mutter- oder Vaterschaftserfahrung, Erinnerung an die eigene Kindheit als entscheidende Phase der Urprägung der Empfindsamkeit und seiner Beziehung zu den Grundfragen des Menschen nach seinem absoluten Ursprung. Nur soweit sich die Rede von ihm auf Erfahrungen beziehen läßt, erhellt sie menschliches Leben. Schon der „Zauberberg" von Thomas Mann kritisiert okkulte Techniken, mit denen Menschen in den vorgeburtlichen Raum eindringen wollen. Gleiches gilt für die Reinkarnationstherapien, die Kurt Tepperwein anbietet. In entspannter Lage auf der Schaumstoffmatratze begibt sich der Seminarteilnehmer auf eine Phantasiereise in sein vermeintliches Vorleben. Paradiesvorstellungen werden dabei klischeehaft reproduziert. Am Ende wacht jeder für sich alleine auf.

Der Engel der Geburt vermittelt kein Wissen über höhere Welten, er ist auch kein Anwalt der Wiedergeburt. Wie die Eltern begleitet er das Kind ins Leben. Sein Wesen ist Freundschaft und Führung. Mit der Erinnerung an den Engel begann die Autobiographie von Erwin Wickert. Es ist die Zeit zwischen dem zweiten und dritten Lebensjahr. Alles, was davor war, sei von durchsonntem Nebel umhüllt: „Es bewegt sich etwas darin, aber es bleibt undeutlich, und ich kann nichts erkennen; ich höre Stimmen, aber sie sind gedämpft, und ich kann sie nicht verstehen. Ich kam aus diesem Licht, war darin warm und behütet, und ich war ohne Zeit. Aber was da war und wer da war, ich habe es vergessen, ich weiß es nicht mehr." Von welcher Zeit ist die Rede und von welchem Licht? Welche Stimme erklang? War es schon in der Welt oder noch auf dem Weg zu ihr hin? Die Bezüge verschwimmen auch hier ins Geheimnis des menschlichen Ursprungs, an dessen Schwelle der Engel der Geburt steht.

Spiritueller Führer zu höherer Erkenntnis

Zum Wesensmerkmal anthroposophischer Weltsicht gehört die Vernetzung des menschlichen Lebens mit einer außerirdischen Vor- und Nachgeschichte. Rudolf Steiner (1861–1925) hat in über 5000 frei gehaltenen Vorträgen die Wirklichkeit höherer Welten auszuleuchten versucht. Einer seiner berühmtesten Zuhörer war der Dichter Christian Morgenstern (1871–1914), der die Begegnung mit dem Charismatiker im norwegischen Kristiana als „welthistorisch" verstanden wissen wollte. Steiner war für ihn das Urbild des Lehrers, der seine Zuhörer zur geistigen Wiedergeburt führte, allein durch die Macht der Sprache. Erkenntnis und Empfängnis gehören zusammen. Dabei gehe es „immer wieder bis in die Ursprünge hinein", schreibt Morgenstern an seine Verlobte Margareta Gosebruch von Lichtenstern (10. 6. 1909). In seinem großen Gedichtezyklus „Wir fanden einen Pfad" (1914), den Christian Morgenstern seinem spirituellen Lehrer widmete, wird der Ursprung mit dem Engel der Geburt verknüpft. Er hat „mich vom Anfang her geleitet, / wie es am besten war für mich", er wird nach anthroposophischer Lehre die Seele durch alle Reinkarnationen führen.

Die entscheidende Geburtsstunde findet in der Mitte des geistigen Lebens statt. Erst des „Mannes reife Blicke" erkennen den Engel der Geburt. Er schenkt Gnosis, Wissen, durch „Weltenthüllung", er befreit vom „Schlaf der blinden Runden". So erwacht aus der Unwissenheit zur Erkenntnis der eigenen göttlichen Natur, die es fortan evolutiv zu entwickeln gilt, wird die Seele wie der Engel mit einem „Schwingenkleid" ausgestattet, das sie zu höheren Sphären emporträgt. Mensch und Engel sind keinesfalls identisch, auch wenn Morgenstern in einem Gedicht den Engel der Geburt als „Weisheit meines höhern Ich, / die über mir den Fittich spreitet", bezeichnet. Als esoterische Lehre lebt die Anthroposophie aus der Hierarchie von wissendem Meister und empfänglichem Schüler. Der Engel ist

Begleiter und Lehrer der Seele. Er hilft ihr gegen die Regungen niedriger Ichregungen anzukämpfen und die Hülle des Körpers oder den Schleier des Leibes zu überwinden. Der Engel ist also nicht identisch mit der Seele. Als Lehrer ist er dominant, andererseits lernt er wie jeder echte Lehrer von seiner Schülerin: Die Gestaltungsarbeit an der Seele wirkt auf den Gestalter zurück. Am Ende der Erziehung wird die Seele mit ihrem Lehrmeister auf einer Stufe stehen, „erwacht zu Einem Schauen" und zu gemeinsamem Wetteifer im Dienst an der Gottheit, bis auch die letzte Differenz aufgehoben sein wird.

Die Motive, die Christian Morgenstern in seinem Gedichtezyklus aufgreift, sind durchweg traditionell: Der Engel führt die Seele ins Leben; er ist spiritueller Führer zu geistiger Erkenntnis; mit ihm kommuniziert die Seele im Traum. Neben christlichen finden sich gnostische Traditionsströme. Damit ist die Besonderheit von Morgensterns Engel der Geburt noch nicht erfaßt. Dieser Engel bleibt Bote, ist aber kein Mittler zwischen Schöpfergott und Mensch. Er ist vielmehr Botschafter vom verschütteten höheren Wissen im Menschen, das durch Erinnerung und Erziehung aus dem Schlaf der Vergessenheit geweckt werden kann. Der Engel der Geburt ist der Lehrer, der Pädagoge der Seele, und für Christian Morgenstern war Rudolf Steiner seine Inkarnation.

Erneut zeigt sich hier, wie eine elementare menschliche Erfahrung durch Engelmotive zur Sprache gebracht wird. Morgensterns Begegnung mit dem geistigen Geburtshelfer Rudolf Steiner wird in klassischen Beziehungsebenen von Mensch und Engel gespiegelt. Grundlage des Lehrer-Schüler-Verhältnisses ist die Sprache. Durch sie wird der Dichter mit neuem Leben befruchtet. Morgenstern greift mit Bezug auf Gottes Schöpferwort vom Anfang der Genesis auf sprachliche Bilder von Empfängnis zurück: „Da sagte ich mir: nun denn, so mag in mir geschaffen werden, was noch in mir geschaffen werden kann – durch diesen Geist, unter dem Namen Rudolf Steiner. –" (7. 6. 1909).

Aus der christlichen Kunst stammt die Verknüpfung von göttlichem Schöpferwort und jungfräulicher Empfängnis. Sie basiert auf der Typologie vom ersten und zweiten Adam. Dem gefallenen Menschen steht Christus, der neue Mensch, gegenüber, der ersten Frau die Gottesmutter. Das Bildprogramm der Marienkapelle am Würzburger Markt stellt Adam und Eva eine Szene gegenüber, durch die Marias Krönung als Himmelskönigin dargestellt wird. Das Tympanon im Nordportal korrespondiert mit der Eva-Maria-Typologie. Es zeigt die Verkündigung des Engels Gabriel an Maria. Die einzelnen Motive sind traditionell, bis auf das eine, dem unsere Aufmerksamkeit gilt: Oberhalb von Gabriel und Maria thront Gott; in der Linken hält er die Weltkugel, mit der Rechten eine Art Schlauch, der von seinem Mund auf die Erde hinabreicht bis zum linken Ohr der Maria. Was aussieht wie ein Hörgerät oder ein göttliches Sprachrohr, offenbart sich dem genauen Blick als Geburtsrutsche. Denn über den Verbindungskanal gleitet mit vorgestreckten Armen ein winziges Kind in Marias Ohr. Dargestellt ist also der Augenblick der jungfräulichen Empfängnis.

Der unbekannte Künstler um 1425 setzt sie zeitgleich mit der Verkündigung des Engels der Geburt. Deutlicher, anmutiger und origineller ist die biblische Überlieferung kaum in Stein gehauen worden: Mit dem Engel der Geburt, so sagt der christliche Künstler, tritt Gott ins Leben des Menschen, und diese Gottesgeburt beginnt mit dem Hören auf das göttliche Wort. Christus dringt zuerst durch die Ohren in den Körper des Menschen, um dann weiter zu wachsen. So wie Gott am Anfang der Zeit die Welt ins Leben gerufen hat, so fließt aus seinem Schöpferwort ohne menschliche oder gar männliche Hilfe das erneuerte Leben. Der Engel der Geburt ist dabei Hermeneut der Menschwerdung Gottes. Er erklärt Maria, was mit ihr geschieht. Gabriel ist Hebamme. Sein Auftrag ist Dienen. Mit ihm ist das Urbild des spirituellen Geburtshelfers geschaffen.

Als leiblicher und spiritueller Geburtshelfer führt der Engel Kinder ins Leben, bringt Gedanken, Worte, Melodien und Erkenntnisse ins menschliche Bewußtsein. In Visionen erhellt er Zukünftiges. Er ist der Hüter der Schwelle zwischen Sein und Werden, dem Unsichtbaren und dem Sichtbaren, zwischen Potentialität und Aktualität, Ewigkeit und Zeit. Manchmal berührt das menschliche Leben diese Schwellen. Ein Gedankenblitz durchleuchtet uns, ein stiller Klang hallt in uns nach. Ein Bild: Eben schwebte es noch vor unseren geistigen Augen, jetzt ist es vergessen. So sehr wir unsere Erinnerung anstrengen, es kehrt nicht zurück. Ist es für immer verloren? Je weniger wir uns anstrengen, desto schneller wird es uns erneut geschenkt werden. So wie beim ersten Mal: plötzlich und unverfügbar. Es tritt aus einer geistigen Hintergrundstrahlung hervor. In ihr lebt es, in ihr wartet es, immer wieder neu in unser Leben zu treten, bis wir es erkennen. Der Engel der Geburt ist der Hüter der ungeborenen Gedanken, der noch nicht geschauten Bilder, der noch nicht erkannten Naturgesetze.

Die toten Kinder

Hütet der Engel der Geburt auch die Kinder, die nicht zur Welt kamen, weil sie im Mutterleib oder im Brutkasten verstarben? Fängt er die Ungeborenen auf, oder läßt er sie wie Sternschnuppen auf ihrem kurzen Himmelsflug verglühen?

Grundlegende Fragen nach der göttlichen Vorsehung, nach Führung, Rettung und Bewahrung des Lebens stellen sich ebenso ein wie Grundfragen der Ethik. Wenn das menschliche Leben einen höheren Ursprung hat, wenn es von Gott gewollt und vom Engel der Geburt geleitet worden ist, dann darf keine Mutter und kein Arzt über das ungeborene Kind im Mutterleib frei verfügen. Sein Leben ist unbedingt schützenswert.

In früheren Jahrhunderten gehörte der Tod von Säuglingen oder Ungeborenen zur Grunderfahrung fast jeder Familie. Den Eltern war die Taufe oder wenigstens die Nottaufe ihrer Kinder wichtig. Kindergräber auf den Friedhöfen zeigen, daß auch die Kleinen der Auferstehung der Toten entgegenblicken. Am Kopfende dieser Gräber sind oftmals betende Engel zu finden. Es sind die Engel der Geburt, die über dem frühverstorbenen oder totgeborenen Kind wachen. Die Toten begleiten die Lebenden, beide sind untrennbar ineinander verwoben.

Am Haus rankt sich das rotgelb blühende Geißblatt, der wilde Wein oder die Rosenstaude. Im Frühjahr treiben sie grüne Blätter und neue junge Zweige, die noch zu schwach sind, um sich aus eigener Kraft zu halten. Der Gärtner bindet sie hoch. Andere Zweige suchen Halt an älteren, teilweise verholzten Ästen. Manche haben sich untrennbar durch das Stützgitter gewunden. Schon seit Jahren sind sie ohne Saft. Sie sind gestorben, doch an ihnen hängen die jungen Triebe der Staude. So leben auch die Verstorbenen mit den Lebenden. Die Familie bewahrt sie nicht nur in ihrem Gedächtnis, sondern weiß sich von den verstorbenen Kindern real umgeben.

Wilhelm von Kügelgen (1802–1867) stammte aus einer berühmten Malerfamilie. In seiner Lebensbeschreibung erwähnt er zu Beginn seine Schwester Maria, die kurz vor seiner Geburt gestorben war. Die Mutter, eine Lutheranerin, hatte im Gebet von Gott die Gnade erfleht, er möge das verstorbene Mädchen als Schutzengel für die weiteren Kinder, die noch geboren werden sollten, in den Dienst nehmen. An der Erhörung ihrer Bitte zweifelte sie nicht. Bei der Geburt der nächsten Kinder trat die kleine Maria als Schutzengel segnend vor ihre Geschwister. Für die Vision zeugte nicht nur die Mutter, sondern auch die Kinderfrau. Es handelte sich also um eine reale Gegenwart der Frühverstorbenen. „Wenigstens erzählte meine Mutter des öfteren, wie bald nach der Geburt ihrer jüngeren Kinder eine Lichtgestalt erschienen sei und die neuen Ankömmlinge umleuchtet und begrüßt habe. Diese Erscheinung hatte in der sichtbaren Welt nichts Analoges; dennoch erkannte die Mutter ihr heimgegangenes Kind."

Kügelgen hinterfragt nicht den Wirklichkeitsgehalt der mütterlichen Visionen. Die Mutter konnte das Kindermädchen als Zeugin benennen. Das reichte, um die Erfahrung der Rettung und Bewahrung der kleinen Maria zu respektieren. In ihr kommt eine den Tod überdauernde familiäre Verbundenheit zum Ausdruck, die ihre Wirkung auf den heranwachsenden Knaben nicht verfehlte: „So war denn oft die Rede von der Dahingeschiedenen und wohl erinnere ich mich, daß ich als kleiner Junge manche Übertretungen mied, um den Engel nicht zu betrüben, der mir beigegeben war."

Die Umverwandlung des frühverstorbenen Kindes in einen Engel ist Ausdruck des Glaubens an die Gemeinschaft der Lebenden und der Toten. Das Totengedächtnis ist Grundlage menschlicher Kultur. Für die heilige Therese von Lisieux (1873–1897) besteht kein Zweifel, daß Gott ihre kleinen verstorbenen Brüder „erwählt hat, um Engelchen aus ihnen zu machen". Die Umgangssprache kennt den Ausdruck „Engelmacherin" für eine Frau, die Abtreibungen vornimmt. Er ist eine sarkastische Pervertierung des Glaubens an die Rettung früh gebrochenen Lebens.

Geht man über Therese von Lisieux und Wilhelm von Kügelgen zurück ins 18. Jahrhundert, so steht hier Friedrich Gottlieb Klopstock (1724–1803). In seiner Zeit galt als höchster literarischer Anspruch die Nacheiferung der antiken Dichter Homer und Vergil. Mit einem deutschen Epos wollte Klopstock zum Ruhm des Vaterlandes und zur eigenen Unsterblichkeit beitragen. Verschiedene Stoffe boten sich an: Hermann der Cherusker, der erste große Sachsenkaiser Heinrich der Vogler, dessen Erinnerung in Klopstocks Heimatstadt Quedlinburg gepflegt wurde. Dann hatte er in der Nacht eine Christusvision, und aus dem nationalen wurde ein religiöser Stoff. Durch Erde, Himmel, Hölle und Weltenraum schwebt der Geist des Dich-

Gottes Engel erscheint den Hirten auf dem Felde und kündigt ihnen an, was sie von sich aus nicht wissen können: „In Bethlehem ist euch der Heiland geboren." Himmel und Erde durchdringen sich. Geburtsstunde des Glaubens. Der Blick richtet sich empor, die geöffnete Hand signalisiert Dank und Gruß. Auf ihre Felder zurückgekehrt, stimmen die Hirten ein in das Gloria der himmlischen Heerscharen.

Verkündigung an die Hirten.
Buchmalerei aus dem Perikopenbuch Heinrichs II.,
um 1002–1012.
München, Bayerische Staatsbibliothek

ters und entwirft das gewaltige Epos vom Erlösungswerk Christi. „Der Messias" ist nach dem poetischen Selbstverständnis seines Dichters ein religiös inspiriertes Kunstwerk. Die Dichter sind für Klopstock ein Werkzeug der göttlichen Offenbarung. Im alttestamentlichen Propheten erkannte er die Urdichter der Menschheit. Die späteren Dichter des Sturm-und-Drang – der junge Goethe mit seinen berühmten Oden und dem Roman von Werthers Leiden gehört dazu – sind alle Klopstocks Auffassung vom religiös inspirierten Dichtergenie verpflichtet.

Hier nun bei Klopstock sind zwei zentrale Aufgaben des Engels der Geburt noch ungeschieden: Gabriel ist der „göttliche Lehrer" und der Beschützer der frühverstorbenen Kinder zugleich. Die Orientierung an antiken Epen brachte die Vorstellung von der unsterblichen Seele in den „Messias", der Gedanke der Erziehung war Zeitgeist der frühen Aufklärung. Beides verknüpft Klopstock mit dem Engel der Geburt. Geboren als ältestes von siebzehn Kindern wird er Sterbeerfahrungen in der eigenen Familie gemacht haben. Im ersten Gesang des „Messias" sammeln sich die Seelen der Kinder um den himmlischen Erzieher Gabriel. Sie flohen „noch sprachlos", also im vorsprachlichen Alter, von der Erde. Doch werden sie bei Klopstock nicht einfach in kleine Engel verwandelt, sondern sie müssen wie die Menschen auf Erden erst Christus erkennen. Da geht es in Klopstocks Himmel streng lutherisch zu. Am Messias vorbei gibt es kein Heil. Das unterscheidet christlichen Glauben an eine unsterbliche Seele von griechischer Unsterblichkeitslehre. Der Katechismusunterricht wird jedoch so angenehm wie möglich gestaltet: „Unter dem Klange beseelender Harfen, in lieblichen Liedern." Neben dieser musikalischen Unterrichtsmethodik imaginiert der Dichter auch die zentralen Unterrichtsinhalte. Sie beziehen sich auf die Grundfragen des Menschseins, mit denen unsere Suche nach dem Engel der Geburt begann: „Wie, und woher sie entstanden; wie groß die menschliche Seele / Von dem vollkommensten Geiste gemacht sei". Erst der Nachhilfeunterricht in der himmlischen Schule befähigt die kindlichen Seelen, die Herrlichkeit Gottes auf dem ewigen Thron zu schauen.

Klopstock hat sich den Engelpädagogen nicht ausgedacht, sondern ihn bei den Kirchenvätern vorgefunden. Schon Clemens von Alexandrien und Methodius von Olympos zählen ihn zum Grundbestand christlicher Jenseitsvorstellung. Sein Name lautet Temeluchos, und er hat die Aufgabe, die Kinder zu schützen und zu erziehen, die von ihren Eltern dem Hungertod ausgesetzt worden waren oder abgetrieben wurden. Clemens bezieht sich dabei auf eine Schrift mit dem Titel „Offenbarung des Petrus", die um 135 nach Christi Geburt in Ägypten geschrieben wurde und sich in Ost und West einer erheblichen Wertschätzung erfreute. Er zitiert sie als heilige Schrift. Der vollständige Text wurde erst spät wiederentdeckt. Der Archäologe Grébaut fand anläßlich der Grabungen, die er im Winter 1886/87 auf einem Friedhof bei al-Hawawis, der Ahmimer Wüstennekropole, durchführte, Pergamentblätter der griechischen Fassung der Petrusoffenbarung im Grabe eines christlichen Mönches. 1910 entdeckte man dazu eine äthiopische Übersetzung.

In äußerster Drastik schildert die Petrusoffenbarung eine Begegnung zwischen den getöteten Kindern und ihren Eltern im Jenseits. Oberhalb einer großen und sehr tiefen Grube stehen nackte Männer und Frauen. Wie der arme Lazarus dem reichen Prasser, so stehen die Kinder ihnen an einem Ort des Entzückens gegenüber. Sie erheben ihre Stimnme zu Gott und fordern seine Rechtsprechung gegen die Eltern: „Das sind die, welche vernachlässigt und verflucht und deine Gebote übertreten haben. Und sie töteten uns und fluchten dem Engel, der uns erschaffen hatte, und hängten uns auf. Und sie behielten das Licht, das du für alle bestimmt hast, uns vor." Mag die Gerichtsszene auch imaginiert sein, so deckt sie das Eingeständnis von Schuld anhand psychosomatischer Symptome anschaulich auf. Noch während der Anklage der Kinder fließt den Müttern Milch aus den Brüsten, die schnell stinkend gerinnt und sich in fleischfressende Tiere verwandelt, die beide Eltern in Ewigkeit quälen werden. Der Engel der Geburt wird die Erziehung der Kinderseelen übernehmen.

Die große Verbreitung der Petrusoffenbarung unter den ersten Christen zeigt, daß sie das Leben als unbedingt schützenswertes Gut zum Grundbestand ihrer Lehre zählten. Die Eltern haben kein Verfügungsrecht über das wachsende Kind, denn es untersteht der Fürsorge des Engels der Geburt. An den grausamen Strafen, die über die Eltern verhängt werden, läßt sich die Kompromißlosigkeit dieser frühchristlichen Ethik ablesen. Der Text deutet aber auch die weite Verbreitung von Kindermord durch Aussetzen zum Hungertod oder Abtreibung an. Daß die Petrusoffenbarung in späteren Jahrhunderten kirchlicherseits unterdrückt und nicht in den Kanon der neutestamentlichen Schriften aufgenommen wurde, kann seine Ursache nicht in der Verurteilung der Eltern und der Ausmalung von jenseitiger Bestrafung haben. Anstoß genommen haben wird die Kirche an der Kompetenzerweiterung der Engel, die in den Anklageworten der Kinder vorgenommen ist. Der Engel der Geburt schützt, begleitet und erzieht nicht nur sein Kind, sondern er wird als dessen Schöpfer ausgegeben.

ENGEL DER KINDHEIT

„Ich habe Menschen getroffen, die
(...)
die reine Stirn der
Engel trugen.
Ich habe mich oft gefragt
und keine Antwort gefunden,
woher das Sanfte und das Gute
kommt,
weiß es auch heute nicht und
muß nun gehn.“

Gottfried Benn

Schutzengelerfahrungen

Alle Kinder tragen die reine Stirn der Engel. Weil sie noch von kleiner Gestalt sind, müssen sie den Blick nach oben heben, um mit der Welt der Erwachsenen in Kontakt zu treten. Der Himmelsblick ist die natürliche Haltung des Kindes. Alle Zuwendung kommt „von oben". Wolkenfahrten und Silberstreifen im Himmelsblau, fliegende Wildgänse im Herbst, Eichhörnchen in der Baumkrone, der Fensterputzer an der Außenwand des 30. Stockwerkes: Das Kind sieht sie zuerst. Erwachsene sind horizontal ausgerichtet, das Kind zugleich vertikal. Deshalb sieht der Engel der Kindheit die reine Stirn des Jungen oder Mädchens aus der Erdentiefe hervorleuchten. Wegen seines Engelblicks ist das Kind anders als der Erwachsene gefährdet. Es schaut nach der Katze auf dem Dach und achtet nicht auf den schweren Lastwagen, es läßt den Drachen steigen und sieht nicht den Graben. Der Engel der Kindheit begleitet es durch alle Gefährdungen. Alle Kinder haben einen Schutzengel. Zumindest gibt es niemanden, der dies kategorisch ausschließen würde. Der Schutzengel ist der bekannteste und populärste Engel. In Volksglaube, Alltagskultur, in Werbung und Medien erfreut er sich einer vielgestaltigen Präsenz.

„Mein Sohn hatte mehrere Schutzengel", bekannte der deutsche Bundeskanzler erleichtert, nachdem er seinen verletzten Sohn in einem italienischen Krankenhaus besucht hatte. Im Dezember 1991 hatte Peter Kohl seinen VW-Golf auf einer Rennstrecke zu Schrott gefahren und wie durch ein Wunder überlebt. Wie wörtlich ist die Äußerung des Vaters zu nehmen? Meinte er, sein Sohn habe einfach außerordentliches Glück gehabt? Sein Überleben sei rational nicht zu erklären? Oder tat er als Katholik eine Glaubensäußerung, mit der er bezeugte, daß er an Gottes rettenden Eingriff in das Leben seines Sohnes glaubte?

So verstand offensichtlich eine bunte Illustrierte das Kanzlerwort und formulierte den möglichen Wirklichkeitsgehalt dieses Glaubenssatzes in einer pointierten Frage: „Sollten unsichtbare Wesen die tödliche Lenksäule von der Brust des Kanzlersohnes weggedrückt haben?" Natürlich bleibt der reichbebilderte Artikel die Antwort schuldig. Wir erfahren nicht, ob sich myriaden Engel wie ein Airbag schützend entfaltet haben; doch es wird anschaulich, in welche alltäglichen Kontexte wir die Rede vom Wirken der Schutzengel stellen. Es sind unerklärliche Lebensrettungen, unerwartete Hilfe in sozialer oder emotionaler Not, Augenblicke, wo eine fremde und letztlich unbegreifliche Macht schützend, rettend oder bewahrend in unser Leben tritt.

Wie sehen diese Schutzengel aus? Tragen sie Flügel und ein langes, weiß wallendes Gewand? Sind es Jungfrauen oder sanfte Männer mit glattrasiertem Kinn? Einer der farbig abgebildeten Schutzengel hat ein zottiges Fell, zwei Schlappohren, treue braune Augen, und er trägt ein Schnapsfäßchen um den Hals. Ein schweizer Bernhardiner als Schutzengel? Im Oberengadin hat er vielen von Lawinen verschütteten Menschen das Leben gerettet. Nimmt Gott also auch Hunde in seinen Dienst? Daß es nicht die Männer mit den Flügeln sein müssen, die Engel, hat Rudolf Otto Wiemer in einem vielzitierten Gedicht als Verstehenshilfe für alle formuliert, die wohl an unerwartete Rettungen glauben, diese Erfahrungen aber nicht mit Gottes geflügelten Boten verknüpfen wollen oder können. Schutzengel müssen also keine Flügel haben, aber vier Beine – ist damit die metaphorische Begriffserweiterung nicht ins Absurde überdehnt? Andererseits: Erzählt nicht das Alte Testament, daß nur die Eselin den Engel des Herrn sah, den Bileam nicht erkennen konnte? Und erschien nicht nach der jüdischen Legende ein Engel in der Gestalt eines weißen Wolfes dem Propheten Mose, als der die Schafe seines Schwiegervaters Jethro hütete?

Der Glaube an Schutzengel verdankt seine ungebrochene Popularität zwei Tatsachen: Menschen erleben immer wieder unerwartete und unerklärliche Rettungen, und sie haben das Bedürfnis, diese als personale Zuwendungen einer höheren Macht zu deuten. Die Rede vom blinden Zufall reicht nicht. Menschen wünschen sich und vor allen Dingen ihren Kindern, daß ein guter Geist über dem Leben waltet. Die Rede vom Schutzengel ist religiösen Ursprungs und hat eine biblische Verankerung an zentraler Stelle. Doch zwingt sie niemandem ein bestimmtes Gottesbild auf. Sie verlangt keine Kirchenmitgliedschaft und keine dogmatisch eingegrenzte und damit ausgrenzende Vorstellung. Das Bild vom Schutzengel ist elastisch. Es bietet Raum für ganz persönlich gefärbte Bilder und imaginative Ausschweifungen. Es ist tolerant und kommt dem Bedürfnis nach personaler Begegnung entgegen. Es erlaubt eine anschauliche, verbindliche und zugleich humorvolle Sprache des Glaubens. Nach christlichem Glauben kommt mit der Rede vom Schutzengel zum Ausdruck, daß Gott in seiner Schöpfung dem Geschöpf helfend und in ganz persönlicher Zuwendung erscheinen kann.

Schutzengelgeschichten gibt es unzählige. Die meisten von ihnen sind naiv, kitschig und der Leser merkt ihnen sofort an, daß sie lediglich eine glückliche Erfahrung sentimental überhöhen: Ein Mann macht einen Spaziergang. Er geht durch einen Wald. Zwei Räuber beobachten ihn und wollen ihn ausrauben. Da plötzlich sehen sie, daß neben dem Mann zwei weißgewandete Gestalten schreiten. Sie fliehen. Der Mann ist gerettet. – Ein zweijähriges Kind steht klitschnaß auf den Steinfließen im Garten. Einen Meter hinter ihm befindet sich ein tiefer Teich. Offensichtlich war es in ihn hineingefallen. Doch wie kam es aus dem Wasser heraus, da es nicht schwimmen konnte? Merkwürdig ist auch, daß keine feuchten Fußspuren vom Teich zu der Stelle führen, wo es jetzt wohlbehalten steht. In einer Hypnose wird sich das Kind später erinnern: Ein Engel hat es damals vor dem

Ertrinken gerettet. – Dann gibt es Schutzengel, die nicht an ihrer äußeren Gestalt zu erkennen sind: Eine Frau geht durch die Stadt mit dem Engelnamen Los Angeles. Vier dunkle Gestalten verfolgen sie. Zitternd vor Angst senkt sie den Kopf und bittet Gott um Hilfe. Da sieht sie einen etwa dreißigjährigen Mann, mindestens einsachtzig groß, mit schönem strengen Antlitz. Er trägt einen tadellos gewaschenen Arbeitskittel und Bluejeans. In der Hand hält er einen Henkelmann. Sie stürzt auf ihn zu, offenbart ihre Not. Sie braucht sich nicht weiter zu erklären. Der Mann kennt ihre Lage, weiß die Frau sogar beim Namen zu rufen. Er bringt sie in Sicherheit. Dann ist er plötzlich verschwunden.

Die Engelberichte pendeln zwischen zwei Extremen. Entweder sie stellen den himmlischen Retter mit seinen klassischen Attributen dar, oder sie montieren ihm Flügel und weißes Gewand ab, benutzen noch nicht einmal den Namen „Engel". Eine traditionelle realistische Darstellung erfüllt uns mit Skepsis. Ebenso unbefriedigend ist die metaphorische Ausdünnung der Engelvorstellung. Ein echter Engel hat Flügel zu tragen. So will es die Imaginationskraft. Doch die Vernunft schüttelt zugleich abwehrend ihr Haupt.

Eigentlich müßte man schweigen, weil man über Schutzengelerfahrungen nicht reden kann, und die Menschen, denen tatsächlich ein Engel begegnet ist, haben es stillschweigend für sich behalten oder wie Erwin Wickert nur zögerlich und mit humoristischer Distanz preisgegeben. Wickerts Schutzengel hatte das Kind beim Treppensturz vor einer Verletzung bewahrt. War es wirklich ein Engel oder nur ein Zufall? Wie wirklich war der Schutzengel? Auch Wikkert stellt sich die Frage nach dem metaphysischen Hintergrund der Erfahrung von Rettung: „Ob ich wirklich an ihn glaubte? Wohl nicht im Ernst. Ich ließ die Frage jedoch offen, ließ sie auch vor mir selbst im Zwielicht und fand das ganz amüsant. Man wird mich deshalb tadeln müssen. Ernsthaften, entschiedenen Menschen wie, sagen wir, Kierkegaard, wäre dieser Unernst ein Greuel gewesen. Auch Karl Jaspers hätte schweigend mißbilligt, wenn ich ihm von diesem nur halb geglaubten Engel erzählt hätte." Andererseits habe er sich, wenn später in seinem Leben größeres Unglück dicht an seinen Ohren vorbeipfiff oder wenn Unheil wie ein Blitz neben ihm einschlug, gefragt, ob es nicht der Engel gewesen sei, „der den Blitz eine Handbreit abgelenkt hatte". Wickerts Darstellung seiner Engelerfahrung zieht ihre Faszination aus der Schwebe, in der sie den Schutzengel hält. Dem Leser wird kein Bekenntnis aufgenötigt, er wird nicht mit obskuren Erfahrungen überrannt, sondern nachdenklich gestimmt.

Wie bei der ästhetischen Beurteilung von Filmen, Musikstücken, Büchern oder Bildern, so gibt es auch für die Bewertung von Schutzengelerfahrungen Echtheitskriterien. Am besten ist es jedoch, man verläßt sich auf sein Gefühl. In einer medial vermittelten Wirklichkeit haben wir uns viel zu sehr von sogenannten Experten schulmeistern lassen. Professoren, Psychoanalytiker, Soziologen, Kunsthistoriker und Musikwissenschaftler nehmen uns den unmittelbaren und unverstellten Blick auf die Wirklichkeit ab. Wer offen hinsieht, weiß, ob Joseph Beuys' Fettkeile Kunst oder Narretei sind. Wer die Ohren spitzt, hört, ob ein John Lennon oder ein Tonkasper am Werk ist. Wer den Menschen in die Augen schaut, merkt sofort, ob sie religiöse Gefühle vorheucheln oder einen Blick hinter den Schleier der Wirklichkeit haben werfen dürfen.

Ein humorvoller Mann ist der Arzt Moolenburgh, der viele seiner Patienten nach möglichen Engelerfahrungen befragt und zahlreiche Engelberichte gesammelt hat. Moderne Engelberichte, wie der von dem Schutzengel aus Los Angeles, seien durch drei typische Merkmale charakterisiert: Sie schildern eine lebensgefährliche Situation, die plötzliche Rettung durch einen normal gekleideten Mann und das anschließende spurlose Verschwinden des Retters, nachdem deutlich geworden ist, daß er besondere Kenntnisse über die Person besitzt, die er gerettet hat. Die Authentizität des Erlebten läßt sich nach Moolenburghs Erfahrung an dem Verhalten des Menschen ablesen: Ein innerer Friede, ein großes Gefühl von Glückseligkeit und Stärkung im Glauben, die bleibende Erinnerung an die Engelbegegnung und ein äußerstes Maß an Zurückhaltung beim Sprechen über die Engelerfahrung kennzeichnen die echte Begegnung. Damit läßt sich arbeiten, besonders, wenn man als entscheidendes Kriterium die Nachdenklichkeit hinzufügt, die von der Engelerfahrung bleibend ausgeht. Engel sind Grenzgänger zwischen den Welten. Sie umkreisen ein Geheimnis, das nicht abschließend sagbar ist, vor dem wissenschaftliche Begriffe versagen. Eine echte Engelerfahrung wird ein Leben lang zu neuen Deutungen herausfordern, neue Einsichten vermitteln und Widersprüche provozieren. Sie verliert ihre Wirkung, wenn sie nicht mehr paradox ist, sondern eindeutig.

Friedrich Gottlieb Klopstock hat dies gespürt bei seiner Begegnung mit dem berühmten schwedischen Geisterseher Emanuel Swedenborg, der nach Art eines Stadtplanes das Reich der Engel genau vermessen haben wollte. Swedenborgs Engel besitzen kein Geheimnis mehr. Sie sind in ein rationalistisches Korsett gezwängt worden. Und jeder Besucher, der Swedenborg hier nicht folgen wollte, wurde mit spöttischer Arroganz überschüttet. „Wenn Sie weg sind, bin ich gleich wieder in der Gesellschaft der Geister (= Engel)", ruft er Klopstock beim Abschied hinterher. Eine abschließende Systematisierung der Engelwelten sind der Tod echter Erfahrung. Aus der lebendigen Beziehung ist steriles Wissen geworden. Nicht mehr eigene Nachdenklichkeit ist gefragt, sondern braves Zuhören beim Engelmeister, der erzählt, was von den Engeln zu glauben ist. Die Engelerfahrung ist in die Verwaltung kleingläubiger Sektierer übergegangen.

Engelrede ohne Erfahrungsbezug ist sinnlos, zumindest aber unergiebig. Die Rede vom Schutzengel korrespondiert mit der Grunderfahrung der ständigen Gefährdung des Menschseins, die jeder macht. Sie hat neben dieser anthropologischen vor allen Dingen eine ethische Implikation. Der Schutzengel ist zu allen Zeiten auch als Ideal verantwortlichen Menschseins verstanden worden. An seinem Bild wird die Hingabe und Fürsorge ablesbar, mit der Menschen einander begegnen sollten. Therese von Lisieux bezeichnet sich in diesem Sinne als Schutzengel von Schwester Marie de la Trinité, die am 16. Juni 1894 in den Karmel von Lisieux eintrat und dem besonderen

Schutz der Heiligen unterstellt wurde. Elsa Brändström (1888–1948), die als Abgeordnete des schwedischen Roten Kreuzes deutsche Soldaten in russischer Gefangenschaft umsorgte, erhielt den Ehrentitel „Engel von Sibirien". In Yad Vashem, dem Jerusalemer Denkmal für die Millionen Opfer des Holocaust, ist mit sorgenvollem Blick ein Mann dargestellt, der wie ein Schutzengel die Kinder Israels in seine Arme nimmt: Janusz Korczak (1878–1942), polnischer Kinderarzt, Schriftsteller und Leiter eines Warschauer Waisenhauses für jüdische Kinder, dessen Leben der Hingabe an die Kinder nicht losgelöst von seinem Sterben betrachtet werden kann.

Zwei Jahre mußte Korczak mit seinen zweihundert Kindern im Ghetto leben. Im gemeinsamen Schlafsaal schrieb, arbeitete und lehrte er. Die ihm angebotene Freiheit lehnte er ab, als am 6. August 1942 deutsche Soldaten das Waisenhaus räumten. An der Spitze des Zuges von einhundertzweiundneunzig Kindern und zehn Erwachsenen marschierte er, ein Kind auf dem Arm, ein zweites an der Hand, zum Verladebahnhof für die Fahrt in die Gaskammern von Treblinka. Eines der Kinder trug die grüne Fahne König Hänschens, Korczaks Romanfigur für Kinder. Es gibt keine Dokumente über ihre letzten Stunden, in der Legende aber dürfte die ganze Wahrheit dieses zeichenhaften Lebens verdichtet sein: Eingepfercht in einen Waggon, umgeben von panischen Schreien aus tausend Kehlen, blicken die Kinder ruhig auf ihren Geschichten erzählenden Lehrer. Sie schützend, erfährt der Schutzengel der Kinder selbst Schutz. Wenn nach dem Krieg immer wieder von Menschen behauptet wurde, sie hätten Korczak und seine Kinder in irgendeinem Dorf Polens gesehen, so steckt auch hierin eine legendarische Wahrheit: Der Geist des Janusz Korczak ist überall dort zu finden, wo sich Erzieher und Lehrer in personaler Hingabe ihren Kindern gegenüber öffnen und ihnen mit allen Konsequenzen zum Schutzengel werden. Dieser Schutzengel ist weder blondgelockt, noch trägt er Federflügel. Er schreitet nicht daher in Herrlichkeit, und er ist kein siegesgewisser „deus ex machina". Er ist mächtig aus seiner Ohnmacht. Vor Leid und Tod kann er die Kinder nicht bewahren, doch er schützt sie vor dem noch grauenvolleren metaphysischen Tod der Verzweiflung und Einsamkeit durch seine Begleitung. Damit sprengt er die Ketten des Terrors. Eine andere Wirklichkeit bricht ein, der Himmel leuchtet auf.

Gottfried Benn hatte die Frage, „woher das Sanfte und das Gute kommt", als nicht beantwortbar ausgegeben. Sie drängte sich ihm bei der Begegnung mit Menschen auf, die „die reine Stirn der Engel trugen". Anläßlich einer Umfrage unter Mitarbeitern des Magazins „Stern" (23. 11. 1989) zum Problem der Existenz von Engeln, gab Winfried Maas ein sehr persönliches Erlebnis preis. Es war im Sommer 1944: Stettin, seine Heimatstadt, erlebte einen schweren Bombenangriff. Der fünfzehnjährige Berichterstatter und sein Klassenkamerad Manfred Farnung waren als Luftwaffenhelfer zu den Löscharbeiten eingeteilt. Das ganze Obergeschoß eines Verwaltungsgebäudes stand in Flammen, die beiden Jungen mußten davor kapitulieren. Beide wollen das Gebäude verlassen. Der ausgebildete Fernmelder Manfred Farnung will auf Leitungssuche gehen und verschwindet aus dem brennenden Gebäude. Winfried Maas wird dagegen von dem Hausmeister aufgehalten. Ein Kriegsversehrter mit nur einem Bein. Er bittet den Jungen, noch einmal in die Gefahrenzone zu laufen und aus der Dachgeschoßwohnung zu retten, was die Flammen noch nicht ergriffen haben. Der Knabe geht in die Hausmeisterwohnung, kann durch die starke Rauchentwicklung nichts sehen und torkelt orientierungslos durch die Zimmer. „Da tauchte neben mir eine Gestalt auf. Jemand nahm mich bei der Hand und führte mich zu einer hellen Stelle. Eine Tür ging auf, ich wankte ins Treppenhaus und stolperte nach draußen."

Abends in der Flackbatterie unter Kameraden wird nach Manfred Farnung gefragt. Der Gerettete meint dessen Abwesenheit entschuldigen und begründen zu können. Farnung habe das brennende Haus verlassen, um an anderer Stelle Telefonleitungen zu überprüfen. Damit werde er wohl zur Stunde noch beschäftigt sein. Man wird ihn nie wiedersehen. Wochen später findet man in der Ruine des Hauses, das die Knaben zu löschen versucht hatten, verkohlte Leichenreste und Manfred Farnungs Erkennungsmarke. Die Entdeckung gewinnt durch die Verknüpfung mit der Rettung aus der Dachgeschoßwohnung eine besondere Bedeutsamkeit: „Er muß mir unbemerkt in die brennende Wohnung gefolgt sein. Nur er kann es gewesen sein, der mich zur rettenden Tür führte, bevor er in dem Rauch selber zusammenbrach."

An keiner Stelle seines Berichtes gebraucht der Erzähler das Wort „Engel". Auch gibt er seiner Rettung vor dem Flammentod keine religiöse Deutung. Allein der Kontext der Umfrage „Engel, gibt's die?", in dessen Rahmen er seine Erinnerung veröffentlicht, stellt den Bezug zum Schutzengelthema her. Gerade aber die Aussparungen und Andeutungen bewirken die Faszination des Berichtes und erzeugen in seinem Leser eine Nachdenklichkeit, in der die Gestalt des Schutzengels schwebt.

Gib Deinem Schutzengel eine Chance!

Plakativ und grell fliegen dagegen die zahlreichen Schutzengel durch die Welt des religiösen Kitsches und der Werbung. Sie schreien ihre Botschaften heraus. Nachdenklichkeit wird nicht gefordert. Das Kuratorium für Verkehrssicherheit, Landesstelle Tirol, hat sich als Mitglied der „Prevention Routiere Internationale" Gedanken über die Verhinderung oder Reduzierung von Unfällen auf den Landesstraßen gemacht. Wer auf der Brenner Bundesstraße nach Innsbruck fährt, sieht das Ergebnis am Straßenrand stehend auf großen Tafeln in reflektierter und nicht reflektierter Ausführung. Aus dem Hintergrund windet sich eine kurvenreiche Straße auf den Betrachter zu. Im linken Vordergrund ein behelmter Motorradfahrer auf schwerem Gefährt. Er beugt sich in die Kurve. Das Vorderrad wird durch einen weißen Hintergrund farblich vom Bild der Straßenführung abgehoben. Man ahnt die Gefährdung. Noch Sekundenbruchteile, und der Raser ist aus der Kurve getragen. Dargestellt ist also eine Situation, die zum klassischen Aktionsfeld des Schutzengels gehört. Er wird den leichtsinnigen Zeitgenossen nicht fragen, ob er letzten Sonntag die Kommunion genommen hat. Er fragt nicht nach dem sittlichen Lebenswandel, er hilft. Vielleicht verbirgt sich unter dem Helm eine Motorradfahrerin. Der Schutzengel, der mit ausgebreiteten Armen, Beinen und Flügeln in der oberen Hälfte der Tafel über der Straße schwebt, fragt auch nicht nach Geschlecht und Charakter. Doch kann er helfen, wo einer leichtsinnig sein Leben aufs Spiel setzt?

Schutzengel sind offenbar nicht allmächtig. Das suggeriert in der rechten unteren Tafelecke die Mahnung: „Gib Deinem Schutzengel eine Chance!" Der Schutzengel ist altertümlich wie ein römischer Soldat gekleidet, seine Schwingen bestehen aus großen schweren Federn. Nun wird der Betrachter doch nachdenklich. Ein Anachronismus kommt in der Gegenüberstellung von archaischem Schutzengel und technisch gestyltem Motorradgeschoß unfreiwillig zum Ausdruck. Offenbar sind Schutzengel nur auf Geschwindigkeiten eingestellt, die in der Natur vorkommen. Der Mensch ist ein Erdbewohner. Als Kurzstreckenläufer erreicht er Geschwindigkeiten bis zu 40 km in der Stunde. Ebenso schnell läuft der Pandabär. Der Hund kann 67 km in der Stunde erreichen, das Pferd 77 km/h, der Wolf 72 km/h. Das schnellste Tier an Land ist der Gepard. Seine Spitzengeschwindigkeit liegt bei 113 km pro Stunde. Das zweitschnellste Tier mit 97 km/h ist der Gabelbock. Ein Schutzengel muß, um seine Hilfsdienste ungehindert ausführen zu können, schneller als alle Tiere sein. So ist, nach natürlichem Maßstab gemessen, eine Spitzengeschwindigkeit von 130 km pro Stunde für Schutzengel voll ausreichend. Mit Hilfe der Technik hängt jedoch jeder Motorradfahrer seinen Schutzengel ab. Wohl nicht wissentlich oder aus Leichtsinn, sondern aus Uniformiertheit überschreitet er die für Schutzengel zulässige Höchstgeschwindigkeit.

Ein anderer, weitverbreiteter Aufkleber spricht das gleiche Problem an, wenn er den Autofahrer mahnt: „Fahre nicht schneller, als Dein Schutzengel fliegen kann!" Auf diesem Hintergrund werden auch die verkehrspolitischen Entscheidungen vieler europäischer Staaten einsichtig, die Höchstgeschwindigkeit auf 110 bis 130 km pro Stunde einzuschränken. Nur so haben Schutzengel eine Chance. Aber vielleicht wollte das Tiroler Kuratorium für Verkehrssicherheit die Motorradfahrer und Motorradfahrerinnen lediglich in witziger Weise bitten, ein wenig die Geschwindigkeit zu drosseln, und sieht sich jetzt mit den subtilsten Fragen der Angelologie konfrontiert, die zur Beantwortung eines Thomas von Aquin bedürften, der genau wußte, wieviel Engel auf einer Nadelspitze Platz haben.

Die Aufforderung, durch Herabsetzung der Geschwindigkeit dem Schutzengel die Chance zu verkehrstechnischem Beistand zu geben, wirft unfreiwillig ein Problem auf, das einer scholastischen Disputation wahrlich würdig wäre. Nur, welcher Professor der Theologie versteht heute noch etwas vom Wesen und Wirken der Engel? So steht der Zeitgenosse irritiert vor den Schutzengeltafeln an der Brenner Bundesstraße und anderswo, nicht nur in Tirol, und nimmt Abschied von der beruhigenden Vorstellung, sein Schutzengel könne ihn zu jeder Zeit und aus jeder Situation retten. Vielleicht träumt er sich zurück in jene seligen Zeiten, wo Schutzengel noch allmächtig waren. Damals hing über jedem Kinderbettchen ein Schutzengelbild mit silberner oder goldener Rahmung, das heute auf jedem Flohmarkt wiederzufinden ist. Dort werden sie als Antiquität gehandelt. Oftmals finden sie einen neuen Ehrenplatz über der Chaiselongue einer nostalgisch designten Gaststätte, möge sie „Omas Pfannkuchenhaus" oder „Zum blauen Engel" heißen. Im aktiven Dienst sind diese Schutzengelbilder noch an zahlreichen Wallfahrtsorten. Die Darstellung weist typische Merkmale auf: Im Vordergrund auf felsigem Gelände spielende Kinder. Ein Knabe, adrett gekleidet mit kurzem blauen Höschen und weißem Hemd, streckt die Hand nach

„Seht zu, daß ihr nicht eines von diesen Kleinen verachtet! Denn ich sage euch: Ihre Engel im Himmel sehen allzeit das Angesicht meines Vaters im Himmel." Jesu Wort von den Schutzengeln gilt allen Menschen, die im Glauben Kinder Gottes geworden sind. Engel haben einen doppelten Blick, sehen zugleich auf Himmel und Erde. So können sie kritische Freunde und Begleiter der Menschen sein.

Der Schutzengel.
Gouache von Georges Rouault.
Paris, Privatbesitz.

einem fliegenden Schmetterling aus. Eine dreifache Gefahr bedroht ihn: Der Abgrund, aus dem sich eine Giftschlange mit züngelnder Zunge auf ihn zubewegt, und ein jäh stürzender Wasserfall. Auch das kleine Mädchen ist ordentlich bekleidet. Es trägt ein rotes Röckchen mit schwarzer Borte. Die Ärmel der weißen Bluse hat es sich hochgekrempelt, damit sie beim Blumenpflücken nicht beschmutzt werden. Doch auch für das Mädchen birgt das Sonntagsidyll eine tödliche Gefahr. Es greift gerade nach einer Margerite und übersieht dabei den Abgrund, der sich hinter der Blume öffnet. Zum Glück wacht der Schutzengel mit segnend ausgebreiteten Armen über den Kindern. Sein Bild überragt beide und füllt den gesamten Hintergrund aus. Er sieht so aus, wie wir es von einem echten Schutzengel für Kinder erwarten: Weiße Flügel mit langen Schwingen, weißes bodenlanges Gewand. Die rote Stola, eine blaue Schärpe und ein blauer Gürtel nehmen die Farben der Kinderkleidung auf. Die Farbsymbolik entspricht der traditionellen Zuordnung. Jungen tragen blau, Mädchen rosa oder rot. Das gilt bis zu den ultramodernen Pampers-Windeln. Pampers boys mit Frontalverstärkung sind an der blauen Farbe erkennbar. Neben der geschlechtsspezifischen haben die Farben eine religiöse Bedeutung. Blau ist die Farbe der Transzendenz, die Farbe des Himmels, wo Gottvater wohnt, rot ist die Farbe der Liebe. Der Schutzengel mit deutlich androgynen Gesichtszügen vereint in sich das Männliche und das Weibliche, und vor geöffnetem Himmel, in dessen Zentrum ein goldender Stern blinkt, bezeichnet er Gottes Gegenwart in gefährlicher Situation.

Die Darstellung ist ausgesprochen kitschig, und in ihr dokumentiert sich ein kleinbürgerliches Idyll. Doch ist der Bedürfnislage, auf die das Schutzengelbild ausgerichtet ist, mit ästhetischen Kategorien nicht beizukommen. Das weiß auch die Werbebranche mit ihrem sicheren Gespür für elementare Signalwirkungen. Für sie ist der Schutzengel das geniale, weil dauererfolgreiche Beispiel einer religiösen Produktwerbung. Er symbolisiert die Effektivität des Glaubens. Durch ihn schützt sich der Mensch vor allen weltlichen Gefährdungen. Den modernen Menschen in der urbanen Kultur bedrohen jedoch nicht mehr Wasserfall, Giftschlange und Felsenabgrund, sondern Unfalltod, erhöhter Cholesterinwert und Herzverfettung. Dieser Gefahrenlage haben sich auch die Schutzengel angepaßt. Sie schützen vor Magenverstimmungen durch die Wahl der richtigen Wurst- oder Bratensorte. Sie helfen bei erhöhtem Schnapskonsum, schenken ruhige Nerven beim Autofahren und begleiten den Konsumenten beim stressigen Weihnachtseinkauf in der rheinischen Großstadt. Das moderne Produktmanagement hat den Schutzengel mühelos aus der kleinbürgerlichen Welt verpflanzen können. Als Wegbegleiter durch die Gefahren des Alltags ist er so beliebt wie zu Großmutters Zeiten. Erstaunlich ist dabei die Elastizität der Schutzengeltypologie, die sich jeder Bedürfnislage anpaßt.

Reich gedeckt ist die Tafel des Schweizer Nahrungsmittelkonzerns Bell. Die Anzeige zur Jahreswende 1980/81 präsentiert lukullische Gaumenfreuden in Fülle. Hähnchen neben ungarischer Salami, Pasteten, Lachsschinken und Rotwein, Zimtsterne und Burgunderschinken laden zum Festschmaus ein. Die Tafel schwebt auf einer weißen Wolke, und über ihr thront ein gut genährter Schutzengel. Er blickt den Konsumenten aus braunen offenen Augen an, lächelt sogar in zarter Andeutung, so, wie es nur Schutzengel können. Mit diesem Lukullusengel, daran besteht kein Zweifel, überlebt der Nahrungsmittelkonsument die Festtage.

Zauberhaftes unter gläsernen Dächern verspricht der Werbeprospekt der Stadt Köln. Weihnachtseinkäufe sind stressig, wer weiß das nicht? Doch nicht in der Stadt der Heinzelmännchen. Das Plakat zeigt zwei sich kreuzende Rolltreppen im Zentrum einer gläsern überdachten Passage. Wie in einer Puppenstube reihen sich im Hintergrund des Bildes kleine Läden aneinander. Die Diagonale wird von einer gläsernen Rolltreppe beherrscht. Auf ihr stehen weißgewandet und mit goldenen Flügeln sechzehn kleine Konsumengel und ein großer weiblicher Schutzengel. Sie sorgen für den Transport der Weihnachtsgeschenke. Einige Engel heben den Blick nach oben zum Gott des Konsums, zu dessen Wohlgefallen die ganze Stadt in adventlicher Bewegung ist.

Die beiden Anzeigen stellen deutlich heraus, was den modernen Schutzengel am Ende der Jahrtausendwende von seinen Brüdern und Schwestern vergangener Jahrzehnte unterscheidet. Er schützt nicht mehr moralisierend bürgerliche Ordnung und Sitte, sondern er ist, wie wir sein wollen: frei, fröhlich, das Leben genießend. Manchmal schlägt er wie wir über die Stränge, überdreht die Schraube in ausgelassener Heiterkeit. Auch das muß möglich sein. Wer wird denn alles so eng sehen, daß er Anstoß an einem Schnaps trinkenden Schutzengel nimmt? Bommerlunder heißt das Produkt der traditionsreichen Brennerei Dethleffsen aus Flensburg. Nördliche Weite bestimmt auch den Horizont der Anzeige. Weißer Strand, dahinter der offene Horizont des Meeres. Im Vordergrund Dünengras und ein Strandkorb. Ihm angelehnt ein Jutesack voll mit Geschenkpackungen des Produktes. Das Bildzentrum wird von zwei Personen eingenommen. Ein weißbärtiger Mann mit rotem Anzug und roter Zipfelmütze und eine junge attraktive Dame mit einem weißen Kleid und weißen Flügeln. Beide halten ein Schnapsglas in der Hand und prosten sich zu. Die Frau trägt auf den langen blondgelockten Haaren einen goldenen Reif, lasziv entblößt sind ihre schlanken Beine und die nackten Arme. Der Ausschnitt ihres Kleides läßt tiefe Einblicke zu. Ihr Gesicht ist dem Mann zugewandt, ihre Lippen sind zum Kuß gespitzt. Schon sitzt sie auf seinem Schoß. Kein Zweifel, man kommt sich näher mit einem Gläschen Klaren. Ein himmlisch kühler Genuß, dem selbst Schutzengel nicht widerstehen können.

Der weiße Schriftzug auf blauem Hintergrund spricht es deutlich aus: „Und schmeichelnd fragt das Engelein: Darf's noch ein Bommerlunder sein?" Nicht nur des Reimes wegen ist der Deminutiv gewählt. Ein Schnäpschen in Ehren wird niemand verwehren, wenn selbst Schutzengel und Nikolaus sich von ihren Botengängen bei einem zweiten Gläschen entspannen. Das Engelattribut für Frauen ist traditionell. Wie in Goethes „Faust" wird es braven, treuen und reinen Wesen vom Typus Gretchen zugesprochen. Der emanzipierte moderne Schutzengel gibt sich nicht nur entspannter und trinkt mal einen mit, sondern er legt einen zweiten Schnaps vor. Frei und verführerisch wie Eva ist er und bleibt doch in allem, was kommen wird, ein himmlisches Wesen. Genußvolle Grenzüberschreitung ohne Gefahr für Leib und Seele verspricht der Bommerlunderengel. Wer wollte sich nicht unter seinen Schutz stellen?

Die Engel der Konsumwelt schützen unsere wichtigsten Güter: gutes Essen, einen edlen Tropfen, die stets freie Pforte zum Einkaufsparadies und vor allen Dingen die Freiheit unbegrenzter und unbeschwerter Mobilität. Das Tiroler Kuratorium für Verkehrssicherheit hatte bei seinen Schutzengeltafeln übersehen, daß sich die modernen Engel unserer Bedürfnislage schon längst angepaßt haben. Schutzengel fliegen nur noch selten. Am liebsten fahren sie wie wir mit dem Auto, nur eben viel freier, fröhlicher und ungefährdeter. Kein Wunder, daß sich unter dem Nichtgebrauch die Flügel der Schutzengel zurückbilden. Beim Calypsoengel der Kleinwagenwerbung der Kölner Ford-Werke sind sie rudimentär. Ansonsten sind die Bildmotive vertraut. Den Hintergrund bilden erneut Strand und Meeresweite, denn Autofahrer lieben besonders die frische Luft in freier Natur. Im Vordergrund zwei Kleinwagen. Ein rot- und ein silberfarbener. Das Autodach, schon immer hieß es „Himmel", ist geöffnet. Ein Surfbrett ragt heraus. Das eine ist mit gelbrotem Flammenmeer bemalt, das andere mit weißen Schäfchenwolken auf blauem Himmelsgrund. Teufel und Schutzengel geben sich ein sportliches Stelldichein. Der männliche Teufel hält eine Zigarre. Bald wird er vor Wut rauchen, wenn ihm der weibliche, blondgelockte Engel mit seinem schnittigen Kleinwagen davonfährt. Engel als Autotester, Kleinwagen, die das Gütesiegel „made in paradise" tragen, der gelbe Schutzengel des ADAC – schon längst war überfällig, was der Aktionskünstler HA Schult auf einem Gebäude gegenüber dem Kölner Dom in Szene setzte: ein Kleinwagen mit Flügeln an den Seitentüren. Das Ganze reichlich übergoldet.

Kinderwelten: Frühlingszeit des Geistes

Über den Schutzengeln der Konsumwelt liegt unverkennbar ein Nachglanz des Engels der Kindheit. Essen, trinken, genießen, sich fortbewegen: Es sind elementare Bedürfnisse des Menschen angesprochen. Der Engel der Kindheit ißt am liebsten einen Teller Bratkartoffeln mit Spiegelei und Schinkenspeck. So weiß es zumindest das beliebte italienische Weihnachtslied „E arrivato il ambasciatore". Schwedische Kinderengel mögen am liebsten Sahne mit Zwiebackbröseln und Apfelmus. Der deutsche Engel der Kindheit könnte jeden Tag Nudeln mit Tomatensoße oder Würstchen mit Pommes frites verspeisen. Es dürfte kein Zufall sein, daß unsere Schutzengel unsere Leidenschaften und Vorlieben teilen. Wären sie ihnen fremd oder wirkten sie befremdlich auf sie, könnten uns die Engel weder verstehen noch vor übermäßigem Genuß schützen. Schutzengel sind beinahe so wie wir, nur eben ein bißchen vernünftiger. Der Engel der Kindheit ist ernst und heiter, traurig und fröhlich, rational und phantastisch. Wie die Kinder verkleidet er sich gerne. Auf den Schutzengelbildern des vierjährigen Jaakob trägt er ein Cowboykostüm, hat sich einen Vollbart ins Gesicht gemalt und schwingt zwei Lassos gleichzeitig. Am nächsten Tag wird er ein Ritter sein mit einem selbstgebastelten Papierhelm. Der Schutzengel der sechsjährigen Hannah ist heute eine Prinzessin und morgen eine Tänzerin. Abends gehen die Kinder ins Bett, gewaschen, abgeschminkt und ohne Kostümierung. Auch die Schutzengel haben ihre Verkleidung abgelegt. Jetzt beten die Kinder zu ihnen. Dann schließen sie die Augen und schlafen. Die Engel der Kindheit aber wachen die ganze Nacht. Auch darin unterscheiden sie sich von den Kindern. Am nächsten Morgen durchdringen sich wieder Engelwelt und Kinderwelt in heiterer Naivität.

Der Engel der Kindheit ist ernst und spielerisch. Himmlisch im Irdischen verankert er ein Stück Erdenleben im Himmel. Er bringt einen heiteren Ernst ins Kinderleben. Rose Ausländer (1901–1988) hat ihm ein wehmütiges Denkmal gesetzt.

Vor vielen Geburtstagen
als unsere Eltern
den Engeln erlaubten
in unsern Kinderbetten zu schlafen –
ja meine Lieben
da ging es uns gut

In jedem Winkel
war ein Wunder untergebracht:
Heinzelwald Berg aus Marzipan
Fächer in dem der Himmel
gefaltet lag

Ja meine Lieben
da hatten wir viele Freunde
Begüterte wir konnten's uns leisten
einen Stern zu verschenken
eine Insel
sogar einen Engel
(…)

Wir lachten uns alle
ins Fäustchen
Kam der Fuchs
und stahl Kälte und Wärme
und Honig in klarem Kristall

Das Lachen blieb
im Fäustchen
Angst und salzige Tränen
füllten die Augen

Engel, Wunder, Freundschaft und Heiterkeit gehören zusammen. Der Engel der Kindheit versteht Spaß. Er hebt nicht gleich den religionspädagogischen Zeigefinger, wenn er mit Pan Tau, Mary Poppins, Herrn Lilienstengel oder Karlsson vom Dach verglichen wird. Denn ein echter Schutzengel weiß genau, daß sein Kind zwischen Phantasiefiguren und Himmelsboten sehr wohl unterscheiden kann. Karlsson vom Dach hat sich wie der motorisierte Engel der Werbung dem technischen Zeitgeist angepaßt und fliegt mit einem Rückenpropeller. Das Kind liebt ihn, käme jedoch niemals auf den Gedanken, sein Abendgebet an ihn zu richten.

Der Engel der Kindheit trägt beides: die reine Stirn des Engels und das mit dicken bunten Filzstiften bemalte Gesicht. Und nur weil er beides mitträgt, die spielerische Heiterkeit und die ernste Reinheit der Gedanken, weil er das Kind in seinem Ganzsein kennt, liebt und schützt, kann er auch ethisches Vorbild, kritischer Freund und Stimme des Gewissens sein.

Daß auch die moderne, durch psychologisches Wissen vertiefte Erziehung auf den Engel der Kindheit nicht verzichten kann, ist von Bruno Bettelheim betont worden. Die größte deutsche Zeitschrift für Fragen der Kleinkinderpädagogik entdeckte eine uralte Weisheit neu, als sie im Januar 1992 ihren Leserinnen und Lesern mitteilte: „Irgendwann braucht jedes kleine Kind einen Schutzengel. Nämlich dann, wenn es merkt, daß seine Eltern nicht allmächtig sind." Das „Eltern"-Magazin wußte auch, wie der Schutzengel eines vierjährigen Jungen heutzutage aussieht: rotgelockt wie der Leadsänger von Simply Red, so schwebt er jedenfalls weißgewandet und mit weichem Flügelkleid über dem Bett des Kindes. Der Engel der Geburt ist dem vorsprachlichen Bereich zugeordnet, der Engel der Kindheit erscheint mit dem Erwachen des Ichbewußtseins. Es ist der Beginn der erinnerbaren Lebenszeit. Der Engel der Geburt verweist auf die Ewigkeit, der Engel der Kindheit auf die Zeitlichkeit.

Ein außergewöhnlich genauer Beobachter jener jungen Jahre der frühen Kindheit ist der Schriftsteller Julien Green (*1900). Er weiß, daß die durch biographische Erinnerungsarbeit wiedergewonnene Frühlingszeit des Geistes gern als Projektionswand späterer Sehnsüchte, Ängste und Wünsche mißbraucht wird. Keine echte Kindheit wird so erinnert, sondern eine kindische Wunschwelt des Erwachsenen auf dem Rücken der Kinder errichtet. Eine weitere Skepsis sollte den begleiten, der sich in Kindheitstage zurücktastet. Wieso sollte der gewaltige Augenblick, wo der Geist und das Ichbewußtsein im Menschen erwachen, wo Bewußtsein aus Unbewußtem dämmert, einer genauen sprachlichen Fixierung offen sein? Bei jeder elementaren Kindheitserinnerung ist Sprachskepsis geboten, schon deshalb, weil noch der Erwachsene spürt, welcher Graben zwischen Erfahrung und sprachlichem Ausdruck stehen kann, wenn er versucht, über zentrale Ereignisse in seinem Leben zu sprechen. Eine dritte Schwierigkeit kommt bei jeder Annäherung an die Kindheit hinzu: nicht nur aus der Sache begründete Sprachnot, die Gefahr der Projektion späterer Bewußtseinsstufen auf die Zeit des Icherwachens, sondern die bereits in der frühesten Kindheit einsetzende Überlagerung und Deutung eigener Erfahrungen durch die Gespräche mit älteren Geschwistern, Eltern oder Großeltern. In der Engelerinnerung von Erwin Wickert gab das Kindermädchen, die „Polen-Irma", dem Erlebnis der Rettung beim Treppensturz einen Namen und eine Deutung, indem sie vom Schutzengel sprach und durch wiederholtes Erzählen diese religiöse Deutung des Ereignisses zu einer unauslöschlichen Gedächtnisspur des Kindes machte. Damit ist nichts gegen die Wahrheit ihrer Deutung gesagt. Das Kind hätte sie wie vieles andere Sagen und Singen aus den jungen Jahren vergessen, wäre Irma nicht mit ihrer Rede vom Schutzengel eine unvergleichlich genaue Annäherung an das Geheimnis der Erfahrung von Rettung gelungen.

Erinnerungs- und Deutungsarbeit setzen also bereits in frühester Kindheit ein. Es gibt keine authentische, von fremden Bewußtseinszuständen freie Erinnerung an das, was wir zwischen dem zweiten und fünften Lebensjahr gewesen waren. Kinder betrachten Fotoalben, die ihre Eltern angelegt haben, oder sehen Videoaufzeichnungen ihres Lebensweges von der ersten Ultraschallaufnahme bis zur Einschulung. Sie sehen sich in dem Kinderbett liegen, an der Brust der Mutter, im Urlaub auf Bornholm. Sie spielen in der Badewanne, im Sandkasten, fahren Dreirad, tragen einen Gipsverband. Die Mutter hat die Bilder beschriftet mit Kommentaren zu den abgebildeten Szenen aus dem frühkindlichen Leben und mit Zitaten aus Kindermund. Erste Silben, Worte und Dreiwortsätze. Vielleicht existieren Tonbandaufnahmen von der Stimme des Zweijährigen, vielleicht wird das Sechsjährige diese einst hören, ganz anderes als bisher. Und ein Schaudern wird es durchziehen, weil es plötzlich weiß, was ihm schon oft gesagt worden ist, ohne daß es das Wort in seiner Tiefe und Einsamkeit verstanden hat: „Das bin ja Ich!"

Das frühkindliche Selbstbewußtsein ist geprägt durch die in Filmen, Photos und Geschichten gespeicherte Erinnerung der Eltern, Großeltern und Geschwister. Fünfjährige erinnern sich an erste Sätze, die sie als Zweijährige gebildet haben, aber es ist keine eigene authentische Erinnerung, sondern schon sprachlich durch ein fremdes Bewußtsein konstituierte Erinnerungsspur. Und auch dieses hat vielleicht den Anfang durch die Auswahl eines vermeintlich ersten Wortes subjektiv festgelegt. Die Annäherung an erste Kindheitsszenen hat einen vierten Grund zur Skepsis. Es ist die Neigung des Menschen, die Gründe seines Gewordenseins in den stammelnden Anfängen seines Lebens zu suchen. Die Urszenen des Lebens sollen Aufschluß darüber geben, warum wir zu dem geworden sind, was uns als Erwachsene ausmacht. Platonische Anamnesis und Freuds psychoanalytisches Verfahren der freien Assoziation wollen durch alle Schattenbilder und Deckerinnerungen nach diesem anthropologischen Muster den Weg zur Wahrheit zeigen.

Die Urerinnerung aus dem dritten Lebensjahr von Julien Green ist frei von Projektionsverdacht und fremder Überformungs- und Deutungsarbeit. Sie gehörte nicht zur bewußten Erinnerung des reifen Mannes, sondern stellte sich erst während des Schreibprozesses an der Autobiographie erneut ein, und der Autor begegnet ihr mit hoher Sprachskepsis. „Mit welchen Worten soll ich beschreiben, was sich der Sprache versagt?" Diese Erfahrung, über die der Autor weder reden noch schweigen kann, wird dennoch als „eine Minute des Entzückens, wie ich seitdem nie wieder eine erlebte" und als die „vielleicht wichtigste meines Lebens" sofort gewertet. Es war eine sternenklare Nacht. Das Kind lag allein in seinem Bett und blickte aus dem dunklen Zimmer in den nächtlichen Himmel. Da wird es von dem Bewußtsein liebender Gegenwart einer außerpersonalen Macht ergriffen. In der Erinnerung des Mannes übersteigt diese spirituelle Liebeserfahrung alles, was sich in seinem weiteren Leben an liebender Zuwendung und Hingabe ereignete: „Ich habe auf dieser Welt geliebt, doch nie wie in diesem kurzen Augenblick, und dennoch wußte ich damals nicht, wen ich liebte. Ich wußte nur, er war da und sah und liebte auch mich. Wie brach sich diese Vorstellung in meinem Denken wohl Bahn? Ich weiß nichts darüber. Ich war sicher, daß da jemand da war und ohne alle Worte zu mir redete."

Über die Häufigkeit und die Verbreitung von Erfahrungen wie dieser wird man keinen statistischen Nachweis führen können, doch spricht viel dafür, daß sie jedem Kind zuteil werden. Julien Green ordnet sie der Zeit vor dem Erwachen des Ichbewußtseins zu, „als ich noch keine drei verständlichen Worte hervorzubringen vermochte und noch nicht einmal begriff, daß ich existierte". Der Autor engt diese Urszene auch nicht durch eine späte Deutung ein. Geht die Rede von Gott, vom Schutzengel, oder ist es das Bild der geliebten Mutter, das am nächtlichen Himmelszelt erscheint? Die Bedeutsamkeit der Szene beruht auf den vielen Bezügen, die in ihr schwingen. Kinder erfahren die reale Gegenwart einer fremden, sie liebenden Macht, dessen Bild durch die Mutter- oder Vaterbeziehung beeinflußt ist. Schutzengel sehen so aus wie Kinder, Gott wie Vater und

Mutter. Dennoch überschreitet die nächtliche Liebeserfahrung alles Irdische, weil die religiöse Erziehung des Kindes und die abendliche Gebetspraxis mit der Mutter ein Sprach- und Deutungsraster dafür gegeben haben. Green wurde protestantisch erzogen und trat später zum Katholizismus über. Ohne ein stark religiös geprägtes Elternhaus hätte die Erfahrung der Liebe später keinen Namen erhalten. Vielleicht wäre sie auch nie bedeutsam geworden.

Zwei Jahre später, im fünften Lebensjahr, wird die Erfahrung absoluter Liebe durch die Begegnung mit dem Dämonischen ergänzt. Ohne sie gibt es keine echte Religion, ohne sie hätte der Schutzengel keine Aufgabe. Sie führt das nun erwachte Ichbewußtsein in das Wissen von der Bedrohtheit der Existenz. „Die Empfindung, zu existieren", ist sicherlich „die allerberauschendste" aller Empfindungen. In Julien Greens Leben hat sie sich „mit den tiefsten religiösen Eindrücken" verbunden. In einer Ecke des Wohnzimmers spielend, überfällt ihn der Gedanke, „ich könne weder dieses Parkett sein noch diese Mauern, noch meine Mutter, die ich im Nachbarzimmer hörte, sondern ich sei ganz einfach ich selbst". Mit dem erwachten Ichbewußtsein erhalten die Gebete, religiösen Lieder und Bilder eine existentielle Dimension und eine erregende Dramatik, wenn sich dem Kind die letzten Fragen nach dem Wesen von Zeit und Ewigkeit stellen. Vor der Konfrontation mit den Todesgedanken, dem schmerzhaften Erleben der eigenen Sterblichkeit, der Angst vor einem Gericht über Lebende und Tote, kann niemand das religiöse Bewußtsein bewahren.

„Gütiger Schutzengel, wo warst Du, als ich die ersten Seiten des Inferno aufblätterte?" Der Fünfjährige hatte Dantes „Divina Commedia" mit den Illustrationen von Gustave Doré im Bücherschrank der Eltern entdeckt und sah sich durch die Jenseitsschau mit Fragen der Eschatologie konfrontiert. Teufel und Hölle kamen in der religiösen Liebeswelt der Mutter nicht vor. Nun sah das Kind grauenhafte Bilder von gequälten Menschen. Die Magie der Hölle konnte auch durch die Darstellung des Paradieses nicht gebrochen werden. Das Kindermädchen wird eine kurze Erklärung geben über Tod, Hölle und Teufel, die sich im Kopf des Knaben umformt zu dem festen Glauben, „daß Satan sich zwischen den Gewändern meiner Mutter verbarg, um mir Angst zu machen". Ort der satanischen Gegenwart war der elterliche Kleiderschrank. Vor ihm stand das Kind und rief mit klopfendem Herzen den Teufel an. Das Innere des Schrankes war dunkel. Dichtgedrängt hingen die Kleidungsstücke. Die kindliche Phantasie erkennt in ihnen kopflose Gestalten aus Dantes Inferno wieder und will im elterlichen Schlafzimmer das Geheimnis der Hölle lüften. Der Knabe ruft in den Schrank hinein. Einmal, ein zweites Mal, ein drittes Mal, „und daraufhin trat das Unvergeßliche ein. Die Kleider bewegten sich. Sie schoben sich sacht auseinander, um jemandem Durchgang zu gewähren". Laut schreiend läuft das Kind davon. Später wird es bedauern, daß es nicht den Mut besaß abzuwarten, wer oder was sich zeigen würde. Neben die Erfahrung liebender Gegenwart war die Begegnung mit satanischer Gegenwart getreten. Kein erwachendes religiöses Bewußtsein wird davor bewahrt bleiben. Wie der Mensch dunkle und helle Seiten hat, so auch die Mächte, die ihn umgeben. Das Dämonische führt zu Fragen, durch die tiefste Schichten der Existenz berührt werden. Hier ist das Kind allein. Kein Engel der Kindheit wird ihm diesen Blick in die Abgründe der Schöpfung ersparen können. Er wird es nicht einmal vor diesen Erfahrungen bewahren wollen, denn ohne sie würde das Kind niemals wissen, was Erlösung ist. Der Engel der Kindheit leitet das Kind nicht am Inferno vorbei, sondern durch die Erfahrung des Bösen hindurch. Er schützt nicht vor Erfahrungen, sondern vor dem Untergang des Ichs in dämonischen Begegnungen.

Jedes religiös affizierbare Kind wird mit der Entfaltung der Rationalität eine weitere elementare Erfahrung machen, ohne die religiöses Bewußtsein undenkbar ist. Kant und Schleiermacher haben sie analysiert. Es ist die Erfahrung des Denkens vor dem Horizont der Ewigkeit. Das menschliche Bewußtsein kann nicht anders, als in Raum- und Zeitkategorien der Welt begegnen. Von Gott aber erfährt das Kind, er sei allmächtig und herrsche von Ewigkeit zu Ewigkeit. Auch der kleine Julien Green wird beim Versuch, Gottes Sein in Ewigkeit zu denken, von einer die Seele zerreißenden metaphysischen Unruhe ergriffen, die seine Mutter narrativ zu besänftigen versucht. Sie erzählt eine Geschichte, um ihrem Kind eine Vorstellung vom Mysterium des Unbegreiflichen zu geben: „Irgendwo in der Welt steht ein Berg, so hoch, daß niemand je den Gipfel gesehen hat. Einmal alle hundert Jahre wetzt ein Vogel seinen Schnabel daran; einmal alle hundert Jahre, das ist nicht gerade oft. Nun, wenn dieser Berg von diesem Vogelschnabel abgewetzt und dadurch, bis auf den letzten Kieselstein, ganz und gar verschwunden sein wird, wird eine Minute der Ewigkeit vorüber sein."

Die Geschichte nötigt dem Kind ein staunendes „Oh!" ab, steigert jedoch den Schauder vor dem Unendlichen, statt ihn zu besänftigen. Das Gleichnis hat eine große suggestive Wirkung. Es hilft, Ewigkeit zu veranschaulichen, und hebt sich am Ende doch selbst auf. Denn irgendwann in fernster Ferne wird auch unter den genannten Bedingungen der Vogel das gesamte Bergmassiv zu einem Kieselstein abgewetzt haben. Vor diesem Ende wird das Bewußtsein nicht haltmachen, sondern weiterfragen nach dem, was nach dem Kieselstein kommt. Das Gleichnis benutzt eine Sprengmetaphorik. Sein Zuhörer soll erleben, wie der Begriff „Ewigkeit" als Gottesprädikat sämtliche Vorstellungen sprengt. Mit dieser Grenzerfahrung wird sich kein Denken zufriedengeben können, da es auf Unendlichkeit angelegt ist. Das Kind Julien Green wird sich fortan von seiner Mutter in theologischen Fragen alleingelassen fühlen, doch etwas anderes und für eine lebendige Gottesbeziehung wichtigeres ist ihm durch sie und ihre Erzählung geschenkt worden: die Ehrfurcht vor Gott, dessen Ewigkeit aus der Zeit nicht zu fassen ist.

Wie Paulus (2. Korintherbrief 12,2–4), der in einer Vision die Entrückung bis ins Paradies erfuhr, erlebt der achtjährige Julien Green einen Augenblick aus Ewigkeit. Er erfährt während des Schulunterrichtes, was alles Denken übersteigt und nur stammelnd in Worte gefaßt werden kann. Wie bei dem Erlebnis liebender Gegenwart gleitet auch hier der Blick aus dem Fenster auf das Nebengebäude. Plötzlich überkommt ihn das Gefühl, „mir selbst entrückt zu werden. Ein paar Minuten lang hatte ich die Gewißheit, daß eine andere Welt als diejenige, die ich rings um mich her kannte, bestand und daß diese andere die wahre Welt sei. Ich empfand darüber ein Glück, das ich nicht beschreiben kann, denn es lag, so glaube ich, jenseits aller menschlichen Ausdrucksmöglichkeit." Keine Erfahrung habe dieses Glück jemals überbieten können. Die Zeit hörte auf zu sein, und er habe an nichts gedacht, „weder an mich, noch an sonst jemand, noch an Gott".

Julien Green berichtet exemplarische Erfahrungen aus Kindertagen. Daß er in Darstellung und Deutung äußerste Zurückhaltung übt, steigert den Wert seiner Erinnerungen. Die Erfahrung liebender Gegenwart einer personalen Macht, die mit einer Schutzengelerfahrung verglichen werden kann, die Begegnung mit Angst, Teufel, Ewigkeit und den Abgründen der Logik, sind Stereotypen in religiösen Kapiteln von Lebensbeschreibungen. Auch Hermann Sudermann (1857–1928) berichtet von einer frühkindlichen Himmelsvision zu einem Zeitpunkt nach Einbruch der Rationalität. In der Rückschau gestaltet er sie wesentlich konkreter und damit anschaulicher als Julien Green. Sprachliche Skepsis kennt er nicht. Die Überformung des Erlebten durch Fremderfahrung und der Tradition entnommene Symbolik ist evident. Wie Julien Green war auch Hermann Sudermann zum Zeitpunkt der Vision durch die Mutter in eine abendliche Gebetspraxis eingeführt worden. Vom Gott seiner Gebete konnte er sich aber keine Vorstellung machen. Wie sollte er ein Wesen denken, das immer und überall da war, sowohl oben im Himmel als unten in der Erdentiefe beim kindlichen Beter? Das Problem der Denkbarkeit von Gottes Allgegenwart liegt also der Vision zugrunde. Es habe ihn mit Neugierde erfüllt. Von metaphysischer Beunruhigung ist nicht die Rede.

Die Himmelsschau folgt einem typischen Muster. Es ist Samstagabend. Das Kind sitzt am Fenster, um im letzten Abendlicht einige Bilder zu betrachten. Ludwig Richters Darstellung eines himmlischen Gartens, in dem kleine Engel spielen, fasziniert das kindliche Gemüt. Die Reproduktion in einem Band der „Gartenlaube" erweckt „eine nicht zu bändigende Sehnsucht, mit unter den spielenden Engeln zu sein". Dann setzt die Vision ein: Das wie ein rötlicher Vorhang den Himmel bedeckende Abendrot öffnet sich, „und auf den Strahlen, die bis zur Erde herabreichten, kletterten leibhaftig die kleinen Engelchen in ganzen Reihen lustig hernieder". Dann streckt sich eine mahnende Hand aus dem Himmelsfenster, die sich unter der Beobachtung des Kindes in ein Gottesauge verwandelt. Es habe aufgepaßt, „daß den Engelchen unten kein Leid geschah". Tiefe Freude, bewußte Frömmigkeit und die Erkenntnis der Allgegenwart Gottes sind Folge der Vision.

Die Echtheit der Engelerfahrung dürfte kaum fraglich sein. Das Kind erfährt an jenem Samstagabend Gottes liebende Gegenwart. Die Engel auf den Himmelsstrahlen veranschaulichen das Paradox von Gottes himmlischer Entrücktheit und seiner gleichzeitigen Abwärtsbewegung zum Menschen. Jaakobs Traum von der Himmelsleiter gibt dafür das biblische Muster, und er zeigt zugleich, daß Sudermann nicht versucht, den unverstellten Wirklichkeitsgehalt seiner religiösen Urerfahrung freizulegen. Seine Darstellung ist Überformung der Erinnerung durch nachträgliche Deutung. Die Gottessymbole Hand und Auge sind fester Bestandteil traditioneller ikonographischer Programme, der moralisierend erhobene Zeigefinger dürfte ein Einsprengsel aus der religiösen Erziehung sein. Hermann Sudermann sieht den Himmel nicht mit seinen eigenen Augen, sondern denen der literarischen und bildlichen Vorgaben, allen voran das Engelidyll von Ludwig Richter. Die Deutung und Überformung des geöffneten Himmels in jener Abendstunde dürfte einer Not der Darstellung entsprungen sein. Das Kind hat nichts gesehen als das Engelbild von Ludwig Richter. Doch dieses Bild wurde zum Auslöser einer echten religiösen Erfahrung von Gottes Gegenwart in seinen himmlischen Boten: „Und in mich zog ein tiefer Friede, wie wenn ich auf der Mutter Schoße saß und an ihrer Brust einschlafen durfte. An jenem Abend bin ich fromm geworden und blieb es lange." Es hatte nichts zu berichten als den Frieden, der in seine Seele gezogen war. Dieser aber verlangte nach Ausdruck in seinem Bild, das Himmel und Erde umspannte.

Himmelsblick und doppelte Optik

Wie der Engel der Geburt, so hat auch der Engel der Kindheit ein biblisches Urbild, dessen Bedeutungsgehalt und Wirkreichtum er entfaltet. Gabriel kündigte die Geburt Jesu an, die Menge der himmlischen Heerscharen pries Gott zusammen mit der Hirtenschar. Gottes Gegenwart im Leben Jesu bezeugt weiter der Engel der Kindheit. Als König Herodes beschließt, alle neugeborenen hebräischen Kinder umzubringen, erscheint dieser Schutzengel Jesu und fordert Joseph im Traum auf, mit Kind und Mutter nach Ägypten zu fliehen und dort im Exil zu leben, bis Herodes' Herrschaft beendet ist. So überlebt Jesus den Kindermord. Ein zweites Mal erscheint der Engel der Kindheit dem Joseph im Traum, als Herodes verstorben ist und sich die Möglichkeit einer Heimkehr nach Nazareth eröffnet. Matthäus schließt seinem Bericht über den Schutzengel Jesu die Bußpredigt Johannes des Täufers und Jesu Taufe an, macht also wie die anderen Evangelisten einen großen Zeitsprung. Daß Engel dem Johannes bei der Taufe assistieren, weiß Matthäus nicht zu berichten. Die christliche Kunst dürfte jedoch diese Verbindung von Taufsakrament und Schutzengel im matthäischen Sinne vorgenommen haben. Denn im Sakrament der Taufe ergeht Gottes Zuspruch an den Menschen. Der Schutzengel aber ist Hüter des neugeborenen Lebens.

Matthäus führt die Aufgabe des Engels der Kindheit an zentraler Stelle aus. Die Jünger hatten zum wiederholten Male Fragen der Nachfolge im Glauben und der Rangordnung unter den Dienern des

Wie Christus hat den Engel verwundendes Leid berührt. Wollten diese Jungen den Engel der Kindheit ergreifen? Und haben sie ihn dadurch verletzt? Zum Erwachsenwerden gehört der Abschied von Allmachtsgedanken. Hugo Simberg hat einer verblüffenden Weise der Partnerschaft zwischen Engel und Mensch Ausdruck gegeben. Können Engel ohne die Hilfe der Menschen hilflos sein im Raum des Menschlichen?

Hugo Simberg, Der verwundete Engel, 1903.
Ateneumin Taidemuseuo, Helsinki.

Reiches Gottes thematisiert. Jesus antwortete durch eine Zeichenhandlung, rief ein Kind herbei, stellte es mitten unter die Jüngerschar. Vielleicht war er für einige Minuten stumm und ließ die geschaffene Atmosphäre wirken. Dann gab er einen Impuls zur Nachdenklichkeit seiner Jünger: „Wenn ihr nicht umkehrt und so werdet wie die Kinder, so werdet ihr nicht ins Himmelreich kommen." Wir erfahren nicht, was die Jünger dachten. Sie hatten wahrscheinlich Mühe mit dem Wort ihres Herrn. Gefragt war nach dem Größten im Himmelreich. Das konnte kein Kind sein, das noch nichts geleistet hatte. Zweifel, Skepsis, verächtliches Naserümpfen und Unverständnis werden zur Reaktion der Jünger gehört haben. Jesus kommt mit seiner nichtdirektiven Gesprächsmethode nicht weiter. Er muß die Zeichenhandlung erläutern. Seine Sprache ist von außergewöhnlicher Drastik. Das läßt Rückschlüsse auf den Ernst der Lage zu. Wer eines der Kinder, die so naiv und unmittelbar an ihn glauben, belächelt, verspottet oder auf andere Weise vom Glauben wegführt, der ist's wert, daß man einen Mühlstein an seinen Hals hängt und ihn ersäuft im Meer, wo es am tiefsten ist.

Das war eine Drohung, doch noch keine Begründung dafür, daß Jesus ein Kind als Urbild des Glaubens vor seine Jüngerschar stellt. Diese kommt überraschend durch einen Rückgriff auf den Schutzengel, den Engel der Kindheit: „Seht zu, daß ihr nicht einen von diesen Kleinen verachtet. Denn ich sage euch: Ihre Engel im Himmel sehen allzeit das Angesicht meines Vaters im Himmel." Daß Kinder Vorbilder im Glauben sind, hängt offenbar mit ihrer Beziehung zu den Engeln zusammen. Der Engel schützt den Glauben. Er hat eine doppelte Optik. Sein Blick verbindet Erde und Himmel. Er schaut auf das Kind und zugleich in das Antlitz Gottes. Der Schutzengel ist wie alle Engel ein Grenzgänger. Auf der Grenze öffnet sich der Blick in ein neues Land, zugleich ist die Rückschau auf den Raum der Herkunft möglich. Der Schutzengel ist wie ein Spiegel, der auf der Grenze zwischen Himmel und Erde errichtet ist. Das Kind sieht im Engel das Spiegelbild Gottes.

Jesu Wort veranschaulicht aber nicht nur das Wesen der Schutzengelbeziehung, sondern es erhebt den Glauben des Kindes zum Vorbild für die Jünger. Hier dürfte für Jesu Zuhörer der schwerste Stein des Anstoßes liegen. Noch heute, wo Kindheit anders gewertet wird als zu Jesu Zeit, gilt sie als eine Lebensphase, die durch weitere Entwicklungsstufen nicht nur abgelöst, sondern überholt wird. Religionspsychologen haben mit an der Entwertung der Kindheit gearbeitet, wenn sie dem naiven, animistisch und magisch geprägten Weltbild des Kindes eine eigene bleibende Würde absprechen. Man muß nicht ins andere Extrem fallen und Kindheit, sei es die des einzelnen oder der Menschheit, idealisieren; doch stellt sich die Frage nach der bleibenden Bedeutung der religiösen Erfahrung, die das Kind gemacht hat. Waren die Erfahrungen von Julien Green, Hermann Sudermann, Rose Ausländer und vieler anderer lediglich kindisch? Beginnt Kindheit also mit einer großen Täuschung, oder leuchtet in ihr eine authentische Erfahrung auf, die in voller Klarheit nur dem Kinde möglich ist?

In Wim Wenders Film „Der Himmel über Berlin" (1986) besuchen zwei Engel die Erde. Die Eingangsszene zeigt den Engel Damiel auf dem Turm der Gedächtniskirche, dann in drei Totalen von oben gesehen: eilende Fußgänger, einen jungen Mann, der mit seinem Kind in einem Tragesack spazierengeht, und eine Frau auf dem Fahrrad mit ihrem Kind auf dem Rücksitz. Während die Erwachsenen – wie die in ihrem weltlichen Denken gefangenen Jünger Jesu – stur geradeaus starren, blicken die kleinen Kinder alle zum Himmel hoch und sehen den Engel. Der Himmelsblick ist die natürliche Haltung des Kindes in der Erwachsenenwelt, denn jede Zuwendung und Strafe kommt „von oben". Mit fortschreitendem Wachstum und mit dem Eintritt der Rationalität geht dieser natürliche Engelsblick verloren. In einer zweiten, nachkritischen Naivität muß er später neu erworben werden. Dies fordert Jesus von seinen Jüngern.

Das Kind folgte dem Ruf Jesu und ließ sich in die Mitte des Jüngerkreises stellen. Es kannte nicht den Grund der Aufforderung und fragte auch nicht danach. Wie nur Kinder es können, stellte es sich der Situation und öffnete sich für die Erfahrungen, die sich aus ihr ergeben würden. Kinder ergreifen die Gegenwart, so wie's die Jünger machen sollen. Kinder klettern auf Dächer und reiten auf den Firsten, sie wiegen sich in schwindelerregender Höhe der Baumkronen, lassen sich treiben vom Fluß, schaukeln bis zum Himmel und balancieren auf hohen Mauern. Sie kennen keine Gefahr. Ihre Eltern sorgen sich bei diesen Klettertouren und vergessen dabei das Kind, das sie einmal waren. Noch mehr: Sie glauben nicht mehr an die Schutzengel der Kinder, die allezeit das Angesicht ihres Vaters schauen und darauf achten, daß die Kinder nicht stürzen werden.

Es gibt Erfahrungen, die in voller Intensität nur dem Kinde möglich sind. Die Kindheit ist keine Zeit vorläufiger, beschränkter oder reduzierter Erfahrung. Sie hat eine eigene Würde und einen eigenen echten Erfahrungsraum nur dem Kind möglicher Erlebnisse. Der Erfahrungsschatz der Kindheit schlummert aber in jedem Erwachsenen. In einer zweiten, nachkritischen Naivität kann er wiederentdeckt werden. Jesus mutet es seinen Jüngern zu, erfahrungsoffen und -hungrig, wie Kinder es sind, erneut zu werden. Die Achtung vor den Kleinen meint auch eine Würdigung des Kindes, das wir einst waren. Nur wer das Kind in sich erkennt, annimmt und von ihm lernt, wird ein neuer Mensch werden, wird wieder Zugang zum Glauben finden. „Wenn ihr nicht werdet wie die Kinder" heißt daher: Wenn ihr nicht so werdet, wie ihr einmal wart, dann werdet ihr nicht ins Himmelreich kommen. Die Kindheit ist der Schlüssel zum Glauben und der Lehrmeister für diejenigen, die aus dem Glauben neue Menschen werden wollen.

Matthäus gibt der Kindheit einen zusätzlichen metaphysischen Aspekt, indem er dem Wort über die Schutzengel der Kinder das Gleichnis vom verlorenen Schaf anfügt. Es erzählt von einem Hirten, der einhundert Schafe besaß, von denen eines verloren ging. Er wird das verirrte suchen und zur Herde zurückbringen, so wie der Herr jedes verlorene Gotteskind suchen wird. Augustinus und mit ihm das Mittelalter haben die Verknüpfung von Schutzengelwort und

Gleichnis in ihrer Auslegung der Bibel berücksichtigt und in der Schafherde ein Bild für den himmlischen Hofstaat der Engel gesehen, aus dem die Menschen gefallen sind. Wieder wie die Kinder zu werden bedeutet, durch Jesus sich zurückführen zu lassen unter die himmlischen Chöre der Engel. Erst hier wird die Aufgabe der Schutzengel beendet sein. Nach Augustinus wahren sie die Gottesebenbildlichkeit des Menschen. Aufgrund ihrer doppelten Optik erkennen sie die zeitlichen und wandelbaren Dinge und deren Urgründe im Worte Gottes. Der Engel schaut mit dem Blick der Liebe auf den Menschen, weil er ihn durchschaut bis in seinen Wesenskern. Er sieht ihn zugleich als gefallenes, von Gott fernes Wesen und erkennt ihn in der Idee, dergemäß er gemacht ist. Die Gottesebenbildlichkeit als reiner Ausdruck des nicht durch die Sünde zerstörten Wesens des Menschen ist nach Augustinus „in den Dingen selbst aber wie in dämmeriger Erkenntnis" verborgen. „In der Gestaltungskraft Gottes" jedoch wird sie „gleichsam in tageheller Erkenntnis" von dem Schutzengel geschaut, und auch – das ist implizite eschatologische Perspektive – von dem erlösten Menschen selbst am Ende der Geschichte. Der Schutzengel kann jetzt schon wahrnehmen, was dem Menschen erst in der Offenbarung gelebten Lebens endgültig zuteil werden wird.

Taufengel

Die doppelte Optik des Engels der Kindheit macht auch verständlich, warum der Schutzengelglaube eng mit dem Sakrament der Taufe verknüpft worden ist. Der Schutzengel kennt das Kind, so wie es von Gott her gesehen wird in seiner reinen Ebenbildlichkeit. Diese nach dem Sündenfall wieder aufzurichten, hat Jesus selbst das Sakrament der Taufe gestiftet. Es gewährt Gottes Zuspruch, ein neues Leben, wäscht frei von den Sünden und ersäuft den Tod (EKG 146). Im Taufgottesdienst bittet die Gemeinde Gott um den Beistand der Engel für das Kind. „Durch deine Engel es bewahr / vor Unfall, Schaden und Gefahr; / erbarm dich seiner gnädiglich, / gib deinen Segen mildiglich" (EKG 149,5). Die Taufe ist auch der Erfahrungsort der erneuerten Gotteskindschaft. Durch das Sakrament der Taufe geschieht die Heimholung des verlorenen Schafes (EKG 151,4).

Die Verbindung von Taufe und Schutzengelglaube kommt anschaulich in einem Taufgerät zum Ausdruck, das besonders in den Kirchen des nordelbischen Raumes weite Verbreitung gefunden hatte und von dem Jean Paul, der es wie kein zweiter Dichter verstanden hatte, sich einen kindlich-naiven Blick bleibend zu bewahren, in seinem Roman „Leben des Quintus Fixlein" berichtet. Der Icherzähler hält als Pate den Täufling in den Armen, „und als der hölzerne Taufengel, wie ein Genius niedergeflogen, seine angemalten Holz-Arme der Taufschüssel unterbreitete, und als ich am nächsten an seinem übergoldeten Fittich stand: so zog mein Blut langsam-feierlich, warm und dicht durch meinen pulsierenden Kopf und dicht durch meine Lunge voll Seufzer; und ich wünschte trauriger, als ich mir tue, dem stillen, in meine Arme gesenkten Liebling, dem die Natur noch die unreifen Augen vor der vollen Perspektive der Erde zuhielt, für die Zukunft einen so sanften Schlaf wie heute, nur aber einen lebendigern, damit er ihn in eine lebendigere Religion geleite und ihn mit seiner unsichtbaren Hand durch die Waldung des Lebens und durch ihre fallenden Bäume und wilde Jäger und Stürme unverloren bringe."

Der Taufengel als Kultgerät ersetzt den Taufstein. Er schwebt unter dem Kirchendach und kann an seinem Seil herabgelassen werden. In den Händen hält er die Taufschale mit dem Taufwasser. Am Ende der Zeremonie schwebt der Taufengel wieder hoch unter die Decke des Altarraumes. Daß Gott dem Kind in der Taufe begegnet, wird durch den schwebenden Taufengel eindrucksvoll veranschaulicht. Das Kultgerät verbindet Freude an der volkstümlichen Kunst mit der didaktischen Funktion des Taufengels. Viele Taufengel sind überlebensgroß dargestellt, manche mit einer Flügelspannweite von fast zwei Metern. Dies ist Hinweis auf die Macht des Schutzengels. Schon Luther ist gewiß, „daß ein klein kindlein, so bald es geborn wird, einen Engel hat, welcher viel grosser und gewaltiger ist denn der konig zu franckreich oder der keyser."

Die Taufengel sind in vielfältiger Form, Farbe und Symbolik gestaltet worden. Am beeindruckendsten sind schwebende Engel im Zustand hoher Gravidität. Der schwangere Engel in der Kirche zu Hohenfelde ist weißgewandet. Sein Kleid ist geschlitzt und gibt die nackten Füße frei. Rand und Schwingensäume der Flügel sind vergoldet, ebenso die Säume des Kleides. Auf dem Haupt trägt er einen Lorbeerkranz mit goldenen Kugeln, einen zweiten Lorbeerkranz hält er mit den Händen. In ihn wird die Taufschale eingelegt. Der schwangere Taufengel lächelt. Vielleicht wollte der Holzschnitzer den Kindern die Furcht nehmen, die der eindrucksvoll aus großer Höhe herabschwebende Engel verbreitet haben wird. Vielleicht verbirgt der lächelnde Engel aber auch ein theologisches Geheimnis, das ihm der Künstler anvertraut hat. Schon die Offenbarung des Petrus kennt einen Engel der Geburt, der nicht nur das Kind zur Welt geleitet, sondern als sein Schöpfer verstanden wird. Der hochschwangere Taufengel kann als Bindeglied zwischen Himmel- und Erdenleben verstanden werden. In seinem Leib trägt er die Seele zur Welt. Die

Symbolik erlaubt viele Deutungen. Da der Taufengel ein protestantisches Kultgerät ist, dürfte das Lächeln des schwangeren Engels als Hinweis auf das Bad der Wiedergeburt verstanden werden und zugleich als Ausdruck der Hoffnung auf die Auferstehung zu neuem Leben in der Ewigkeit. Denn viele bürgerliche und adelige Stifter von Taufengeln ließen sich unter dem Kultgerät begraben. Daß der gravide Engel als Ausdruck von Gottes Gegenwart in der Taufe verstanden wurde, macht auch eine weitere Symbolik wahrscheinlich: Auf breitem Gürtel oder im Strahlenkranz auf der Brust tragen manche Taufengel das Auge Gottes.

Die weite Verbreitung des Taufengels in den protestantischen Kirchen wäre ohne Martin Luthers tiefe emotionale Beziehung zu den Engeln undenkbar gewesen. Luthers Theologie ist immer auch eine Theologie des Herzens, der unmittelbaren Erfahrung und der seelsorgerischen Bemühung gewesen. Sie faßt die spirituelle Erfahrung in eine dynamische, poetische und anschauliche Sprache, die noch heute ihrem Leser ein Schlüssel zum Verstehen des Glaubens ist. Wie Julien Green die Erfahrung liebender Gegenwart in den Kontext der Begegnung mit dem Dämonischen stellt, so entfaltet bereits Luther sein Bild vom Wirken der Schutzengel auf dem Hintergrund der religiösen Erfahrung einer gegengöttlichen Macht, die den Menschen umfassend bedroht. Morgen- und Abendsegen wiederholen die Bitte an den himmlischen Vater: „Dein heiliger Engel sei mit mir, daß der böse Feind keine Macht an mir finde. Amen."

Martin Luther

Martin Luther entwickelt seine Vorstellung vom Wesen und Wirken der Schutzengel in Taufpredigten und Predigten zum Michaelisfest (29. September). Nach reformatorischer Lehre besitzt das Bibelwort höchste Autorität. Daß Kinder einen Schutzengel haben, wird nicht nur durch die Heilige Schrift begründet, sondern ist als Herrenwort verbindliche Glaubensaussage. Jesus selbst hat vor seinen Jüngern über die Schutzengel der Kinder gesprochen und mit eindringlichen Worten vor einer Gefährdung, Verachtung oder gar Zerstörung des Kinderglaubens gewarnt. Luther hebt die biblische Grundlage seiner Predigt von den „lieben Engeln" ausdrücklich hervor: „Denn dieser Mann Christus weis es gewiß, daß die Kinder Engel haben, welche die Kinder nicht schaffen, sondern dazu helffen, daß die Kinder bewahret werden, welche Gott geschaffen hat." Damit grenzt Luther zugleich die Rolle der Schutzengel vom Schöpferwalten Gottes ab. Jesu Wort von den Engeln der Kinder entnimmt er eine religionspädagogische Aufgabe. So wie Christus seine Jünger lehrt, so sollen die Eltern ihren Kindern vom Wirken der Engel erzählen. Luther hat in vielen Predigten, besonders aber in seinen Briefen an die Familie Beispiele für narrative religiöse Unterweisung gegeben. Eine kindliche Predigt elementarisiert Glaubensinhalte. Ihr hoher Grad an Anschaulichkeit dient auch „uns Alten".

Eine Engelpädagogik könnte nach Luther mit folgenden Worten entfaltet werden: „Liebes Kind, du hast einen eigen Engel, wenn du des morgens und des abends betest, wird derselbig Engel bey dir sein, wird bey deinem Bettlein sitzen, hat ein weisses Röcklein an, wird dein pflegen, dich wiegen und behüten, daß der böse Mann, der Teufel nicht zu dir kommen könne. Item wenn du das Benedicite unnd Gratias gerne sprechen wirst für dem Tische, wird dein Engelein bey dem Tische sein, dir dienen, wehren und wachen, daß dir kein ubels widerfare und das dir die Speise wol bekomme. Wenn man solchs den Kindern einbildete, so würden sie von jugend auff lernen und gewohnen, daß die Engel bey ihnen sein, unnd solchs dienete nicht allein darzu, daß sie züchtig würden unnd sich lerneten schewen, wenn sie allein sein, daß sie dächten, ob schon die Eltern nicht bey uns sein, sind doch die Engel da, die sehen auff uns, daß der böse Geist uns nicht eine schalckheit beweise."

Die Engelrede vermittelt dem Kind das Gefühl von Gottes schützender Gegenwart. Sie dient aber auch der Gewissensbildung. Da, wo Elternmacht endet, reicht der Engelblick weiter. Die Rede vom Schutzengel hat als Gegenstück das Bild vom schwarzen Popelmann, dem Teufel. Ohne Bedrohung braucht es keinen Schutzengel. Mit dem Teufel steckt Luther einen Rahmen umfassender Gefährdung des Menschseins ab. Der Teufel mischt sich ins weltliche und geistliche Regiment ein, er will den Gläubigen Gotteszweifel ins Herz säen, wie Luther es selbst erfahren hat. „Darumb ist uns der Teufel näher, denn wir gedencken. Ich selbst füle offt des Teufels Nasen inn mir, zu zeiten glaube ich, zu zeiten glaube ich nicht, zu zeiten bin ich fröhlich, zu zeiten bin ich trawrig." Der Teufel sitzt im Stubenwinkel und sucht die Gelegenheit, Kinder und Eltern zu erwürgen. Er läßt keine Ruhe, bis er alles verdorben hat. Die Christen verführt und blendet er, daß sie sich vom Evangelium abwenden.

Luther malt ein umfassendes Panorama des diabolischen Wirkens vor die Augen seiner Zuhörer: Wie das Gesetz den Menschen zur Erkenntnis seines Angewiesenseins auf die Gnade führt, so hat auch der Teufel eine pädagogische Funktion. Keineswegs soll der Zuhörer der Engelpredigt vor der Macht des Teufels zusammenbrechen oder etwa an der Allmacht Gottes zweifeln. Das universale Zerstörungswerk der satanischen Rottengeister illustriert vielmehr die unvergleichliche Herrlichkeit Gottes und seiner Engel. Wenn es nach dem Teufel ginge, wäre die Welt schon längst zusammengebrochen. Noch aber leben die Menschen. Der Teufel tötet ein Neugeborenes, aber einhundert lebendige Kinder werden geboren. Einen Menschen schlägt er mit Blindheit, aber tausend andere können sehen. Angesichts einer Welle des Unglaubens wertet Luther sogar die Tatsache, daß er während der Engelpredigt vom Teufel nicht von der Kanzel gestürzt worden ist, als Beweis der höheren Macht der Engel. Keine Frage: „Wo wir gehen und stehen, sind wir zwischen Engeln und Teufeln." Doch Gottes gewaltiges Regiment verfügt über viele, fromme und heilige Engel, die den Teufeln überlegen sind: „Wo zwanzig Teufel sind, da sind auch hundert Engel wenn das nicht so wäre, dann wären wir schon längst zugrunde gegangen."

Der Engel wacht über den Menschen im Schlaf, er begleitet ihn auf der Reise und hält „wider die Teufel, die hinden und fornen umb mich seind". Darin ist er für die Eltern und die ganze christliche Gemeinde ein Vorbild des Dienens und der Demut. Der Vorbildcharakter wird für Luther besonders durch die selbstlose Begleitung der kleinen Kinder ablesbar: „Die lieben Engel sind nicht so hoffertig alls wir Menschen, sondern gehen daher in Göttlichen gehorsam und im dienst der Menschen und warten der jungen Kinder, wie köndten sie ein geringer Werck thun, denn daß sie tag unnd nacht der Kinder warten? Was thut ein Kind? Es isset, weinet, schleffet." Die Engel verachten den wenig anerkannten Dienst am Kleinkind nicht. Sie sind nicht auf ihren eigenen Ruhm aus, wollen nicht selbst glänzen, sondern das Kind in das Licht der Schöpfung heben.

Luther, zum Zeitpunkt der Predigt (29. September 1531) selbst mehrfacher Vater, grenzt den Dienst der Engel von der klösterlichen Form der Nachfolge Christi polemisch ab. Der Mönch spricht in Überheblichkeit: „Solte ich der Kinder warten? das wil ich nicht thun, ich wil mit höhern, grössern wercken umbgehen und eine Kappe anziehen und mich im Kloster casteien." Die Vaterschaft wird gegen die abgelegte zölibatäre Existenz ausgespielt. Luther war selbst Augustinermönch, bevor er Katharina von Bora heiratete. Nach Augustinus hatte die Mönchsgemeinde im Engel ein Vorbild. Der Engel galt als keusch und allzeit wach im göttlichen Dienst. Ihm sollte der Mönch nacheifern und ein engelgleiches Leben (vita angelica) führen.

Luther behält in seiner Predigt die Vorbildfunktion des Engels bei, bezieht sie aber auf die Elternschaft. Nicht mehr im Kloster, sondern in der Ehe wird das Engelleben geführt. Damit bekommt die Ehe eine sakramentale Dimension. Wer nicht wie ein Kind wird, hatte Jesus seinen Jüngern gesagt, könne nicht ins Himmelreich gelangen. Für Luther wurde die Familie zum Erfahrungsraum und Raum der Bewährung in der Nachfolge Jesu. Im Schutzengel der Kinder besaßen Vater und Mutter ein Vorbild. Ihm nacheifernd sollten sie selbst zum Engel der Kindheit werden. Martin Luther hatte dem jesuanischen Engelwort eine neue anthropologische und ethische Dimension abgerungen. Jeder Mensch, der sich lehrend, schützend, heilend in Gottes Dienst nehmen ließ, konnte fortan ein Engel sein.

Die Allgegenwart des Teufels bildete die schwarze Folie, von deren Hintergrund sich Luthers Lehre von den „lieben Engeln" abhebt. Julien Green, der als Siebenjähriger den Teufel im Kleiderschrank seiner Mutter vermutete und damals von unaussprechlichem Grauen durchdrungen wurde, wird als reifer Mann überzeugt sein, „daß es sinnlos ist, den Teufel herbeizurufen, da er sowieso nie auch nur einen Fingerbreit von uns weicht".

Schon der berühmte 91. Psalm entfaltet die Schutzengelrede unter gleichzeitiger Nennung der Gefahren, vor denen der Engel den Gläubigen bewahrt: der Strick des Jägers und die verderbliche Pest, das Grauen der Nacht, Krieg und Seuchen. Die Engel sind dabei Hilfskräfte Gottes. In seinem Dienst und Auftrag schützen sie die Menschen: „Denn er hat seinen Engeln befohlen, daß sie dich behüten auf allen deinen Wegen, daß sie dich auf Händen tragen und du deinen Fuß nicht an einen Stein stoßest. Über Löwen und Ottern wirst du gehen und junge Löwen und Drachen niedertreten." Das Mittelalter wird aus diesem Psalmwort einen Hinweis auf das Heilswerk Christi herauslesen. Der Gottessohn hat mit Unterstützung der Engel den Teufel, den alten Drachen, und den Tod besiegt. Auf den Köpfen von Löwe und Drache stehend, zeigt ihn das Figurenprogramm der Hochgotik. So das Hauptportal der Kathedrale von Amiens, das Mittelportal des Südquerhauses der Kathedrale von Chartres und das linke Nordquerhausportal der Kathedrale von Reims.

Romano Guardini

Engelpsalm und Jesu Wort von den Schutzengeln der Kinder bilden die Predigtgrundlage für eine Universitätspredigt des großen katholischen Theologen Romano Guardini (1885–1968). Die Rede von dem Engel wird dabei eng verknüpft mit zentralen Fragen der Anthropologie nach Identität, Selbstfindung und -verfehlung, nach Freundschaft und Wahrhaftigkeit. Guardinis Predigt zum Fest der Schutzengel (Michaelis) nennt drei zentrale Funktionen des Engels: Freundschaft, Hilfe zur Selbstwerdung, Kritik des Menschen. Mit der Stimme des Gewissens, des Herzens, der Freunde, den Folgen und der Deutung menschlichen Handelns werden die Sprach- und Erfahrungsebenen genannt. Fünfhundert Jahre nach Luther sieht sich Romano Guardini vor einer gewandelten Wirklichkeit mit einem anderen Engelbild. Der Engel sei durch religiösen Kitsch, aber auch durch dichterische Umformungsarbeit zum sentimentalen oder rein ästhetischen Gegenstand geworden. Wer eine echte religiöse Beziehung zu Gottes Engeln aufnehmen wolle, der müsse sich „zu etwas durchgraben, das verschüttet ist".

Um Mißverständnissen vorzubeugen und den Engel aus der Aura einer die Wirklichkeit verharmlosenden Weltsicht zu befreien, zieht Guardini den Ausdruck „Engel des Menschen" dem alten „Schutzengel" vor. Dieser Problemhorizont der fünfziger Jahre hat sich inzwischen wieder zugunsten des Engels gewandelt. Auch wird man die religiöse nicht so leicht von der ästhetischen Erfahrung abgrenzen können. Hilfreich zur Veranschaulichung des Wirkens der Schutzengel ist Guardinis Verknüpfung der Angelologie mit der Frage nach der Identität und einem gelungenen Menschsein.

Wie Luther, so beruft sich Guardini auf die jesuanische Grundlage jeder echten Schutzengelrede. Auch er hebt die doppelte Optik des

Engels hervor. Mit stereoskopischem Blick schaut er auf Mensch und Gott zugleich. Der Horizont der Bedrohung wird aber nicht mehr durch den Teufel markiert, sondern ist von der Außen- in die Innenwelt verlagert worden. Der Schutzengel schützt vor allen Dingen vor den Gefahren, die aus dem Menschen selbst kommen: „seine Unbotmäßigkeit, seine Unredlichkeit, seine Trägheit, sein Unmaß." Dies geschieht auch nicht metaphysisch, sondern metaphorisch „in der Stimme des Gewissens, in den Warnungen des Herzens, im Wort der Freunde, in den Folgen des Tuns, im Sinn der Geschehnisse – in alledem spricht seine Stimme mit."

Nach christlichem Glauben ist der Mensch Gottes Ebenbild. Diese Ebenbildlichkeit als schöpferische Wahrheit des Menschen, als sein eigenstes Wesen, sein Selbst kennt der Engel besser als der Mensch. Er hütet den Kern des Menschen: „Dieses, des Menschen eigenstes Wesen, schützt der Engel in den Verhüllungen, Wirrnissen, Gewaltsamkeiten des Lebens. Denn Gott hat ihn durch seinen Auftrag ins Einvernehmen der Vorsehung gezogen, und er dient ihrer Verwirklichung – der Vorsehung über diesem bestimmten Menschen, wie auch über dem Ganzen der Welt, sofern es sich in diesem Einen entscheidet und verwirklicht."

Der Engel ist in den Dienst von Gottes Schöpferwalten genommen, doch führt er den Menschen nicht wie eine Marionette. Der Mensch ist frei. Das ist seine Größe und Tragik. Er kann den Ruf seines Schutzengels überhören, die Sorge seines Engels nicht teilen, ihr widerstehen und sie mißachten, so daß alle Hilfe vergeblich ist. „Dann muß der Engel – wohl in einem Schmerz, der über unser Begreifen geht – im Gericht auf die Seite des Urteils treten. Denn hier geht es nicht um Märchen, sondern um Wahrheit." Der Engel hat den Auftrag, den Menschen zu seiner Bestimmung zu führen: Er kann ihm helfen, der zu werden, der er nach dem Willen seines Schöpfers sein soll. Der Schutzengel begleitet die Selbstwerdung des Menschen, und da ist nicht jeder Weg beliebig. Im eschatologischen Horizont wird sichtbar und einsichtig, was wir aus unserem Leben gemacht haben und wer wir hätten sein können. Dieser Moment der Erkenntnis des wahren Wesenskernes und der Offenbarung gelebten Lebens kann ein Augenblick der Erkenntnis totaler Selbstverfehlung sein. Romano Guardini geht sogar so weit, die Schicksalsgemeinschaft von Schutzengel und Mensch in diesem Augenblick der Wahrheit aufrechtzuerhalten: „Zwischen uns besteht eine Solidarität, unmittelbar von Gott her. In ihr geht es um mein Heil – wer aber kann sagen, was für die eigene Ewigkeit des Engels von mir abhängt?"

„Engel-Elemental"

Der Engel der Kindheit hat viele Namen, und sein Wirken bleibt nicht auf die Zeit vom dritten bis zwölften Lebensjahr beschränkt. Er wirkt weiter in der Lebenszeit, wie alle entscheidenden Prägungen. Ob als Bote Gottes, Wächter des Ebenbildes, als Freund und Helfer in der Gefahr, als Kämpfer gegen Tod und Teufel oder im spielerischen Nachhall als Gegenstand der Werbung – immer zeigt er, daß der Mensch sein Leben nicht allein lebt. Der Engel der Geburt bringt das Kind zur Welt. Der Engel der Kindheit öffnet über dem Leben des Kindes neue Horizonte: den der Familie, des Kindergartens, der Schule, des Volkes und der Welt. Er stellt das Leben in Kontexte. So wirkt der Engel der Kindheit als Schutzengel des Vaterlandes (Hölderlin), der Stadt (Lasker-Schüler) und der Umwelt (Kardinal Newman) weiter fort.

Die Engelverehrung der Menschen hat zu allen Zeiten auch dazu geführt, daß der Engel mit eigener göttlich-schöpferischer Vollmacht ausgestattet wurde. Er ist dann nicht mehr Bote Gottes, sondern Gott selbst. So wurde dem Engel der Geburt gelegentlich attestiert, was nach christlichem Glauben allein der Schöpfergott vermag: ein neues Leben ins Dasein rufen zu können.

Als Nebenströmung im Fluß der Zeit haben Magie und Esoterik die biblisch-christliche Tradition von Anfang an begleitet. Die Vorstellung, der Mensch könne mit ihrer Hilfe selbst zum Schöpfer geistiger Wesenheiten werden, wirkt bis in die esoterischen Heilslehren am Ende unseres Jahrtausends hinein. Sprach Romano Guardini von einer Schicksalsgemeinschaft zwischen Mensch und Engel, so macht der Geistheiler Daskalos das Schicksal des Engels vom Willen des Menschen abhängig. In Gesprächen mit Kyriacos C. Markides erzählt der auf Kreta residierende Meister, wie man einen Engelgolem erschafft. Er begibt sich dazu in ein Zimmer, wo er ungestört ist, stellt einen Hocker in die Mitte, verbrennt etwas Weihrauch und zündet eine Kerze an. Dann stellt er sich das Bild eines jungen Mannes oder Mädchens vor. Siebzehn Jahre gilt dabei als ideales Alter für Schutzengel.

Wie der Bildhauer eine Statue gestaltet, so der Meister der Gedankenschwere. Er führt sich jedes Detail vor Augen. Allerdings sei dabei nicht die Genauigkeit der Visualisierung ausschlaggebend, sondern die Energiemenge, mit der er das „Engel-Elemental" hervordenkt. Meistens seien die so erzeugten Schutzengel hübscher als die Schutzbefohlenen. Natürlich kann ein energiegeladener Lehrer auch die Farbe der Engelkleidung spirituell erzeugen. Weiß-blau für Jungen und rosa für Mädchen gelten dabei als Standard. So wie der alte Gott dem Adam Lebensodem in den Körper blies, lädt auch Daskalos den imaginierten Engel mit seinem Atem auf. Fünfzehn Minuten am ersten Tag reichen dafür aus. Die gleiche Prozedur zur gleichen Zeit muß zwölf Tage durchgehalten werden, doch schon am siebten Tag erwacht das „Engel-Elemental" zum Leben. Am zehnten ist es vollendet. Es kann sprechen und selbständig weiterleben.

Doch bevor es der Meister freigibt, wird es programmiert. Es erhält einen Namen, der identisch ist mit dem Namen des Menschen, den der Schutzengel begleiten soll. Dann bekommt es seinen Auftrag. Es kann einen Menschen vor materiellen Gefahren schützen, ihm in Augenblicken der Verwirrung in Denken oder Fühlen und bei Entscheidungsschwächen helfen, darf aber nicht in den Charakter des Menschen eingreifen, weil er sonst sein „Karma" manipulierte. Alles klar: Der Schutzengel, den Daskalos auf Kreta erzeugt, ist also eine kleine Liebesgabe vom Freund für Freunde. Ein Assistenzengel, der weder dem Schicksal des Menschen noch seinem ersten Schutzengel Konkurrenz machen darf. Natürlich behält jeder Mensch seinen eigenen Schutzengel. Der kann aber auch gelegentlich in eine Identitätskrise fallen, sich im Halbschlaf ausruhen wollen oder von einer fremden Macht in einen tiefen Hypnose-Zustand versetzt worden sein. Da ist der Ersatzschutzengel schon hilfreich. Doch gibt es auch für ihn Einsatzgrenzen. Wenn nämlich der Mensch in einem seiner zahlreichen Vorleben sich zu sehr mit karmischer Schuld beladen hat, wird der Schutzengel seinen Auftrag ablehnen und um Rückführung in den Zustand der Nichtexistenz bitten, indem er zu seinem Meister und Erzeuger spricht: „Löse mich auf. Ich nehme es nicht an."

Natürlich ist das Ganze ein unfreiwilliger Witz und der Auseinandersetzung schon deshalb nicht wert, weil die massenhafte Veröffentlichung geheimer Techniken allen Grundsätzen der weißen wie schwarzen Magie widerspricht. Wahre Esoterik war stets eine Geheimlehre, wie schon der Name andeutet. Was eine genaue Beachtung verdient, ist die spirituelle Bedürfnislage, die der Engelerzeuger auf Kreta anzeigt; denn Hunderte den traditionellen Religionen entfremdete, aufgeklärte Menschen pilgern zu ihm, um in exklusiv teuren Kursen die synkretistischen Lehren aufzusaugen. Sie haben den Garten der Kindheit verlassen, sind am Cherub mit dem flammenden Schwert vorbeigegangen und suchen nun den Ort, wo sie spirituell wieder einwurzeln können. Über ihnen schwebt der Engel der Pubertät.

Das himmlische Drama des Engelsturzes wiederholt sich auf menschlicher Ebene. Giovanni di Paolo deutet die Vertreibung aus dem Paradies als einen Verlust der Lebensmitte. Adam und Eva blicken voller Sehnsucht zurück. Der Engel drängt sie weiter. Jenseits von Eden werden sie von den Engeln des Lebens begleitet sein.

Die Vertreibung aus dem Paradies.
Tafelbild von Giovanni di Paolo, um 1445.
New York, Metropolitan Museum of Art.

ENGEL DER JUGEND

„Denn die Engel, die mit uns zur Welt kommen,
sind nur am Anfang so klein wie wir,
sie wachsen mit uns, werden wilder und stärker,
und ihre Flügel wachsen mit ihnen.
Je älter wir werden,
desto schwerer wird der Kampf."

Ilse Aichinger

Rettung der Kindheit

Kinder kämpfen nicht mit Engeln. Doch wenn sie reifen, wilder und stärker werden und die Flügel der Selbständigkeit wachsen, dann wollen und müssen sie sich mit Engeln messen. Die Jugend ist eine Zeit der Selbsterprobung, der Überpüfung und Umwertung der durch Elternhaus, Freunde, Schule oder Kirche vermittelten Werte. Niemand tritt freiwillig in sie ein. Das Leben gewährt keine Mitbestimmung. Es beendet die Kindheit, ohne uns zu fragen. In der Jugendzeit dämmert nicht nur der Wunsch, Vater und Mutter zu verlassen, sondern das Wissen erwacht, daß wir im Paradies der Kindheit nicht bleiben dürfen. Der Garten Eden muß verlassen werden, und mit dem Austritt wiederholen sich die Erfahrung von Einsamkeit, Schuld und Angst, von Aufbruch, Unterwegssein, Wandlung und Sehnsucht nach Rückkehr.

Das Kind hat an Körper und Geist gemerkt, daß es nicht bleiben durfte, wie es gewesen. Die Jugendzeit bricht ins Kinderleben ein. Nicht jeder aber empfindet gleich, nicht jeder fühlt sich bedrängt oder entfremdet. Nicht jeder kämpft mit dem Engel. Nicht jeder verspürt den Drang nach Autonomie.

Der Engel der Jugend schwebt über jeder Zeit des Umbruchs und der Wandlung im menschlichen Leben. Zuerst über dem Kindheitsende, dann über jeder Lebensphase, wo Bindungen und Werte überprüft, ergänzt oder aufgelöst werden, wo eine Neuorientierung oder Trennung vollzogen wird. Alle Kulturen und Religionen haben Entlastungsrituale für den Eintritt in die Jugendzeit geschaffen. Konfirmation und das Sakrament der Firmung enthalten das lateinische Wort „firmare", mit dem ausgesprochen wird, worauf es in dieser Lebensphase ankommt: den Glauben zu festigen und zu stärken.

Eine entscheidende religiöse Irritation löst bei vielen Jugendlichen die Konfrontation des Kinderglaubens mit naturwissenschaftlichen Theorien über die Entwicklung des Menschen und die Entstehung des Weltalls aus. Hier entstehen Risse, die manchmal ein Leben lang ungekittet bleiben: Traditionsabbrüche, aber auch ein neuer gereifter Blick auf die Glaubenswelt der Kindheit. Marie Luise Kaschnitz (1901–1974) hat eine Erinnerung an das Ende ihres Kinderhimmels preisgegeben. Im Mathematikunterricht kam es zu einer thematischen Abschweifung. Der Lehrer erzählte über den Himmel und die Sternbilder, dann griff er nach dem Lehrbuch und wollte zum Unterrichtsstoff zurückkehren. Doch sein Vortrag hatte den Geist des Mädchens affiziert: „Und was ist über den Sternen?" fragt die junge Marie Luise ihren Lehrer. Unwirsch wegen der weiteren Unterbrechung des Lehrplanes antwortet er kurz: Über den Sternen seien weitere Sterne und darüber Sternensysteme und Sternnebel. Die Materie sei zu kompliziert, als daß er sie vor den Kindern ausbreiten könne. Sie würden seinem Vortrag nicht folgen können.

Es gehört zur Tragik der Jugendzeit, daß sich in ihr Fragen einstellen, deren Beantwortung den geistigen Horizont der reifenden Vernunft übersteigen und die dennoch nicht zurückgestellt werden können. Zitternd habe sie ihren Lehrer gefragt, was über den Sternnebeln liege. Nüchtern, wie Mathematiklehrer es sein können, erkennt der Pädagoge nicht die religiösen Implikationen seiner astronomischen Ausführungen. Schon längst wird nicht mehr nach den Sternen gefragt, sondern nach dem Wohnsitz der himmlischen Heerscharen. Wo wohnen die Engel? Hinter dem Andromedaspiralnebel, neben der großen Magellanschen Wolke?

Der Lehrer hat seine eigene Kinder- und Jugendzeit vergessen. Die Seele seiner Schülerin ist ihm fremd. „Darüber ist nichts, nur eben der Weltraum", antwortet er und bringt damit „einen ganzen

Kinderhimmel, ein dickes Wolkenpodest, auf dem die heilige Dreifaltigkeit, die Engel und die Heiligen saßen", zum Einsturz. Dabei blickt er grimmig auf seine Schülerin, vollzieht eine ungehaltene Bewegung mit der Hand und macht das, was Lehrer mit störenden Kindern tun: Er fordert das Mädchen auf, mit der Lösung der ersten Rechenaufgabe zu beginnen.

Daß niemand sie vor der Erfahrung einer Revision des Kinderglaubens hätte bewahren können, weiß die Autorin: „Gott ist Geist, und einmal muß jedes Kind das erfahren. Ich habe aber noch niemanden getroffen, für den diese Erfahrung eine ähnliche Katastrophe gewesen ist, jedenfalls niemanden, der davon gesprochen hätte." Ein echter Erzieher müßte als Engel der Jugend an der Pforte der Kindheit bereitstehen, um seine Schüler durch den Ozean der Fragen zu tragen. Auch Eltern und Geschwister haben im Engel der Jugend ein Vorbild. Glaube ist kein philosophisches Wissen, deshalb ist er mehr als die Philosophie auf Gemeinschaft und Begleitung angewiesen.

Kinder sind Spezialisten des Unsichtbaren; doch in einer Welt, die von der Existenz guter Mächte nichts weiß, verkümmert auch der Kinderglaube. Nicht mehr an Engel zu glauben gilt hier als Zeichen der Reife und des Erwachsenseins. Die Mitschüler lachen das Mädchen aus, das von seinem Schutzengel erzählt. Eine großartige Einfühlung in die Dramatik des Glaubensverlustes ist Ilse Aichinger (*1921) mit ihrer Erzählung „Engel in der Nacht" gelungen. Sie führt in die Glaubenswelt von zwei Schwestern. Beide leben mit ihrem Vater zusammen. Die ältere ist fünfzehn Jahre alt und behauptet jeden Morgen nach dem Erwachen, sie habe noch vor der Dämmerung ihren Engel gehört oder die Spitzen seiner Flügel gesehen. So sehr sich die jüngere Schwester bemüht, gleichfalls eine Begegnung mit dem Engel zu haben: Es will ihr nicht gelingen. Jedesmal schläft sie ein, wenn nach dem Zeugnis der Älteren die Stunde der Sichtbarwerdung des Engels naht.

Daß es Engel gibt, will sie glauben, aber sie sucht auch nach Bestätigung ihrer Existenz bei ihren Mitschülern und ihrer Mutter. In Gesprächen mit ihnen merkt sie, daß diese den Glauben an Engel als Kinderkram abwehren. Warum folgt sie nicht ihrem Beispiel und trennt sich von dem Engel der Kindheit? War die Kindheit nur Täuschung, hatte sie mit einer Engellüge gelebt? Glaubensvorstellungen können nicht einfach wie Kleider abgestreift werden. Der Engel der Kindheit ist wahr. Was aber ist, wenn der Himmel kein Himmel mehr ist, wenn der Himmel nur noch aus Luft und Wolken besteht? Wer rettet dann die Kindheit, gibt ihr eine neue Gestalt und einen neuen Ausdruck? Das Mädchen merkt, wie sich mit ihrem Leben die Gestalt des Engels wandelt: „Die Engel waren keine kleinen Engel mehr, keine Putten mit runden Gesichtern und kurzen, hellen Locken, die Engel waren größer geworden, ernster und heftiger, sie waren, wie ich selbst, im letzten Jahr zu schnell gewachsen, und sie abzuwerfen, war kein Spiel mehr.“ Beide, der Engel und das Mädchen, beginnen, einen Überlebenskampf zu führen; denn von einer neuen Gestaltwerdung des Engels hängt die Identität des Kindes ab. Eine Welt ohne Engel ist eine Welt ohne Sinn.

Das Mädchen geht zu seiner Schwester, der einzigen Zeugin für die Existenz der Engel. Sie soll beschwören, daß sie den Engel wirklich gesehen hat. Doch die Fünfzehnjährige weicht aus. Sie leistet keinen Schwur. War also alles Lüge, auch ihre Engelvisionen? Das Mädchen fällt in ein Grab der Gottverlassenheit, doch aus ihm heraus ruft es die Engel an. Und ihr Engel erscheint in der Nacht, genau zu der Stunde, wie es einst die ältere Schwester behauptet hatte: „Ich will dir öffnen, komm herein, mein Engel, wirf alles um mit deinen breiten Flügeln und sei willkommen!“ Der Engel bewegt abwehrend den Kopf. Er läßt sich nicht mehr berühren wie der Engel der Kindheit. Aber er ist da. Das Mädchen will jetzt seine Schwester wecken, so wie es einst von ihr vor dem Morgengrauen geweckt worden ist. Es steht auf, schlägt die Bettdecke zurück. Die Schwester liegt nicht in ihrem Bett. Später findet man sie im Hof, schon schneebedeckt. Sie hatte sich aus dem Fenster gestürzt.

Daß von der Rettung der Kindheit das Überleben des Jugendlichen abhängen kann, wird auf tragische Weise deutlich. Wenn unser Leben Sinn haben soll und wenn besonders die Irritationen und Umbrüche der Jugendzeit sinnhaltig sein sollen, dann kann die Vorstellungs-, Gefühls- und Glaubenswelt der Kindheit keine Lüge gewesen sein. Entwicklung des Lebens bedeutet Entfaltung des Lebenskernes. Wie die aufblühende Knospe jedes Blütenblatt, ob groß oder klein, zur Schönheit der Blüte entfaltet, so sollte sich auch das menschliche Leben organisch neuen Horizonten öffnen. Die Integration der Kindheit in das Leben des Erwachsenen kann scheitern. Daß ein junger Mensch darüber zerbricht, dürfte die Ausnahme sein. Der Fenstersturz der Fünfzehnjährigen markiert jedoch den tödlichen Ernst, der über der Pubertät liegt. Festigung und Bestätigung des Glaubens sind hier lebensnotwendig. Doch sie allein reichen nicht.

Der Glaube lebt nicht nur vom Beistand der Eltern und des Priesters allein, sondern zuerst ist er auf eigene Erfahrung angewiesen. Durch die Krise des Kinderglaubens hindurch dringt die jüngere Schwester zu einer echten Engelbegegnung vor. Mit ihr vollzieht sich die Umwandlung des Erzählten, des Engels, den sie nur vom Hörensagen kannte, in authentische eigene Erfahrung. Der Engel der Kindheit, dessen Existenz von Eltern, Erziehern und älteren Geschwistern beglaubigt wird, ist mit den Kindern gewachsen, wilder und stärker geworden. Um ihm zu folgen, reicht der Glaube der Umwelt allein nicht mehr aus. Der Engel der Jugend will in nächtlichem Ringen bezwungen werden. Die Erfahrung, die er schenkt, wird vom Zweifel begleitet sein. Sie hält den Glauben lebenslang in Bewegung.

Die Einforderung des Rechtes auf eigene Erfahrung gehört zum Wesensmerkmal der Jugend. Ohne sie ist ein selbständiges und freies Leben nicht denkbar. Erfahrungen sind von schmerzhaften Einsichten begleitet, auch von Angst und Schuld. Bedrohlicher ist es, ohne Erfahrung bleiben zu müssen. Der Glaube der Fünfzehnjährigen hatte an dem der Schwester gehangen. Aus eigener Kraft konnte sie nicht für den Engel der Jugend zeugen. Sie hatte lediglich von ihm erzählt, doch ihn nicht erfahren.

Zeit des Übergangs

Der Engel der Jugend taucht regelmäßig im Zusammenhang mit Darstellungen von Leid- und Ohnmachtserfahrung auf. Das wundert niemanden, der sich jener Jahre erinnert. Auf einem Bild des finnischen Malers Hugo Simberg (1873–1917) tragen zwei Knaben einen verwundeten Engel: Langsam schreitend halten sie in ihrer Mitte eine hölzerne Bahre. Der Engel sitzt auf ihr. Er hält sich an den Stangen fest. Um die Augen trägt er eine Binde. Auf dem linken Flügel sind Blutspuren zu sehen. Die weite offene Landschaft mit einem See und hügeligem Land im Hintergrund gibt keinen Hinweis auf den Grund der Verletzung. Der Engel ist weißgewandet, barfüßig und trägt schulterlanges, glattes blondes Haar. Das Kleid schleift auf dem Boden. Zum Gehen ist es wohl nicht gefertigt worden. Der Engel hat mädchenhafte Züge und wird wie die Knaben dreizehn Jahre alt sein. In der rechten Hand hält er einen Strauß Schneeglöckchen.

Woher kommt dieser Engel? Was ist sein Auftrag? Warum hält er die Blumen? Vielleicht schenkten sie ihm die beiden Jungen, so wie man Kranken Blumen überbringt. Der Blick der Knaben ist traurig und abweisend. Der eine senkt den Kopf, der andere blickt den Betrachter des Bildes an. Auch hier fordert die Darstellung zur Einfühlungnahme auf. Haben die Jungen den Engel gefunden? Verletzten sie ihn mit Absicht oder versehentlich? Wohin tragen sie ihn? Werden sie ihn unter dem Dach des Elternhauses verstecken, heimlich pflegen und auf Heilung warten? Und was werden sie machen, wenn der Engel gesundet ist, und was, falls er sterben sollte?

Der verwundete Engel ist nicht allmächtig. Er repräsentiert keine heile Welt. Er scheint nicht mehr die Jugendlichen schützen zu können, sondern bedarf selbst ihres Schutzes. Man kann diesen ohnmächtigen Engel als Christussymbol interpretieren, wie es der

Kirchenvorstand der Johanneskirche in Tampere wohl getan hat, als er den Maler um eine zweite Ausfertigung des Motivs in der Form eines Wandbildes für die Kirche bat. Das Bild zeigt zugleich eine wichtige Stufe des Erwachsenwerdens: den Abschied von der Vorstellung, der Engel sei allmächtig. Kinder unterstellen ihren Eltern und Lehrern, daß sie immer selbstsicher sind, stets Überblick und Orientierungen besitzen und aus allen Situationen einen Ausweg wissen. Der Jugendliche muß Abschied nehmen von dem Bild der Allmacht. Das Verhältnis zu Eltern und Lehrern wird partnerschaftlicher.

Hugo Simberg hat mit seinem Bild den Beginn der Partnerschaft von Mensch und Engel gemalt. Der verwundete Engel ist nicht mehr der Engel der Kindheit und noch nicht der Engel der Jugend. Die jungen Männer werden ihn gesund pflegen und wieder entlassen. Das einzige Symbol auf dem Bild ist der Strauß mit Schneeglöckchen. Es sind die ersten Blumen im Frühjahr. Sie sind gepflückt worden. Noch blühen sie, doch bald werden sie verwelkt sein. Auch die Schönheit des Engels ist gebrochen. Er sieht nichts, ist orientierungslos und auf Hilfe angewiesen; doch bald wird er zu neuem Himmelsflug gesundet sein. Ein Übergang ist mit diesem Engel markiert. Die Jungen, wild und unsensibel, wollten den Engel der Kindheit ergreifen und begreifen. Dabei haben sie ihn verletzt. Das Mädchen aus der Geschichte von Ilse Aichinger wußte, daß man Engel nicht berühren darf. Sie unterdrückte ihren Wunsch, den Engel der Jugend zu pflücken, und gewann ihn als Begleiter.

Jugendliche leben in einer Zeit des Überganges. Oftmals hoffen sie selbst und ihre Eltern, daß sie schnell vorübergeht, damit sich Normalität herstellt. Traditionen wandeln sich, bewährte Antworten haben sich überlebt, weil neue Fragen gestellt werden. Das Elternhaus ist bereits verlassen, die weite Ebene des Lebens liegt vor dem Kind. Es sieht noch keinen neuen Horizont. Als es unter dem väterlichen Dache wohnte, lebte sein Selbstbewußtsein aus der Negation der überkommenen Werte. Die Frage: Was willst Du eigentlich mit Deinem Leben anfangen? hatte stets eine leichte Antwort: Alles das nicht tun, was der Alte hochgehalten hatte. So gehen Söhne und Töchter selbstbewußt in die Fremde, wo sie manchmal schnell ihr Erbteil verprassen.

Einige verharren dort. Die Jugendzeit wird dann identisch mit der Lebenszeit. Andere kehren um und stellen sich der Tradition der Väter und Mütter. Was geschieht aber, wenn sich diese dem Heimkehrenden nicht öffnet, wenn ihm kein Bote entgegentritt? Vielleicht blicken Mutter und Tochter, Vater und Sohn einander aus der Ferne an. Jeder möchte auf den anderen zugehen, aber es geht nicht. Niemand sucht sich das Leben im Zwischenzustand aus, und mit moralischen Kategorien ist hier nichts gewonnen.

Das Schweben zwischen Nähe und Distanz kennzeichnet auch das Verhältnis vieler Menschen zu Religion, religiöser Tradition und Kirche. Schon das Gleichnis vom verlorenen Sohn benutzt die anthropologische Grunderfahrung des Vater-Sohn-Konfliktes zur Illustration der Gott-Mensch-Beziehung. Die Jugendzeit wird zum Spiegel der Sache mit Gott. Wenn sich diese verfahren hat, Gott und Mensch nicht mehr zueinander finden, wird die Frage einer Mittlerschaft akut: Der Engel hat seine Stunde.

Auch Religionen altern; sie erleben Geburt, Kindheit und Jugendzeit. Manche sterben an Überalterung oder Vergreisung. Als Israel noch ein Kind war, lebte es in selbstverständlicher Nähe zu seinem Gott. Er wandelte vor seinem Volk, trat Abraham von Mann zu Mann gegenüber, zeigte sich Mose auf dem Berg Sinai und erschien Jaakob im Traum. Israel reifte heran, und die Konflikte zwischen dem erwählten Volk und seinem Gott begannen sich zu häufen. Gott wohnte auch nicht mehr direkt unter seinem Volk, sondern war in den Tempel eingezogen. Die Jugendzeit Israels ist von einer zunehmenden Distanzierung zwischen Gott und Mensch geprägt. Gott wohnte weit oben in den Himmeln, das Volk erwies den Götzen bereitwillig Opfer. Wenn beide in Kontakt traten, dann meistens über Mittlerfiguren: Propheten, die Gottes Thron in Herrlichkeit schauten und von Engelvisionen berichteten, oder ein weisheitlicher Lehrer.

Wenn sich die Fronten verhärtet haben, ist dies die Stunde der Propheten und der Engel. Das gilt für menschliche und göttliche Belange. Mütter, Geschwister, Freunde versehen den Engeldienst zwischen Vater und Sohn.

Franz Kafka: „Handle so, daß die Engel zu tun bekommen!"

Daß auch Engel mit ihrer Mission scheitern können, hat nicht nur Franz Kafka erfahren; doch ihm war es gegeben, die Unmöglichkeit einer Begegnung von väterlicher, religiöser Tradition und jugendlicher Gegenwart in Gleichnisse zu bannen und so der Tragik eine heitere Dimension abzugewinnen. Die gleichnishaften Erzählungen des Prager Juden Kafka haben menschliche Grunderfahrungen von Distanz und Nähe in vielschichtige Bedeutungsmuster gewoben. Sie verarbeiten auch autobiographische Erfahrung mit dem Vater und der jüdischen Überlieferung.

Abgrenzung von religiöser Tradition bei gleichzeitiger spiritueller Sehnsucht gehört zu einer Grunderfahrung des Erwachsenwerdens. Kafka hat sie in seiner Parabel „Eine kaiserliche Botschaft" (1917) dargestellt. Er schildert den Fall eines Menschen, der vor dem Kaiser und seinem prächtigen Hofstaat in die fernste Ferne geflohen ist. Der Text nennt keine Motive für diese Abkehr, deutet sie aber durch die Herausstellung der außergewöhnlichen Größe und Herrlichkeit des Kaiserhofes an: In dieser Welt fühlt sich der einzelne überflüssig, hilflos und nichtig. Die Luft zum Atmen wird ihm abgeschnürt. Er kann sich unter der kaiserlichen Sonne nicht entfalten. Der Hofstaat fordert Unterwerfung, Akzeptanz der Tradition. Eine Freiheit zur

Selbsterprobung, die Möglichkeit, einen eigenen Ort zu finden, ist nicht gegeben. Die Trennung wird überlebenswichtig. Doch ihr Elan verpufft in der Fremde. Fern des kaiserlichen Hofes lebend, verfällt der Mensch, der sich von der Tradition abwandte, in Lethargie.

Abends sitzt er an seinem Fenster und träumt von der Heimat. Noch mehr: Er sieht, wie sich aus der Ferne des kaiserlichen Hofes ein Bote auf ihn zubewegt. Abendliche Himmelsvisionen sind uns mehrfach begegnet. Julien Green fühlte eine Entrückung, Hermann Sudermann schaute die Engelsleiter, und auch Kafkas Träumer ist von Sehnsucht nach der Begegnung mit einem himmlischen Boten erfüllt. Denn die Parabel enthält einen religiösen Kern: Sie erzählt von einem Menschen, der Gott den Rücken kehrte, zugleich aber hofft, daß dieser Gott durch seinen Engel ein Versöhnungsangebot unterbreitet. Ihr autobiographischer Gehalt wird durch einen Vergleich mit Kafkas Engelvision am offenen Fenster in der Abenddämmerung des 25. Juni 1914 (Tagebuch) erkennbar. Auch dort erreicht der Engel den Empfänger der Botschaft nicht.

Das Streitmuster ist vertraut und nicht nur pubertär: Gott, so hatten ihn Jesaja und Hesekiel geschaut, ist von einem himmlischen Hofstaat umgeben. Bei Kafka ist die Zahl der tausend mal tausend Engel zu einer gigantischen Unübersichtlichkeit gesteigert. Der sterbenskranke Herrscher sendet zwar einen Engel, doch vermag dieser die Mauern der Tradition nicht mehr zu durchbrechen. Dennoch sitzt sein ehemaliger Untertan jeden Abend wartend am Fenster und erträumt sich die Ankunft des Engels. Seine Situation ist paradox. In ihr spiegelt sich die komische Seite einer religiösen Existenz, die traditionelle Bindungen nicht mehr eingehen kann und zugleich von spiritueller Sehnsucht erfüllt ist. Die Parabel enthält keine Lehre. Dem Gottesträumer wird das Träumen nicht verboten, der Engel auf seinem Marsch ohne Ende wird nicht zurückgerufen.

Es gibt Lebensphasen, da treten die Engel aus dem unmittelbaren Erfahrungsbereich zurück. Ihr Dasein scheint sich zu verflüchtigen. Nur der Träumer kann noch an ihnen festhalten. Wenn der Verlust der Engel globale Ausmaße einzunehmen droht, dann ist die Menschheit auf die wenigen angewiesen, die jetzt noch am Fenster sitzen und in die Nacht hineinhorchen. Nach allgemeiner Beurteilung ist die Ankunft von göttlichen Boten auszuschließen. Der Träumer jedoch verharrt auf verlorenem Posten. Das ist ein Akt der Stellvertretung für alle anderen, die mit Gottes Gegenwart nicht mehr rechnen. Vielleicht ist das Warten und Ausfühlen der Nacht absurd, vielleicht meldet dieser Vorposten des Unendlichen schon bald den Advent des himmlischen Boten. Im Streit der Meinungen ist hier nichts auszufechten. Nur die Erscheinung des Boten selbst wird Eindeutigkeit herstellen.

Kafka beschreibt eine Situation, in der beharrliches Warten oberstes Gebot ist. Für eine Zeit gilt es, in der Fremde zu bleiben. Vielleicht sogar ein Leben lang. Vielleicht erweist sich das Gerücht vom sterbenden Gott als Wahrheit, vielleicht wird nie der Engel eintreffen und den Menschen aus dem Exil zurückführen. Der Träumer harrt dennoch aus: Er führt ein Leben vor der Geburt eines neuen Lebens. Jenseits von Eden stehend, gibt er den Traum vom Engel nicht auf. Mit seiner Haltung hat Kafka illustriert, was ihm als kategorischer Imperativ galt: „Handle so, daß die Engel zu tun bekommen!" Warten in Gelassenheit und Heiterkeit ist das Gebot der Stunde. Erfahrungen lassen sich nicht erzwingen. Das gilt für die Kreativität, die Inspiration, die Liebe ebenso wie für die Begegnung mit Gottes Boten.

Gefallene Engel

Daß wir in einer Zwischenzeit leben könnten, in der kein Engel dem Menschen helfen kann, ist eine Vermutung, die auf Erfahrungsmuster der Jugendzeit zurückgreift. Patrick Mc Grath (*1950) beschreibt das Leben eines Engels im Häusermeer von New York. Er führt die Existenz eines Schriftstellers. In einem Gespräch mit seinem Wohnungsnachbarn gibt er seine angelische Natur preis. Er entkleidet sich vor ihm, löst ein Korsett aus hellem Plastikmaterial. Darunter erscheint ein durchfaulter Körper in gallertartigem Verwesungszustand. Dieser Engel leidet nicht nur wie ein Mensch, sondern er ist aufgrund seiner Unsterblichkeit ein unendlich Leidender. Er selbst hatte vor der Entblößung die Frage gestellt, auf die sein karzinös zernagter Leib nun Antwort gab: „Wer weiß schon, was ein Engel in einem Jahrhundert wie diesem zu suchen hat?" Der New Yorker Engel ist eine tragische Figur. Er führt ein absurdes Leben. Niemandem kann er helfen.

Anders geht es dem Engel Gabriel, dessen Botenflug durch ein Unwetter jäh unterbrochen wird. Jörg Burkhard imaginiert die Begegnung zwischen dem Engel und einer Wohngemeinschaft irgendwo in einer deutschen Großstadt: Vom Blitzstrahl beleuchtet, entdecken die Freaks einen Engel, dessen lange Flügel in der Wasserbrühe schwappen. Man brüllt durch das Gewitter hinunter und signalisiert ihm Hilfe. Gabriel steigt die Treppen hinauf, eine Wasserspur hinter sich herziehend. Dann duscht er heiß und wird langsam munter. Wohngemeinschaften sind Spezialisten in Sachen Toleranz und Diskretion. Auch diese hat den Umgang mit fremden Lebensformen eingeübt. Es werden keine Fragen nach Herkunft oder Ziel des ungewöhnlichen Gastes gestellt. Niemand muß sich offenbaren, wenn er sein Geheimnis nicht preisgeben will. Die Kommunikation zwischen Engel und Bewohnern bedarf keiner Worte. Der himmlische Gast ist sogleich integriert. Normalität wird hergestellt.

Man hört gemeinsam Platten und trinkt Kaffee mit viel Rum. Engel und junge Menschen hören gerne Musik, so gibt es keine Verständigungsprobleme, „wenn der himmel auf die erde kommt", und unproblematisch ist auch der Abschied. Dem Engel werden Grüße für lateinamerikanische Freunde aufgetragen, doch er ändert spontan die Flugroute: „ich fliege über paris, rief er herunter und verschwand singend in den blauen abend." Auch das ist akzeptiert. Niemand erwartet für die Hilfe Dank.

Was passiert also, wenn der Himmel auf die Erde kommt? In New York gibt es zwei Fragen, „die man einem Engel stellen *muß*. Die eine betrifft seine Ursprünge; die andere sein Ziel". Die Antwort ist desillusionierend. Die deutsche Großstadtszene bleibt cool. Sie hilft dem Engel wie jedem, den ein Unwetter aus der Flugbahn wirft. Nichts Besonderes passiert, wenn der Himmel auf die Erde kommt. Keine Offenbarungen, keine Euphorie, keine Bestärkung des Glaubens, keine Erschütterungen.

„Gott im Himmel steh mir bei! Ein Engel! EIN ENGEL!" so lautet die verwunderte Reaktion auf einen amerikanischen Szene-Engel. Achtzehn Jahre ist er jung, auch einem langen Schluck aus der Schnapsflasche nicht abgeneigt. Er schwebt im Büro eines Baseball-Managers, dessen Mannschaft – hoffnungslos zurückgeschlagen auf den letzten Rang – dem Ende der Saison entgegenblickt, und bietet seine Hilfe an. Der Baseball-Engel gibt sich als begeisterter Anhänger des Clubs zu erkennen. Schon bald spielt er mit und führt die Mannschaft von einem Erfolg zum nächsten. Auch hier erregt die Gegenwart eines geflügelten Spielers kein besonderes Aufsehen; denn „in den Bestimmungen stand nichts, was es einem Mann mit Flügeln verbot, Baseball zu spielen". In einer pulsierenden Welt voll exzentrischer Gestalten, wo Normalität und Verrücktheit nicht mehr zu trennen sind, geht der Engel im Alltag unter. Das gilt besonders für die Wahrnehmung der Wirklichkeit unter der alkoholisierten Optik von Charles Bukowski (*1920).

Der Baseball-Engel trägt Flügel, bestreitet aber, ein Engel zu sein. Seinen Namen gibt er mit Jaycee (J.C.) an, der gängigen Abkürzung für Jesus Christus. Am Ende der Saison, die Teilnahme am Endspiel ist gesichert, verübt die gegnerische Mannschaft einen Anschlag auf den Baseball-Engel. Wie schon die biblischen Engel im Morgendämmer der Menschheitsgeschichte (Gen 6) erliegt auch dieser den Verführungsküsten einer Frau: „Sie ham mir meine gottverdammten Flügel abgesägt, die Drecksäcke! Sie ham 'ne Frau auf mich angesetzt, im Hotel. Und was für eine! Mann, was 'n Koffer! Und dann ham sie mir was in meine Drinks getan. Ich steig' also drüber, und da ham sie mir DIE FLÜGEL ABGESÄGT."

So hockt er vor dem entscheidenden Spiel mit Stummelflügeln und völlig alkoholisiert im Büro des Managers. Mit seiner Hilfe ist nicht mehr zu rechnen. Tim Bailey, Freund des Managers und Erzähler der Geschichte, sucht den Drahtzieher des Anschlages auf und stellt ihn zur Rede. Der spottet nur und ist auch wenig beeindruckt von der drastischen Erläuterung seiner Untat durch Bailey: „Wenn man einem die Flügel kappt, dann ist das so, als wenn man ihm den Schwanz abschneidet." So wird er kurzerhand vor den Augen der Prostituierten mit einem Revolver erschossen. Der Mörder kommt hinter Gitter und erfährt in der Zelle, daß seine Mannschaft das Endspiel gewonnen hat. Hatte der Baseball-Engel ein Wunder bewirkt? Aus der Gefängnisperspektive scheint es so: „Gott hatte eben doch immer den Finger als erster am Drücker, egal in welcher Gestalt – ob in Form eines verdammten Maschinengewehrs oder eines Gemäldes von Klee". Ein wahrlich kühner Gottesbeweis, der zeigt, daß alles in einer verrückten Welt möglich ist, aber auch ganz anders kommen kann.

Die drei Engel von Patrick Mc Grath, Jörg Burkhard und Charles Bukowski haben die enge Verflechtung mit dem Alltagsleben gemeinsam. Sie sind selbstverständlicher Teil moderner Wirklichkeit, fallen wenig aus dem breiten Spektrum tolerierter Lebensformen. Eine Wirklichkeit, die phantastische Welten längst eingeholt hat, nimmt auch den Engel mühelos in sich auf. Der Engel mag vom Himmel kommen oder auch nicht: Es spielt keine Rolle. Man kann sich ihm gegenüber nicht religiös verhalten. Ob er leidet oder rettet – er reißt keinen neuen Wirklichkeitshorizont auf, bringt keinen neuen Himmel zur Erde, markiert keinen Übergang. Dennoch hält er die Stelle sehnsuchtsvoller Erwartung, den nächtlichen Fensterplatz des Träumers, besetzt und vielleicht auch offen für neue Offenbarung.

LSD-Engel

Es hat an Versuchen nicht gefehlt, aus dem modernen Bewußtsein und seinem durch Psychoanalyse und Atomphysik bestimmten Weltbild neue Religiosität zu begründen. Der Bogen spannt sich dabei von der Drogenerfahrung bis zur Ufologie. Der Vorposten zur Transzendenz am nächtlichen Fenster wird aktiv. Was dem natürlichen Bewußtsein verborgen blieb, erschließen die künstlichen Träume. Der Weg ist geebnet, die Engel treten in Erscheinung. Aus den weißen Flecken der Landkarte des Unbewußten beginnt eine Gestalt zu leuchten. Zu den zahlreichen Künstlern, die in den sechziger und siebziger Jahren mit der psychedelischen Droge LSD die Topographie der Seelenlandschaft erforschten, gehört Nina Hagen (*1955).

Ihr erster Trip folgt mit dem rasanten Wechsel von Schmerz, Todeserfahrung, Ichaustritt, euphorischer Wende, Audition und Vision bekannten Erlebnismustern nach der Einnahme von LSD. Auf dem Höhepunkt ereignet sich die Begegnung mit dem Engel. Sein Name lautet Michael. Der Engel ist zugleich eine Erscheinung Gottes und eine Sichtbarwerdung des höheren Selbst. In seiner Natur ist die Brücke zwischen Mensch und Gott neu errichtet. Die Begegnung mit

Mit dem „Sturz des Engels" aus der Ewigkeit beginnen Zeit und Geschichte. Ein Anfang ist gesetzt. Marc Chagall hat den Engel Luzifer im feurigen Federkleid mit Symbolen umrahmt: Kreuz und Ewiger Jude, gequälte Kreatur und Flüchtlinge. Doch im Dunkel der gefallenen Welt leuchtet warmes, gelbes Licht. Der Himmel ist nicht verloren. Geige und Thoraträger, Musik und Gottes Offenbarungswort tragen seine Farbe, sind Spuren der Transzendenz.

Der Engelsturz.
Gemälde von Marc Chagall, 1923, 1933, 1946.
Basel, Kunstmuseum.

dem Engel wird als echte religiöse „Einweihung" gewertet und sogar religionsgeschichtlich eingeordnet. Ob Kabbala, Katholizismus, New Age, Jesus Christus oder Krischna: Alles verweise auf diesen Engel.

Die Erfahrungen bei LSD-Sitzungen sind besonders von Stanislav Grof beschrieben und systematisiert worden. Er unterscheidet ästhetische, psychodynamische, perinatale und transpersonale Erfahrungen. Nina Hagens Begegnung mit dem Engel Michael (1975) gehört zur Gruppe der transpersonalen Erfahrungen der Begegnung mit übermenschlichen geistigen Wesenheiten oder Gottheiten. Grof rechnet die Begegnung und Interaktion mit geistigen Wesenheiten als Führern, Lehrern und Beschützern zu den wertvollsten Erfahrungen in LSD-Sitzungen. Die Ich-Identität bleibe dabei erhalten, so daß eine echte Begegnung vorliege. Manchmal blieben die spirituellen Helfer unerkannt; in anderen Fällen würden sie mit Aspekten des höheren Selbst identifiziert oder mit religiösen Lehrern und erleuchteten Wesen wie Ramakrischna, Aurobindo, Gandhi oder Christus. Der Wirklichkeitsgehalt dieser Begegnung wird nicht auf archetypische Muster reduziert. Der menschlichen Seele begegnet eine außerpersonale Wirklichkeit: „Die seltsamen, fremden Welten, die LSD-Testpersonen bei dieser Art von Erfahrungen entdecken und erkunden, scheinen ihre eigene Realität zu besitzen, die jedoch außerhalb des Bereiches unseres Kosmos liegt; sie existieren anscheinend in anderen Dimensionen, in Welten, die neben unserer Welt existieren."

Als der Baseler Chemiker Albert Hofmann im Jahre 1938 die chemische Verbindung Lysergsäurediäthylamid (LSD) synthetisierte, verfolgte er die Absicht, ein Kreislaufstimulans herzustellen. Was er entdeckte und in Selbstversuchen erprobte, brachte die Firma Sandoz, deren Angestellter er war, nie in den Handel. Im Gegensatz zu Tranquilizern legt LSD die Tiefenschichten der Seele frei. Durch Beeinflussung der Aktivität der Nervenschaltstellen (Synapsen) wird die Selbstwahrnehmung geschärft. Vergessene oder verdrängte Erlebnisinhalte treten ins Bewußtsein, die Traumata werden zugänglich. LSD intensiviert die Gefühle. Daß seine Entdeckung durch Timothy Leary („turn on - tune in - drop out!") zur Modedroge der sechziger Jahre werden sollte, hatte Albert Hofmann nicht ahnen können, wohl aber sich „vorgestellt, daß sich außerhalb der Medizin wohl Geisteswissenschaftler, Künstler, Maler und Schriftsteller für LSD interessieren würden, nicht aber große Laiengruppen." Nur Menschen mit einer gefestigten Beziehung zur Realität könnten dem Andrängen von Bildern aus neuen Dimensionen der Wirklichkeit standhalten. Deshalb sei auch die Einnahme durch Jugendliche strikt abzulehnen.

Hofmann hat selbst mit Schriftstellern LSD-Sitzungen gehalten und darüber Erlebnisprotokolle veröffentlicht. Als Christ verspricht er sich von der LSD-Erfahrung eine Überwindung des neuzeitlichen Dualismus, eine echte Erfahrung „unseres Einsseins mit der tiefsten, umfassendsten Wirklichkeit, mit Gott", und eine Intensivierung visionärer Kräfte auf breiter Ebene, wie sie in früheren Zeiten nur den erwählten Mystikern möglich war. Als Naturwissenschaftler sieht er durch das chemische Stimulans die Möglichkeit einer synthetischen Schau von Gott und Welt: „Das diese objektive Wirklichkeit erfassende, sich immer mehr ausweitende gegenständliche Wissen braucht aber nicht zu entheiligen. Im Gegenteil; es stößt, wenn es nur tief genug vordringt, unumgänglich auf den nicht weiter erklärbaren Urgrund der Schöpfung, auf das Wunder, auf das Mysterium – im Mikrokosmos des Atoms, im Makrokosmos der Spiralnebel, im Samenkorn der Pflanze, im Leib und in der Seele des Menschen – auf das Göttliche."

Nach über vierzig Jahren auf seine Entdeckung und deren unvorhergesehene Wirkung Rückschau haltend, steht der Chemiker unter Rechtfertigungsdruck. Seine Droge half, Tiefenschichten der Wirklichkeit zu erschließen; doch war die Intensität der Bilder so stark, daß nur gefestigte Naturen sie aushielten. Nicht jeder konnte der Wahrheit ins Antlitz blicken, zumindest nicht ohne Hilfe und Vermittlung. Das haben Priester schon immer gewußt und die einfachen Gemüter vor zu starker göttlicher Strahlung geschützt. LSD ist die Droge für eine spirituelle Elite. Unter ihrer Leitung könnten die Menschen zu einem mystischen Ganzheitserlebnis geführt werden.

Der LSD-Trip wäre die Krönung einer meditativen Annäherung an das Geheimnis der Gottheit: „In der Möglichkeit, die auf mystisches Erleben einer zugleich höheren und tieferen Wirklichkeit ausgerichtete Meditation von der stofflichen Seite her zu unterstützen, sehe ich die eigentliche Bedeutung von LSD. Eine solche Anwendung entspricht ganz dem Wesen und Wirkungscharakter von LSD als sakraler Droge."

LSD als chemischer Gottesbeweis? Einen Trip geworfen, und schon ist der Engel Michael zur Stelle? Da kommt ein Verdacht auf: Haben vielleicht die visionären Mystikerinnen des Mittelalters in spirituellem Leichtsinn gottesgebärende Kräuter im Klostergarten gezogen? Die von Albert Hofmann anvisierte sakrale Funktion der Droge entspricht wohl eher der modernen Bedürfnislage, jederzeit alles verfügbar zu haben – auch Gott und seine Engel. Daß dies trotz LSD illusionär sein könnte, legt Nina Hagens Bericht nahe. Beim ersten LSD-Trip tauchte der Engel unerwartet auf. Das Erlebnis erwies sich als synthetisch nicht reproduzierbar: „Hab danach wieder LSD geschluckt, aber umsonst ... Ich muß IHN anderswo finden, anderswie."

Schon im christlich-jüdischen Kontext ist der Engel ein Hüter der Schwelle zwischen den Welten. Wenn er im Zusammenhang mit LSD-Erfahrungen an der Grenze des Bewußtseins erscheint, so entspricht dies dem vertrauten Muster seiner Epiphanie. Der Engel der Jugend ist Begleiter der Bewußtseinswandlung der Menschheit. Deshalb tritt er dort in Erscheinung, wo neue Zugänge zu theologischen Bereichen gesucht werden. Das können grobe Tastversuche des Träumers am nächtlichen Fenster sein, deren Erfahrungen sich schon bald als illusionär erweisen werden, oder Vorspiele einer neuen Gestalt Gottes. Die Substanz des Traumes wird sich schnell herausstellen.

Als einem zentralen Verstehensmuster von religiösen Erfahrungen und Ausdrucksformen ist der Psychoanalyse, besonders der Archetypenlehre von Jung, der Rang einer beinahe unfehlbaren Instanz zuerkannt worden, vor deren „nihil obstat" sich jede Rede vom Wesen und Wirken Gottes zu verantworten habe. Jungs Archetypenlehre ist der Versuch, die alte Metaphysik durch eine Metaphysik der Seele zu ersetzen. Nach platonischem Muster soll nirgends Welt sein als innen. Der LSD-Engel ist kein Archeptyp, sondern, wie es seinem Wesen entspricht, Mittler zwischen der alten Transzendenz und der Transzendenz der Seele. Sein Botendienst besteht in der Verknüpfung von Theologie und Psychoanalyse.

Engel und Astronauten

Auch Franz Werfel (1890–1945), der in Prag geborene jüdische Schriftsteller mit katholischer Seele, versuchte den Mittlerdienst des Engels für eine Verknüpfung von Materie und Geist und eine Aufhebung des Gegensatzes zwischen Naturwissenschaft und Glaube in Anspruch zu nehmen. In seinem letzten Roman „Stern der Ungeborenen" vergleicht er „die unsichtbaren Engel" mit den „ebensowenig sichtbaren Elektronen und Protonen" des Atoms. Die äußere Gestalt dieser Engel des Atomzeitalters entspricht nicht mehr der ikonographischen Tradition, nach der Engel sich mit Hilfe von großen Flügeln fortbewegen. Das sei für den modernen Menschen „nichts als eine anatomische Absurdität".

Der Propagandist einer neuen Gestalt des Engels führt keinen theoretischen Diskurs, sondern gibt seiner authentischen Engelerfahrung Ausdruck: „Um an Engel zu glauben – und ich möchte, dankbar für mein Erlebnis, zu diesem Glauben beitragen –, müssen wir uns mögliche Engel vorstellen, das heißt protomaterielle, ultrakörperliche Wesenheiten, die ihre Substanz beliebig verwenden, das heißt verkleiden können, was sie auch aus einer tiefen Neigung für ihre gesunkenen Halbbrüder, die Menschen, dann und wann tun." Die Funktion der Atom-Engel bewegt sich in klassischem theologischen Kontext: Sie sind Boten Gottes, geschaffen, ihm zu dienen und Maria, der Himmelskönigin, zu huldigen.

Werfel kennt gleichfalls gefallene Engel, und er übernimmt die Engelhierarchie des Dionysos Areopagita, um sie spekulativ mit modernen astrophysikalischen Theorien zu verknüpfen. Dabei greift er auf das Buch von James Jeans „Der Weltraum und seine Rätsel" (1937) zurück. Der Autor hatte behauptet, das Weltall sei ein pulsierender Organismus aus reinem Denken, das sich in unterschiedlichen Formen materialisieren könne. Die alte Frage der Scholastik nach dem Raumvolumen der Engelkörper stand neu zur Diskussion: „Albertus Magnus, Bonaventura, Scotus Erigena oder wer immer darüber geschrieben, hatte die Wirklichkeit unterschätzt, wenn er behauptete, es gingen nur dreihunderttausend Engel auf eine Nadelspitze. Es gingen viel mehr auf eine Nadelspitze."

Franz Werfels Konfession ist in den Kontext eines utopischen Romans eingebunden. Seit seinem Erscheinen im Jahre 1945 hat die Symbiose von Angelologie und naturwissenschaftlicher Weltsicht neue Formen angenommen. Wer den Spuren des Engels durch seine technischen Transformationen nachgeht, gelangt zur phantastischen Literatur, dem Science-Fiction-Roman, der Ufologie und in den zeitgenössischen Film, wo extraterrestrische Wesen als Grenzgänger zwischen den Welten leben. Mit scharfem Blick diagnostiziert Ernst Jünger (*1895), der mit Hofmann LSD-Sitzungen gehalten und wie kein zweiter deutschsprachiger Autor ein Sensorium für die Wahrnehmung von Übergängen hat: „Was früher Engel waren und was Engel gaben, wird vermißt."

Engelersatz sind die Besucher aus fernen Welten, mit denen Erich von Däniken ein Millionenpublikum faszinieren konnte. Er versicherte seiner Gemeinde, daß sie nicht von guten Geistern verlassen sei. Denn der Blick in den gestirnten Himmel der fünfziger und sechziger Jahre hatte eine ambivalente Seelenlage erzeugt. Gagarin, grob mechanistisch denkend, konnte Gott auf seinem Himmelsflug nicht entdecken. Rudolf Bultmann veröffentlichte sein Entmythologisierungsprogramm und sorgte für spirituelle Unruhe in den Gemeinden. Dänikens Besucher aus fernen Welten versetzten sie in zusätzliche Aufgeregtheit. Auch die Ufologie versuchte den gerade durch die Raumfahrt erhärteten Verdacht, daß der Mensch ein einsamer Zigeuner am Rande des Universums sei, wieder zu zerstreuen.

Däniken hatte durch mythologisches und archäologisches Material den Besuch außerirdischer Intelligenzen zu beweisen versucht. Diese Außerirdischen handelten wie der biblische Gott. Sie schufen den Menschen nach ihrem Ebenbilde. An den primitiven Hominiden nahmen sie eine gezielte künstliche Mutation mit einem DNS-Material vor, das die Entwicklung der Menschheit nach ihrem Ebenbild sicherte: „Seither entwickeln *wir* uns nach *ihrem* DNS-Muster." Eine Schlußfolgerung ist zweifach möglich: Die Außerirdischen sind menschenähnlich, die Menschen werden in ferner Zukunft sein wie ihre Schöpfer. Däniken hat seine kosmischen Gentechniker mit den Göttern der Schöpfungsmythen identifiziert.

Der Engel aber ist identisch geworden mit seiner Botschaft. Ihr Inhalt wird durch den genetischen Code gespeichert. Eine weitere Offenbarung der Götter ist überflüssig geworden. Alles, was sie dem Menschen für eine Weltzeit zu sagen hatten, trägt er im Informationspool der DNS. Religiöse Dimension erreichen Dänikens Theorien durch die Integration des menschlichen Lebens in einen kosmischen Zusammenhang. Der Mensch ist kein Zufallsprodukt, sondern darf sich als von einer höheren Macht gewolltes Wesen verstehen. Seine Entwicklung ist nicht planlos, sondern kennt ein Ziel. Dänikens Denken ist teleologisch ausgerichtet. Am Ende werden wir sein wie Götter. Auf seinem Weg durch die Zeit ist der Mensch nicht allein, sondern der Engel begleitet ihn.

Der Erfolg von Dänikens Besuchertheorie erklärt sich aus der theologischen Lücke, die sie füllt, und aus ihrer Vernetzung mit naturwissenschaftlichen Hypothesen. Während die moderne Theologie eifrig an der Demontage ihrer Eschatologie arbeitete, stellte Däniken die menschliche Lebenszeit in den kosmischen Horizont göttlicher Weltzeit. Sein Weltbild und seine Sprache bleiben dabei im Kontext naturwissenschaftlichen Denkens. Aus Göttern werden Astronauten, aus Engeln genetische Informationsträger. Zur Attraktivität dieser Ersatzreligion trägt bei, daß sie von niemandem Glauben oder Mitgliedschaft in einer Glaubensgemeinde verlangt. Was sie zu sagen hat, kann sie „beweisen".

Dänikens Verschmelzung von Angelologie, Astrophysik und Gentechnologie hat auch in den Science-Fiction-Roman Einzug gehalten. Hier tummeln sich außerirdische Boten und Grenzgänger zwischen den Galaxien: E.T.s und Aliens. Der Roman „Engelstation" (1992) von Walter Jon Williams beschreibt ein kosmisches Laboratorium, in dem Menschen und Tiere durch genetische Manipulation oder Klonierung hergestellt werden.

Ob auch die „Kommsat-Engel" durch ungeschlechtliche Vermehrung diploider Körperzellen zur Welt gekommen sind, verrät James Graham Ballard (*1930) nicht. Der Verdacht liegt zumindest nahe, vergleicht man die Phänotypen. Die Entdeckung, daß Engel unter uns weilen und friedenstifend wirken, beginnt mit einer Beobachtung auf scheinbar entlegenem Gebiet. James, ein Journalist, ist beauftragt, eine Reportage über ein vierzehnjähriges französisches Wunderkind zu schreiben. Bei der Recherche nach Materialien entdeckt er eine Typik des Phänomens „Wunderkind": Es taucht in regelmäßigem zeitlichen Abstand auf, mit drei Jahren beherrscht das Wunderkind Schach, mit sechs Sanskrit und Infinitesimalrechnung, mit zwölf Einsteins Relativitätstheorie. Als Externer erwirbt es akademische Grade. Mit dem Ende der Pubertät ist es plötzlich aus der Öffentlichkeit verschwunden. Niemand kennt seinen Verbleib.

Der Journalist läßt sich eine Liste aller bekannten Wunderkinder aufstellen. Zwölf Namen kommen zusammen. Keines der Genies hat einen Vater. Der Verdacht, daß die zwölf Jungen alle dem gleichen „eugenischen Cocktail" einer Spermabank entstammen, erhärtet sich.

Dann führt der Zufall zu einer entscheidenden Entdeckung. Auf dem Foto einer Nachrichtenagentur von einem Empfang im Kreml sind Walter Ulbricht, Kossygin, Breschnew, Podgorny zu sehen und diskret im Hintergrund das russische Wunderkind Oblensky. Daß Wunderkinder aus der Öffentlichkeit verschwinden, um aus dem Hintergrund die Schaltzentralen der Weltmächte zu steuern, beweisen weitere Fotographien. Das untergetauchte amerikanische Genie wird neben Präsident Johnson, Außenminister Mc Namara und General Westmoreland entdeckt. Arturo Bandini, ein italienisches Wunderkind, ist Mitglied der päpstlichen Haushaltung. Vom Weltsicherheitsrat, der NASA bis nach Rotchina reicht die weltumspannende Macht der Wunderkinder.

Nichts deutet darauf hin, „daß die Mitglieder der Gruppe anders als segensreich aktiv wurden". Religiös bedeutsam wird der Zwölferkreis aber erst in dem Augenblick, wo die Nachricht von der Erscheinung eines weiteren Wunderkindes in den Medien auftaucht. Es ist „ganz in der Nähe von Bethlehem" zur Welt gekommen. Die zwölf jungen Männer kontrollierten alle zentralen Machtapparate der Welt. „Sogar einen Judas gab es, Giuliano Caldare bei der Cosa Nostra. Jetzt war alles klar. Ich hatte immer angenommen, die zwölf würden für irgendeine mysteriöse Organisation arbeiten, aber dabei *waren* sie die Organisation. Sie warteten auf den Augenblick der Ankunft. Wenn das Kind kam, würde alles richtig vorbereitet sein, vom Kommsat-Relais überwacht, die Leitungen des ‚heißen Drahts' frei, die Armeen der Welt immobilisiert. Diesmal würde nichts schiefgehen."

Die Engel-Genies gehen in Gabriels Spuren: Sie bereiten die Geburt des Gottessohnes vor. Diesmal nur gründlicher und unter voller Ausnutzung irdischer Machtstrukturen. Zeichen und Wunder sind überflüssig. Auch die jungfräuliche Geburt wird von Gentechnikern besorgt. Ballards Engel lassen sich mühelos in die moderne Wirklichkeit einpassen, ohne dabei ihre klassische Botenfunktion zu verlieren. Wie damals in Bethlehem wirken sie zum Heil der Menschen und bereiten den Advent desjenigen vor, in dessen Dienst sie stehen.

„Und eines nicht allzu fernen Tages werden wir am Himmel Zeichen sehen." Mit dieser eschatologischen Naherwartung wird der Leser entlassen. Ob ihn die genialischen Engel zu echter religiöser Ehrfurcht bewegt haben, sei dahingestellt. Ballard bindet sie in kein Glaubenssystem ein. Sein Gedankenspiel veranschaulicht jedoch die Elastizität des biblischen Engels und seine Robustheit, denn in allen Wandlungen bleiben die Konturen seiner Gestalt klar umrissen.

Die adventliche Stimmung über der phantastischen Literatur und den Science-Fiction-Welten hat aus eigenen Reihen Widerspruch erfahren. Herbert W. Franke (*1927) entzaubert mit seiner Erzählung „Besucher vom Himmel" die modernen Eschatologien. Er führt seinen Leser in die Jugendzeit der Menschheit. Otar, ein Jäger, will sich nicht mehr auf den Schamanen und dessen göttliche Vermittlungsdienste verlassen. Er bricht mit der Tradition und sucht auf einem Hügel in sternenklarer Nacht die authentische Begegnung mit dem Göttlichen. Ein Raumschiff, achteckig, mit einer roten und grünen Lichterreihe, kommt und verharrt schwebend über ihm. Greifarme heben Otar ins Cockpit. Die gleißende Helligkeit läßt keine genaue Wahrnehmung zu. Otar richtet Fragen an die Raumschiffer. Man hört ihm zu. Eine Antwort erhält er nicht. Greifarme fassen ihn erneut und heben ihn auf die Kuppe des Hügels hinunter. Nach wenigen Sekunden ist das Raumschiff seinen Augen entschwunden.

Himmlische Boten waren gekommen, doch endete die Begegnung desillusionierend. Sie waren weder gut noch böse gesinnt. „Diese kleine Lebensgemeinschaft hier unten im Wald am Rande des Flusses war ihnen gleichgültig. Und das war die schlimmste aller Möglichkeiten." Franz Kafka hatte seinen Gottesträumer ans abendliche Fenster gesetzt, wo er auf die Ankunft des Engels wartete. Das war zu Beginn des 20. Jahrhunderts. Seitdem hat der Träumer seinen Platz nicht geräumt, sondern die Stellung ausgebaut. Mit Fernrohren, Teleskopen und Funkstationen lauscht er in die Tiefen des Universums. Zwischen Wellen, Strahlungen und Bausteinen der Vererbung sucht er die Botschaft des Engels. Er markiert eine neue Stufe religiöser Erwartung.

Diesem Horchposten am Rande der Unendlichkeit wird es an Spöttern nie fehlen. Niemand kann wissen, ob der Engel mit seiner Botschaft eintrifft, weil keiner die Wege kennt, auf denen er sich dem Träumer nähert. Die Verknüpfung des himmlischen Botenträgers mit Metaphern aus der Gentechnologie, der Atomphysik, der Raumfahrt zeigt, wo mit seinem Erscheinen gerechnet wird. Daß am Ende, wenn er dem Träumer endlich gegenübersteht, sich beide nichts zu sagen haben könnten, ist ein Gedanke, der nur durch die Ankunft des Engels selbst widerlegt werden könnte. Vielleicht übergibt er dem Wartenden eine unlesbare Botschaft, vielleicht gewährt er Einblicke in den Urtext des Universums. Wird dann der Mensch, der vom Kaiser auszog in die Fremde, in sein Vaterhaus zurückkehren?

Der Engel der Jugend begleitet alle Wandlungen zwischen Gottesentfernung und Gottesannäherung. Er ist Begleiter der Übergänge, der Erprobung neuer Erfahrungen, alternativer Suchbewegungen. Er ist unter den Rebellen und Träumern, in den Laboratorien und bei den phantastischen Fahrten. Seine Gegenwart gilt den Vorposten am Horizont der Zeit. Hier wird viel erprobt, geahnt und gesehen, doch geht auch mancher Wurf grob daneben. Nicht jeder Vorgriff und jede Vorahnung können bei genauerem Blick konfirmiert werden.

Von den Engeln der LSD-Sitzungen bis zu den Astronauten-Engeln ist die elementare Suchbewegung zu verfolgen, mit der religiöses Denken den Zwiespalt von Glauben und Wissen, Innen- und Außenwelt, Gott und Seele aufzuheben sucht. Daß überzeugende Lösungen bereits gefunden seien, wird niemand ernstlich behaupten wollen. Die Stoßrichtung zielt jedoch erkennbar auf ganzheitliche Modelle, in denen Geist und Natur eine Einheit bilden. Die religöse Erwartung und der existentielle Ernst, mit dem nach einer Versöhnung der Welten getastet wird, korrespondiert mit der Dramatik des Zusammenbruchs eines Kinderhimmels, wie ihn Marie Luise Kaschnitz und Ilse Aichinger beschrieben haben.

Schon im 19. Jahrhundert, dem Zeitalter der großen naturwissenschaftlichen Triumphe, wagte Kardinal John Henry Newman einen Vorstoß, um Glaube und Naturwissenschaft zu versöhnen. Daß als Mittler zwischen den Welten erneut der Engel erscheint, wundert nicht: „Ich sehe die Engel auch als die eigentliche Ursache der Bewegung, des Lichtes, des Lebens, dieser Grundtatsachen der physischen Welten an." Luft, Licht und Wärme bildeten „nur den Saum des Gewandes, das Rauschen des Kleides jener, die Gott von Angesicht zu Angesicht schauen". Bei der Verknüpfung von traditioneller Kleidermetaphorik mit moderner Strahlungsmetaphorik bleibt der Kardinal jedoch nicht stehen. Nicht auf die Vermittlung einer neuen Engelvorstellung kommt es primär an, sondern auf die Erweckung eines erneuerten Glaubens. Die Engel als Hintergrundstrahlung in der physikalischen Welt sollen den Menschen zur Verehrung des Schöpfergottes anleiten. Die Natur wird zum Erfahrungsort von Gottes Gegenwart. „Wollen wir nicht annehmen, daß diese Naturerscheinungen, welche der Mensch so leidenschaftlich erforscht, das Kleid und das Geschmeide jenes höhern Wesens sind!"

Einhundert Jahre Forschungsarbeit seit Newman haben die ersten Fäden zwischen Angelologie und Atomphysik enger knoten helfen. In dem Agentenroman des Exilrussen Vladimir Volkoff (*1932) „Das Geheimnis der schönen Solange" (1990) erscheinen nicht nur Engel, sondern der Autor erörtert breit die Denkbarkeit angelischer Welten. Die Engel sind für ihn Ausdruck der Komplexität des Lebens, in dem alles mit allem in unermeßlicher und unvorstellbarer Verstrickung vernetzt ist. „Es sind Engel, die dafür sorgen, daß die Atome ihren Platz in den Molekülen nicht verlassen." Was mit der Welt und dem Leben geschieht, wenn die Engel ihren Dienst aufkündigen, läßt sich leicht ahnen. Der ungarische Autor Péter Esterházy (*1950) hat in seinem Roman „Das Buch Hrabals" (1991) eine Verbindung vom Himmelssturz des Erzengels Luzifer zum zweiten Hauptsatz der Thermodynamik gezogen. Er zitiert eine Auffasung, „die den Sturz der Engel als mit der Entropie identisch erklärt."

Tobit – eine Legende vom Erwachsenwerden

Wie der Engel der Geburt in Gabriel sein Urbild hat, der Engel der Kindheit in Leben und Predigt Jesu, so entfaltet auch der Engel der Jugend ein biblisches Grundmuster. Es ist die ins Alte Testament aufgenommene Legende von Tobit (Tobias) und dem Engel Raphael. Der unbekannte Erzähler läßt sie in der frühen Geschichte Israels zur Zeit der Zerstörung des Nordreiches und der Deportation nach Assyrien (722) spielen. Martin Luther ordnete das Buch Tobit den apokryphen Schriften zu, die „der heiligen Schrifft nicht gleich gehalten, und doch nützlich und gut zu lesen sind". In seiner Vorrede betont er den didaktischen Charakter der Tobitlegende, der besonders „der Jugent also mit lust Gottes wort und werck eingebildet" habe. Dem jüdischen Dichter sei „eine feine liebliche, gottselige Comedien" gelungen. Auch das ist gut beobachtet, denn der heilige Ernst der Legende ist mit humoristischen Mustern durchwoben.

Die katholischen Legendensammlungen haben bis ins 20. Jahrhundert die belehrende Ausrichtung der Tobitlegende zur Illustration der Ehemoral benutzt und damit drei Pfeiler der Sexualethik gestützt: die Heiligung des Geschlechtsaktes zwischen Mann und Frau durch Beschränkung auf die Zeugung von Nachkommen, die Verurteilung des vorehelichen Geschlechtsverkehrs und des Ehelebens ohne den sakramentalen Beistand der Kirche. „Wie töricht und sündhaft handeln jene, welche ohne die kirchliche Trauung als vermeintliche Eheleute zu leben wagen!", so die moralisierende „Beherzigung" einer in Köln gedruckten Ausgabe der Legenda Aurea (1902).

Die funktionale Bestimmung des ehelichen Verkehrs für die Zeugung von Kindern entspricht tatsächlich der scharfen Sexualmoral der Tobitlegende. In der Zeit des Exils dient ihr Rigorismus der Bewahrung jüdischer Identität. Nur die Heiden, die von Gott nichts wissen wollen, steigen übereinander, „als wären sie ohne Verstand wie Rosse und Maultiere" (Tobit 6,18). Der Engel Raphael begleitet den Initiationsweg eines jungen Mannes vom Verlassen des Elternhauses bis zur männlichen Reife. Die Sexualität bildet dabei ein notwendiges Leitmotiv. Es wird ergänzt durch die Leitmotive der Reise, der Suche und spirituellen Anfechtung, der Krankheit und Heilung. Begleitet von Raphael wird ein Stück Lebensweg erprobt. Raphael ist Pharmazeut und Arzt, Seelenführer und Heiler. Sein sprechender Name verweist auf Gottes Heilkraft. Daher erinnern noch heute Krankenhäuser in katholischer Trägerschaft an den Engel, wie etwa die Raphaelsklinik in Münster.

Tobit trägt den gleichen Namen wie sein Vater. Dieser ist ein sehr frommer Jude, gesetzestreu und wohltätig. Er stärkt die exilierte jüdische Gemeinde im assyrischen Ninive und warnt sie vor der synkretistischen Auflösung der eigenen Tradition. Dann erleidet er ein Schicksal wie Hiob. Der heiße Kot einer Schwalbe fällt ihm ins Auge, so daß er erblindet. Er wird politisch verfolgt. Wirtschaftlich geht es ihm schlecht. Seine Frau verhöhnt die ungebrochene Gesetzestreue dieses zweiten Hiob, dessen Glaubensstärke von Gott geprüft wird. Der Erzähler stellt neben das Motiv der Glaubensprüfung als Parallelschicksal die Geschichte einer jungen Frau. Siebenmal hatte der Vater der frommen Sara versucht, seine Tochter zu verheiraten, doch wurden sämtliche sieben Männer in der Hochzeitsnacht von dem bösen Geist Aschmodai im Ehebett getötet.

Durch dieses Geflecht von Glaube, Leid, Krankheit, Alter, Tod und Geschlecht führt der Engel Raphael den jungen Tobit, als ihn sein Vater ausschickt, im medischen Rages einen alten Schuldschein einzulösen. Raphael stellt sich als Reisebegleiter ein. Ein junger stattlicher Mann, der nach seiner äußeren Erscheinung nicht als Engel erkannt wird. Er ist von Gott beauftragt worden, Tobit und Sara zu helfen. Daß der alte Tobit – wie später der Schwiegervater – den jungen Mann und seinen himmlischen Begleiter mit dem Reisesegen „Gott sei mit euch auf dem Wege, und sein heiliger Engel geleite euch!" entlassen, gehört zu den humoristischen Elementen dieser Geschichte vom Erwachsenwerden.

Raphael gibt seine angelische Natur nicht preis. Erst nach der Rückkehr aus der Fremde stellt er sich Tobias und seinen Eltern vor. Das läßt Rückschlüsse auf Wesen und Gestalt des Engels zu. Weder durch Flügel, Nimbus oder andere äußerlich wahrnehmbare Charakteristika ist er als Gottes Bote zu erkennen. Selbst der junge Tobias, der Monate mit dem Engel auf der Reise war, weiß nichts von der himmlischen Herkunft Raphaels. Daß der Engel mit ihm gegessen und getrunken hat, beruhte auf einer Tarnungsstrategie, wie Raphael am Ende der Reise gesteht. „Ich genieße eine unsichtbare Speise und einen Trank, den kein Mensch sehen kann" (Tobit 12,19).

Die Offenbarung seiner wahren Natur und seines Auftrages erfüllt die Familie mit großem Schrecken. Daher spricht Raphael die Begrüßungs- und Entwarnungsformel aller Engel: „Fürchtet euch nicht!" Als echter epiphanischer Augenblick führt die Offenbarung des göttlichen Boten zu einer Erschütterung der menschlichen Natur. Das wird durch die gesamte Bibel bis zur Begegnung zwischen Gabriel und Maria bezeugt und hat seinen fernen Nachhall in Rilkes Vers „Ein jeder Engel ist schrecklich". Mit Schrecken und Entzücken wird Gottes Gegenwart wahrgenommen. Der Mensch ist im Kern seines Wesens berührt. Die Erfahrung aber verlangt Ausdruck – nicht im rationalen Diskurs, sondern im Lobgesang, den der alte Tobias anstimmt.

Raphael hatte nicht nur den jungen Tobias aus Todesgefahr gerettet, sondern ihn die Herstellung einer Medizin gegen die Dämonen und die Augenkrankheit des Vaters gelehrt. Aus Herz, Leber und Galle eines Fisches wird sie bereitet. Dank ihrer Hilfe wendet Tobias in seiner Hochzeitsnacht mit der zu Unrecht als Männermörderin beschuldigten Sara die Attacken des satanischen Geistes Aschmodai ab. Aus der Galle des Fisches fertigt er die heilende Salbe gegen die Augenkrankheit. So ist am Ende der Geschichte der alte Tobit wieder sehend. Sein Fall beweist den religiösen Spöttern und Zweiflern, daß

Gott die Frommen zwar durch mancherlei Prüfungen führt, jedoch nicht fallenläßt oder vergißt.

Im großen Lebensweg des Alten spiegelt sich der Initationsweg des Jungen. Wird der eine durch Schmerz und Krankheit im Glauben geprüft, so der andere durch Geschlecht und Todesgefahr. Wie die großen Volkserzählungen Leo Tolstojs ist die Tobitlegende belehrend, aber nicht schulmeisterlich moralisierend geschrieben. Über ihr liegt eine heitere Gelassenheit, die den Ernst der Reise in die Reife und das Erwachsensein nicht verleugnet und den liebevollen Blick aufs Detail nicht vergißt. Zu ihm gehört die zweifache Notiz über den kleinen Hund, der Tobias auf der Reise begleitet und auf der Rückreise selbst „Engel" spielt: „Und der Hund, den sie mitgenommen hatten, lief voraus und kam als Bote, wedelte mit dem Schwanz, sprang hoch und zeigte seine Freude" (Tobit 11,9).

In unvergleichlicher Annäherung sind Wesen und Gestalt des Engels der Jugend vom Autor der Tobitlegende erfaßt worden. Dabei hat besonders seine Erscheinungsform das Engelbild vieler Menschen nachhaltig geprägt. Der Hebräerbrief rechnet mit der Gegenwart von Engeln, die äußerlich nicht von Menschen zu unterscheiden sind. Das gilt auch für Tolstojs Erzählung „Wovon die Menschen leben" und das jüdische Sprichwort: „Einen Engel erkennt man erst, wenn er vorübergegangen ist." Mit der Gestalt des Juden Ismael hat Ingmar Bergmann (*1918) auf den Engel der Jugend zurückgegriffen. Ismael ist ein Engel. Äußerlich kann seine Identität allenfalls den androgynen Gesichtszügen entnommen werden. Unerkannt und von der Welt isoliert, lebt er im Haus eines jüdischen Antiquitätenhändlers. Wie die alten Chassidim kann er die Wirklichkeit durch Gedankenmagie steuern. So befreit er den dreizehnjährigen Alexander von seinem tyrannischen Stiefvater. Bergmanns Film „Fanny und Alexander" (1982) ist eine Pubertätsparabel. Der Knabe wird durch das Labyrinth von Geschlecht, Leid, Einsamkeit, Todeserfahrung und Theodizee geführt. In seiner Seele stoßen Feuer und Eis der Pubertät aufeinander. Der Engel Ismael, selbst eine melancholische Figur, erspart seinem Schützling Alexander die Zeit der Prüfungen nicht, aber er führt ihn durch sie hindurch und ist im entscheidenden Moment der Gefährdung rettend zur Stelle.

Der Film hat ein Vorspiel auf der Theaterbühne. Alexanders Familie führt ein Krippenspiel auf. Mutter und Sohn haben sich dabei als Engel verkleidet. Die Mutter spricht Worte des Engels der Geburt, die als Motto über dem Lebensweg der Menschen stehen und durch den Film eingelöst werden: „Was die Geschicht' uns lehren kann: Der Herr behütet jeden Mann und Frau und Kind auf ihrer Lebensbahn."

Jenseits von Eden und dem Cherub mit dem flammenden Schwert stehend, wird der Mensch ins Leben geführt. Erst mit der Jugend bricht die Frage auf, ob eine Heimkehr möglich ist. Der Engel ist zur Stelle, doch nicht immer gibt er Antworten. Die Jugend ist eine Zeit des Wartens, eine Einübung in Geduld und in die Erkenntnis, daß es in der Zwischenzeit keine endgültigen Klärungen oder Lösungen geben kann. Deshalb trägt der Engel der Jugend auch melancholische und leidende Züge. Walter Benjamin (1892–1940) hat dies mit seinem berühmten „Engel der Geschichte" erspürt.

Daß Benjamin schon im August 1933 auf Ibiza seinem persönlichen Engel Gestalt verlieh, ist weniger bekannt. Sein Name lautet Agesilaus Santander, und er zeigt, daß nur der Umweg durch das Leben wieder zum Cherub führt, der die Tore des Paradieses bewacht. „Der Engel aber ähnelt allem, wovon ich mich habe trennen müssen: den Menschen und zumal den Dingen. In den Dingen, die ich nicht mehr habe, haust er. (...) Er will das Glück: den Widerstreit, in dem die Verzückung des Einmaligen, Neuen, noch Ungelebten mit jener Seligkeit des Nocheinmal, des Wiederhabens, des Gelebten liegt. Darum hat er auf keinem Wege Neues zu hoffen als auf dem der Heimkehr, wenn er einen neuen Menschen mit sich nimmt. So wie ich, kaum daß ich zum ersten Male dich gesehen hatte, mit dir dahin zurückfuhr, woher ich kam."

Rembrandt hat Daniels Engelvision als inneres Erleben dargestellt. Der jugendliche Prophet schaut den weißgewandeten Engel mit den Augen des Herzens. Zugleich neigt er seinen Kopf, um die Botschaft des Engels zu hören. Sie kommt nicht von innen, sondern ist leibhaftig erfahrbare Wirklichkeit.

Die Vision Daniels.
Gemälde von Rembrandt van Rijn, um 1650.
Berlin, Staatliche Museen Preußischer Kulturbesitz,
Gemäldegalerie.

ENGEL DER LIEBE

„Sagt mir doch nicht
Es gäbe keine Engel mehr
Wenn Ihr die Liebe gekannt habt
Ihre rosigen Flügelspitzen
Ihre eherne Strenge."

Marie Luise Kaschnitz

Fenster zur Transzendenz – Treppe zur Hölle

Erklär mir Liebe! Es gibt tausend mal tausend Liebesgedichte, zehntausend mal zehntausend Liebeslieder, hunderttausend mal zehntausend Bilder der Liebe.

Warum reichten Jahrtausende der Beschwörung vom Hohenlied Salomonis bis zu Ingeborg Bachmann nicht aus, ihr Geheimnis zu lüften, die wahre Gestalt der Liebe zu bannen? Warum vermehrten alle Antworten nur ihre Unbegreiflichkeit?

Bedürfte es eines Beweises für die Existenz Gottes, das Empfinden, Denken, Dichten der Liebe erbrächte ihn mühelos. Es umkreist ein unsagbares Geheimnis, den Grund und Urtext der Welt. Er gibt allem Liebessagen seinen heiligen Ernst.

Gott ist die Liebe, und die Liebe ist das Fenster zur Transzendenz. Aus dem Nichts rief Gott eine Welt ins Leben. Entzöge er der Welt seine Liebe für nur einen Wimpernschlag, sie stürzte ins Nichts zurück. Ohne Liebe kann der Mensch nicht leben, ohne Liebe stürbe die Natur. Die Liebe ist Grund und Geheimnis der Schöpfung. Sie ist stark wie der Tod und unwiderstehliche Leidenschaft. Feurig ist ihre Glut und eine Flamme Gottes. Deshalb kann kein Wasser die Liebe auslöschen, kein Strom sie ertränken. Das Feuer der Liebe überwindet den Abgrund der Gottesferne. Es gibt keinen Ort, wo Gottes Liebe nicht hinreicht.

Aus der Liebe lebt die Schöpfung. In jedes Herz ist sie eingesenkt. Das macht die Größe des Menschen aus, aber auch den Grund seiner Gefährdungen. Liebe kann sich mit Eifersucht paaren, in zerstörerischer Leidenschaft wüten, sie kann fehlgeleitet werden, Irrwege gehen. Sie kann sich von ihrem göttlichen Ursprung abkoppeln. Aus dem Fenster zur Transzendenz wird die Treppe zur Hölle.

Wo die Liebe erscheint, da werden auch die Dämonen aktiv. Leben und Wirken Jesu zeigen dies. Die Liebe bedarf der Entwicklung, der Festigung, des Beistandes. Sie ist Grund unseres Seins und Ursache unserer Gefährdungen. Die Engel der Liebe freuen sich der reinen, jungfräulichen Herzlichkeit der Menschenkinder, so dichtet Friedrich Hölderlin dem Volksmund nach.

„So lieb, wie Schwabens Mägdelein
Giebts keine weit und breit.
Die Engel in dem Himmel freu'n
Sich ihrer Herzlichkeit."

Was geschieht aber, wenn sich die Engel im Himmel so sehr der lieben schwäbischen Mägdelein erfreuen, daß sie der Leidenschaft verfallen? Das hat es gegeben in der biblischen Urgeschichte und ist also jederzeit wieder möglich. Die Genesis beginnt mit dem Schöpferwalten Gottes und setzt ihm den dumpfen Kontrabaß menschlicher Selbsterprobung entgegen. So wie Gott die Grenze zwischen Sein und Nichtsein überschreitet, so versucht der Mensch, seine kreatürlichen Grenzen hinter sich zu lassen. Vom Sündenfall, dem Brudermord bis zum Turmbau zu Babel illustriert die Urgeschichte diesen Drang und seine unheilvolle Dynamik. Sünde ist Abkehr von Gott, ist fehlgeleitete Liebe. Nur weil die Liebe in dem Geschöpf Gottes ist, kann es auch sündigen. Ohne Liebe gäbe es keine Sünde. Das zeigt Satans Eifersucht auf die Erschaffung des Menschen. Sie geschah aus einer Kränkung der Liebe.

Dem Szenario urgeschichtlicher Grenzüberschreitungen hat der Jahwist die Erinnerung an sexuell stimulierte „Gottessöhne" (Genesis 6,2) eingefügt. Mit ihrer Leidenschaft durchdringen sie die gerade vollzogene Trennung von göttlicher und menschlicher Lebenswelt. Vom Himmel aus hatten die männlichen Engel auf die Erde geschaut. Dort entdecken sie, „wie schön die Töchter der Menschen waren, und nahmen sich zu Frauen, welche sie wollten". Aus der Verbindung von Engel und Mensch gehen Kinder mit unförmiger Größe hervor. Sie sollen veranschaulichen, daß die Geburt von Monstrositäten die Folge fehlgeleiteter Leidenschaft sein wird. Der kurze Text ist eine Warnung vor den Abgründen des Geschlechtes. Mit den Engelehen wiederholt sich der Sündenfall auf himmlischer Bühne.

Spürt der Jahwist dem Geheimnis des menschlichen Wesens nach, so wagt er sich mit der Attestierung gefährlicher Leidenschaften bei den Engeln in göttliche Bereiche vor: Liebe, Eifersucht, Raserei sind den Engeln nicht fremd. Wenn der katholische Dichter Charles Peguy (1873–1914) behauptet, „was Engel nicht kennen", seien die „Sünden des Fleisches und die Vergebung, die nur dem Fleisch widerfahren", so steht dies in Widerspruch zur Urgeschichte und dem katholischen Petrusbrief, der ausdrücklich betont, daß Gott „selbst die Engel, die gesündigt haben, nicht verschont, sondern hat sie mit Ketten der Finsternis in die Hölle gestoßen und übergeben, damit sie für das Gericht festgehalten werden" (2. Petrusbrief 2,4).

Nicht alle Engel sündigen. Der Jahwist will auch nicht spekulativ in das Wesen der angelischen Natur vordringen. Das werden Kirchenväter und Theosophen in späteren Jahrhunderten auf der Grundlage der biblischen Erinnerungsarbeit machen. Die Begegnung zwischen den Gottessöhnen und Menschentöchtern behauptet gleichfalls nicht, daß alle Engel männlich sind. Worauf die Erzählung zielt, ist eine Sichtbarmachung der Gefährdung der gesamten Schöpfung durch die gewaltige Macht, die ihr Urgrund ist: die Liebe. Sie schließt die Möglichkeit der Sünde ein, und weil der Engel keine göttliche Natur hat, sondern wie der Mensch Geschöpf Gottes ist, wird der Engel der Liebe hier als ein Wesen vorgestellt, das auch den Fallstricken der Liebe erliegen kann. Die hebräischen Propheten werden auf der Grundlage der Liebesmetaphorik auch das Verhältnis von Gott und seinem erwählten Volk, der Braut Israel, ausleuchten und dem göttlichen Bräutigam alle zärtlichen und zornigen Leidenschaften eines Liebhabers attestieren, die Sünde des Ehebruchs jedoch allein der Geliebten zuschreiben.

Die biblischen Anthropomorphismen der Liebessprache zeigen auch, daß sich der Mensch eine Beziehung zu Gott und seinen Engeln nur auf der Grundlage einer gemeinsamen Erfahrungsbasis vorstellen kann. Ein Gott, der Liebe ist, verharrt nicht in stoischer Gelassenheit, wenn seine Geschöpfe die ihnen ins Herz gesenkte Liebe pervertieren. Er ist zornentbrannt, wütend, enttäuscht und wie alle großen Liebenden zur Versöhnung bereit. Gegen die Entsinnlichung des Himmels wehrt sich der jüdische Dichter Leo Perutz (1884–1957) mit seiner der kabbalistischen Tradition verpflichteten Erzählung „Der Engel Asael". Sie spielt im 16. Jahrhundert in Prag und gipfelt in der Belehrung eines Engels, der sich über die menschlichen Leidenschaften erhoben hatte.

Warum, so hatte der Engel vorwurfsvoll gefragt, beschwert der Mensch sein Leben mit der Liebe, die seine Sinne verstört und sein Herz elend macht? Zur Diskussion stand eine gefährliche Leidenschaft zwischen dem Kaiser und der schönen Esther, Frau des Mordechai Meisl. Der Kaiser hatte sich in die jüdische Frau verliebt und begehrte ihre Liebesgunst. Dem hohen Rabbi trug er auf, Esther zu suchen und an den kaiserlichen Hof zu führen. Sollte er sich weigern, werde die ganze Judengemeinde des Landes verwiesen. Der hohe Rabbi verstand sich auf die geheimen Künste der praktischen Kabbala. Am Ufer der Moldau unter der steinernen Brücke pflanzte er einen Rosenstrauch und einen Rosmarin. Über ihnen sprach er Worte des Zaubers. Eine Blüte des Rosenstrauches öffnete sich, und eine Blüte des Rosmarins strebte zu ihr und schmiegte sich an sie. Die erotische Metaphorik deutet an, was Ziel der Beschwörung war. Sie stiftete die sexuelle Verbindung zwischen Esther und dem Kaiser. Jede Nacht träumt der Kaiser, er halte die schöne Jüdin umschlungen, und Nacht für Nacht träumte Esther, sie läge in des Kaisers Armen.

Der Rabbi fordert von dem Engel keine Legitimation des Ehebruches, wohl aber ein Gespür für die „Wege des Menschenherzens", die – wie das Beispiel des Mörders und Ehebrechers David zeige – schon in biblischer Zeit dunkel waren. Deshalb erinnert er ihn an den Urbeginn, da „die Kinder Gottes, als die Zeiten begannen, mit den Töchtern der Menschen in Liebe gewesen", sie an Brunnen und Quellen erwartet und im Schatten der Ölbäume geküßt hatten. Beschämt senkt der hochmütige Engel sein Haupt. Er hatte den Urgrund der Liebe vergessen, der einst auch sein Herz entflammte.

Nun erinnert er sich an Naema, Schwester des Tubalkain, die schön war wie ein Garten im feuchten Morgentau des Frühlings. „Und wie er der Geliebten seiner fernen Jugend gedachte, fielen zwei Tränen aus den Augen des Engels, die waren den Menschentränen gleich." Auf diese Tränen kommt es dem Erzähler an. Sie zeigen, daß dem Engel die Schönheit und Leiblichkeit nicht fremd sind. Nur so kann er Engel der Liebe sein. Auch Wim Wenders führt in seinem Film „Der Himmel über Berlin" den Engel Damiel in die Sphäre der Liebe und des Geschlechtes. Aus der Verbindung von Engel und Mensch waren nach dem Bericht der Genesis die Riesen hervorgegangen, die hochberühmten Helden der Vorzeit. Nach vollzogener Liebesnacht mit dem Engel Damiel erinnert die Künstlerin Marion an das Urbild ihrer Beziehung, wenn sie sagt: „Es gibt keine größere Geschichte als die von uns beiden, von Mann und Frau. Es wird die Geschichte von Riesen sein, unsichtbaren, übertragbaren, eine Geschichte neuer Stammeltern."

Ein Augenblick aus Ewigkeit

Engel gehen in die Schule der Liebe, damit sie selbst Lehrmeister der ars amandi sein können. Sie schweben über den liebenden Paaren auf den Bildern Marc Chagalls, sie stiften wie Raphael eine Ehe. Von der Geburt, über die Kindheit und Jugend ist das Verhältnis von Mensch und Engel durch Liebe geprägt. Dem Engel der Liebe ist die Erziehung der Liebenden anvertraut. Schon der Engel der Geburt hatte eine pädagogische Aufgabe. Am Engel der Kindheit stach der stereoskopische Blick hervor, mit dem er zugleich das Kind und dessen Urbild sieht. Die doppelte Optik verbindet der Engel der Liebe mit der Lehrerrolle. Als Hüter des Sakramentes der Ehe blickt er auf Mann und Frau, das Liebespaar und Gott. In der irdischen Liebe schafft er dadurch ein Abbild des Himmels. Für einen Augenblick aus Ewigkeit bleibt die Zeit stehen, wenn er die Liebenden mit seinen Flügeln zudeckt.

Von den vielen Liebesliedern und -schlagern, die den Engel der Liebe besingen, hat Marius Müller-Westernhagens „Engel" am deutlichsten die Lehrerrolle betont. Im Zentrum seines Liedes stehen Bitten, die in Gebetsform vorgetragen werden.

„Engel, laß die Zeit stillstehen
lehr mich zu verstehn
lehr mich dankbar sein
Engel, laß uns ein Wunder tun
die Welt soll wissen, warum
sich zu lieben lohnt
Engel, das wär schön"

Dieser Engel ist keine Projektion des Unbewußten, keine Umschreibung eines bloß innerlich erlebten Seelenzustandes, sondern er steht als personales Wesen dem Menschen gegenüber. Ein Wunder wird von ihm erwartet. Für einen Augenblick soll er die Zeit aufheben. Seine Aufgabe ist hermeneutischer Art. Er soll Verstehen schenken. Dieses Verstehen ist mehr als eine private Romanze und stille Liebelei. In ihm soll für alle Menschen sichtbar der Sinn der Liebe aufleuchten. Die Engelerfahrung weist also über sich hinaus. Sie hat stellvertretenden Charakter. Die Begegnung mit dem Engel erfolgte nach einer langen Lebensphase des Suchens, der Einsamkeit und des Sinnverlustes. Durch den Engel der Liebe ist sie nun überwunden. Eine neue Glaubensstärke wurde geschenkt: „Du hast mich in Licht getaucht / hast mir gezeigt, daß, / wenn ich glaub' / meine Sehnsucht Sterne schmelzen kann".

Der Sänger kann auf einen längeren Lebensweg zurückblicken. Vielleicht steht er in der Lebensmitte, denn er konnte bereits viele Erfahrungen sammeln. „Meine Seele war vereist / und mein Herz war längst vergreist / alles, was ich dachte war warum." Nicht die schwärmerische Liebe, das flüchtige Abenteuer, sondern der bleibende Grund des Lebens wird in der Liebesschule des Engels gesucht. In ihr soll das Wunder der Liebe aufscheinen und der Welt ein Zeichen geben, „warum sich zu lieben lohnt". Der Engel wird um ein weltweites Erkennen und Verstehen der Liebe gebeten.

Die Sprache von Marius Müller-Westernhagen ist eindeutig religiösen Ursprungs und macht mit dem nunc stans der Scholastik, dem Wunder und der hermeneutischen Funktion des Engels Anleihen bei der biblisch-christlichen Tradition. Das gilt besonders für die Bitte „lehr mich dankbar sein". Sie ist Ausdruck der Demut. Innerhalb der Gott-Mensch-Beziehung markieren Dankbarkeit und Schöpferlob den Moment der Entdeckung des Lebensgrundes. Die Dankbarkeit folgt der Erkenntnis, daß sich das eigene Leben der Liebe verdankt. Auch die späte Wahrnehmung der Gegenwart des Engels entspricht einem vertrauten Erscheinungsmuster, wie etwa der Engel Raphael zeigt.

Dennoch: Das Gebet richtet sich wohl kaum an einen christlichen Engel, denn „die Götter" und nicht der Gott haben ihn gesandt. Seine Fähigkeiten sind außergewöhnlich, aber nicht übermenschlich. Vielleicht ist dieser Engel eine Frau, und der Autor beschreibt eine höchst irdische Begegnung. Vielleicht gilt die Dankbarkeit dem bewußten Erleben der Berufung zum Sänger, dem Inspirationen geschenkt werden, damit er seinem Millionenpublikum mehr geben kann als lediglich seichte Unterhaltung. Auf der Grundlage des Textes ist das nicht zu klären.

Das Beziehungsmuster der Sprache will sich bewußt eindeutiger Zuordnungen entziehen, denn ob echter himmlischer Bote oder irdische Geliebte – in der Liebeserfahrung wird eins im anderen gespiegelt. Die Liebe zwischen Mann und Frau weist über sich hinaus, wird zum Fenster der Transzendenz, durch das der Himmel leuchtet. Sie ist weltlich und entweltlicht zugleich die Liebenden. Darin besteht das Wunder der Liebe, das gnadenhaft zufällt. Ihm will der Sänger in Dankbarkeit begegnen.

Wenn das Geschenk der reifen Liebe hier mit klassischen Engelattributen ins Wort gebannt wird, dann zeigt dies erneut, daß der Engel das Wesen des Menschen und seine elementaren Erfahrungen zur Sprache bringen hilft. Darum brauchen der Sänger und sein Lied nicht christlich vereinnahmt zu werden. Man wird auch nicht – wie liberale Theologen zu Beginn unseres Jahrhunderts – das dichterische Sagen zur Predigtgrundlage wählen. Dergleichen Übergriffe bezeugen nur, daß der Prediger von seiner eigenen Sache nichts versteht. Mit entschiedenem Mut sollte aber die biblische Engelrede zur Sprache gebracht werden, weil sich von ihr ausgehend Traditionslinien bis in die Gegenwart ziehen, die unmittelbar verstanden werden.

Wie der Engel der Kindheit, so erzeugt auch der Engel der Liebe spontane Klarheit. Das ist begründet durch die Erfahrungsgrundlage, auf deren Hintergrund und in deren Zusammenhang der Engel erscheint. Das Kind bedarf des Schutzes und der Führung. Keiner wird das bestreiten. Gegen die Notwendigkeit von Liebe und Urvertrauen als Grund des Lebens wird niemand Widerrede führen wollen. Beiden elementaren Erfahrungen ist gemein, daß sie im Kern dialogisch und kontingent sind. Schutz bedarf des Schützenden, Liebe des Geliebten oder der Geliebten.

Weder die Liebe noch die schützende Zuwendung können erzwungen werden. Sie fallen einem zu oder werden dem Menschen versagt. So blitzt in jeder Liebeserfahrung der Schimmer einer nicht verfügbaren Wirklichkeit auf, in jeder Liebesverweigerung dagegen der absolute Sinnverlust. Deshalb gehört zur Liebe die Dankbarkeit.

Großartig in der unspektakulären Darstellungsweise hat Uschi Neuhauser einen Wimpernschlag der Ewigkeit beschrieben: die Begegnung mit ihrem Engel der Liebe. Ihre Erfahrung enthält ein Bekenntnis zur Transzendenz des Alltags. Der Umgang mit religiöser Tradition ist von heiterem Unernst, doch gerade darin authentisch. Er dient der spielerischen Sagbarmachung des im Kern unsagbaren Liebeserlebnisses in der Hamburger U-Bahn. „Ich habe ihn gesehen. Ich weiß es ganz genau, es war in der Hamburger U-Bahn, da saß er mir gegenüber. Männlich. Und ohne Flügel. Das weitere ist schon schwerer zu beschreiben. Aber ich erinnere mich, daß alles stimmte. Die Gesichtszüge, die Gestalt, die Haltung, Größe, Kleidung. In seiner Nähe fühlte ich mich gut. Wohltemperiert. Entspannt. Totale Harmonie. Seine Augen strahlten derart, daß sie eigenartig farblos waren. Ich fixierte ihn, ohne verlegen zu werden. Nichts beunruhigte mich an ihm, störte mich. Ich war weder steif vor Schreck noch angeturnt. Ich befand mich in völliger Balance. Wir schwiegen sanft. ‚Landungsbrücken' stieg er aus. Er hat nichts getan, was man von Engeln sonst erwarten darf: Er hat mich nicht gerettet. Er hat mich auch nicht auf den rechten Pfad geführt. Er hat meine dringendsten Probleme nicht gelöst. Ein fauler Hund. Für einen Flügelschlag lang bescherte er nichts als ein himmlisches Gefühl."

Das dritte Auge: Sinne und Seele

Wie die Liebe, so geht auch der Engel niemals in den Besitz eines Menschen über. In Gedichten wird beider Gegenwart beschworen. Die lyrische Sprache ist besonders geeignet, der Epiphanie des Engels der Liebe Ausdruck zu geben. Ist es ein Zufall, daß die Engel der Liebe beinahe ausschließlich in der Lyrik von Frauen zu finden sind? Rose Ausländer, Nelly Sachs, Marie Luise Kaschnitz, Else Lasker-Schüler – die meisten von ihnen sind der jüdischen Tradition verpflichtet – umkreisen mit ihrem lyrischen Werk die Gestalt des Engels.

Der Engel kennzeichnet dabei die Stelle, wo im Leben der Lebensgrund spürbar wird. Schließt diese Erfahrung wieder den Himmel auf? Ist die Liebe ein Zeichen Gottes, oder gewinnt mit ihr die Kindheit neue Gestalt? „War sie der große Engel, / Der neben mir ging?" fragt sich Else Lasker-Schüler (1869–1945) in einem Gedicht über ihre Mutter. Ist jede reife Erfahrung von Liebe und Geborgenheit eine Wiederholung des Urvertrauens, das zu Anfang war? Am Anfang stand der Engel der Geburt und flüsterte der zur Welt kommenden Seele Paradiesesworte ins Ohr. Ihn fordert Rose Ausländer zu neuem Liebesdienst auf.

„Komm Engel
treib uns
ins Paradies

Dort sind wir
zwei winzig
kleine Blumen"

In der Liebe wird für einen Augenblick Heimat erfahrbar, Luft aus Kindheitstagen und noch weiter her aus dem Garten Eden weht herüber. Eins spiegelt sich wider im anderen: die Kindheit und das Paradies, die gütigen Augen der Mutter und das Antlitz Gottes, das Wiegenlied und die Melodien, die Gott summte, als er in der Abendkühle durch den Garten Eden wandelte. Bilder der Einheit, Spuren der Transzendenz: Die Liebe lehrt ein neues Sehen, das Welten verbindet – männliche und weibliche, menschliche und göttliche, Erwachsensein und Kindheit.

In der Liebe kehrt die Kindheit wieder. Mann und Frau sind wieder nackt und schämen sich nicht. Marie Luise Kaschnitz hatte das Ende des Kinderhimmels beklagt. Seine Transzendenz war räumlich gedacht und mußte den astronomischen Ausführungen des Mathematiklehrers weichen. In der Liebe erhält er einen neuen Erfahrungsraum. Die Liebenden sind wieder naiv wie die Kinder, deshalb schauen sie, was vielen zwischen Kindheit und Erwachsensein verlorenging. Marie Luise Kaschnitz hat die Liebe als Beweis für die Existenz von Engeln gewertet.

„Sagt mir doch nicht
Es gäbe keine Engel mehr
Wenn Ihr die Liebe gekannt habt
Ihre rosigen Flügelspitzen
Ihre eherne Strenge."

Das ist ungeduldig in traurigem Zorn gesprochen gegenüber Menschen, die sich der spirituellen Dimension der Liebe verschließen. Für sie ist die Liebe ausschließlich irdisch und sinnlich. Nicht weniger, aber auch nicht mehr. Die Liebe, so sagen sie, ist Liebe, eine Rose eine Rose, eine Frau eine Frau – und sind's zufrieden. Engel haben sie mit der Kindheit abgelegt und sind stolz auf ihren Realismus, den sie als Zeichen des Erwachsenseins werten. Ihr Blick auf die Wirlichkeit ist reduziert. Der Liebe lauschen sie kein Geheimnis ab und sehen nicht die Gestalt des Engels, seine rosigen Flügelspitzen und die eherne Strenge seiner Augen. Kann man sie dafür verantwortlich machen? Darf die Kunst, hinter den Schleier der Liebe zu schauen, von jedem eingefordert werden?

Es ist weder gleichgültig noch reine Privatsache, wie der Mensch mit seinen Erfahrungen umgeht. Er kann sich auch nicht auf seine Natur oder sein Gewordensein berufen. Der stereoskopische Blick, der das Haus der sinnlichen Welt durchdringt und die hinteren Zimmer aufschließt, wird von ihm eingefordert. Die Dichterin, erfahren in himmlischen und irdischen Liebesdingen, gibt ihm eine lyrische Sehschule. Jeder Mensch hat nicht nur die zwei Augen der sinnlichen Wahrnehmung, sondern ein drittes Auge, mit dem seine Seele sieht. Für Kinder ist der Gebrauch des dritten Auges selbstverständlich. Sie schauen genau auf die Welt und gleichzeitig durch sie hindurch. Die Wirklichkeit ist für sie zugleich Ort der Epiphanie.

Um den Gebrauch beider Augen wirbt die Dichterin. Die Dinge sollen genau wahrgenommen werden und zugleich die in den Dingen liegenden Spuren der Transzendenz. Die Liebe ist Liebe und zugleich ein Gotteshauch. Das dritte Auge ist in der Kindheit geöffnet. Es ist der Engelblick des Kindes. In der Jugendzeit mit ihren Turbulenzen und Wandlungen schließt es sich in vielen Seelen und bleibt ein Leben lang geschlossen. Die Liebe aber will mit jedem Kuß auf die Augenlider auch die Augen der Seele wieder öffnen, so daß Sinne und Seele die ganze Wirklichkeit erfahren.

Wenn Abraham und Sara oder ein anderes Liebespaar aus biblischer Zeit miteinander schlafen, dann heißt es, sie erkannten sich. Die Liebe führt zur Erkenntnis und schließt die Augen der Seele auf. Das geschieht selten mit einem Male, sondern bedarf wie alles Sehen und Erkennen der Übung. Auch die Wahrnehmung durch das dritte Auge muß geübt werden. Das dritte Auge ist das Auge des Glaubens, und während die Lippen des Geliebten die Wimpern der Geliebten berühren, küßt der Engel der Liebe die Augenlider der Seele, damit sich einer im anderen erkenne: Mann und Frau, Sinne und Seele. Das

Sehen mit den Augen der Seele muß geübt werden, damit der Mensch die ganze Wirklichkeit wahrnimmt. Nicht sehen zu können mit sämtlichen Augen bedeutet eine Verkümmerung des Menschseins, eine Reduktion der Wirklichkeit auf die Immanenz. Daher rührt der vorwurfsvolle Ton, mit dem Nelly Sachs (1891–1970) den Nichtgebrauch des dritten Auges beklagt.

„Ihr Ungeübten, die in den Nächten
nichts lernen.
Viele Engel sind euch gegeben
Aber ihr seht sie nicht."

Das dritte Auge schaut durch die Dunkelheit der Nacht in die Hintergrundstrahlung der Liebe, die aus der Tiefe des Universums leuchtet. Es blickt auch durch die Nacht der Bosheit hindurch und erkennt die enttäuschte Liebe, die sich in den Haß geflüchtet hat. Der Teufel konnte Gottes Liebe zu den Menschen nicht teilen. Aus Eifersucht wurde er voller Bosheit und stellte dem Menschen nach. So erinnern es jüdische Sagen. Ob der Satan auf Ewigkeit verdammt und verloren sein wird, darüber haben viele Theologengenerationen nachgedacht. Die Dichterin spekuliert sich nicht in die Möglichkeit einer Allversöhnung hinein. Dem gefallenen Engel entzieht sie jedoch nicht ihre Liebe.

„Erzengel Luzifer
ich will deinen
Ungehorsam liebkosen
die gefallenen Flügel
mit meinen gebrochenen
umarmen
dich trösten mit meinem
verwundeten Wort."

Daß der Teufel mehr als jeder andere der Tröstung bedürftig sein könnte, wird durch die Verse von Rose Ausländer nahegelegt. Sie zeigen auch, daß die Liebe die gefallene Liebe nicht aufgibt. Das will auch als Bekenntnis einer jüdischen Dichterin auf dem Hintergrund der Unheilsgeschichte des zwanzigsten Jahrhunderts gelesen sein. Die Liebeserfahrung ändert nicht nur den Blick auf die Wirklichkeit, sondern sie hat Einfluß auf den Umgang mit der Schöpfung.

Engel der Schöpfung

Das dritte Auge sieht Natur und Städte unter dem Blickwinkel der Liebe. Die Welt ist nicht einfach Welt, sondern Umwelt und Schöpfung. In ihren lebendigen Organismus wurde der Mensch eingebunden, ihn hat er zu bebauen und zu bewahren in Verantwortung vor dem Geber aller Gaben. Das Symbol des blauen Umweltengels fordert ein organisches Denken. Dieses begegnet der Natur in Liebe und ökologischer Verantwortung. Lange bevor ein ökologisches Bewußtsein auf breiter Basis sich auszubilden begann, hat der Engel der Liebe die Welt als Umwelt wahrnehmen gelehrt. Das gilt für die Engel des Vaterlandes (Hölderlin) wie für die Engel der Natur (Newman). Sie sind ohne die jüdische Tradition undenkbar.

Wie das griechische „angelos" deutet die hebräische Engelbezeichnung „mal'ak" (Plural „mal'akim") auf den Botendienst der Engel hin. Sie vergegenwärtigen Gott überall in der Schöpfung. Mit dem berühmten Lied „Schalom alejchem" begrüßt der Hausherr die Engel, die ihn nach talmudischer Sage von der Synagoge nach Hause geleitet haben: „Friede mit Euch, Engel des Friedens, Eure Einkehr sei zum Frieden, segnet mich zum Frieden." Friedrich Hölderlin dürfte diese

Sabbatpoesie, die vor allen Dingen in Gemeinden mit chassidischer Tradition verbreitet wurde, kaum gekannt haben, als er in seinem Gedicht „Heimkunft" die Engel des Hauses anrief.

„Engel des Haußes, kommt! in die Adern alle des Lebens,
Alle freuend zugleich, theile das Himmlische sich!
Adle! verjünge! damit nichts Menschlichgutes, damit nicht
Eine Stunde des Tages ohne die Frohen und auch
Solche Freude, wie jezt, wenn Liebende wieder sich finden,
Wie es gehört für sie, schiklich geheiliget sei."

Rabbiner und Kirchenväter haben die Existenz von Engeln der Schöpfung gelehrt. Diese stehen im Dienste Gottes und sind Ausdruck seiner liebenden Sorge für Natur und Mensch. Deshalb tragen sie auch den Namen „Dienstengel" („mal'ake haschschareth") oder „Engel des Friedens". Es gibt in der rabbinischen Literatur Engel des Windes, Engel des Erdbebens, Engel über die Finsternis und den Regen, Engel des Hagels, Engel des Feuers, Engel der Jahreszeiten, Engel der Empfängnis und der Geburt, Engel der Städte und Engel der Völker. Wenn Gott den Namen dieser Naturengel verändert, bekommen sie eine neue Aufgabe.

Bis zu Thomas von Aquin lehren die Kirchenväter den Dienst der Engel an der Schöpfung. Sie sind über die Himmelskörper gesetzt, sorgen für die Erde und die Erdatmosphäre. Es gibt Engel der Luft, des Taus und Gewitters, Engel der Meere, Engel der Tiere. Sie sind gesetzt über Pflanzen und Flüsse. Diese Engel der Schöpfung sind von den Theologen weitgehend verdrängt oder vergessen worden. Die Dichter aber erinnern sich ihrer. Jorge Luis Borges und Else Lasker-Schüler kennen die Engel der Städte, Hölderlin ruft auch die Engel des Jahres und die Engel des Vaterlandes an.

Ein nach spiritueller Orientierung suchendes ökologisches Bewußtsein hat – an den Kirchen vorbei – die uralte Lehre von den En-

Dem Engel der Liebe ist die Erziehung der Liebenden anvertraut. Als Hüter des Sakraments der Ehe blickt er auf Mann und Frau, das Liebespaar und Gott. In der irdischen Liebe schafft er ein Abbild des Himmels. Für einen Augenblick aus Ewigkeit bleibt die Zeit der Liebenden stehen, wenn er sie mit seinen Flügeln umhüllt.

Marc Chagall, Meiner Frau, 1933, 1944 (hier Ausschnitt). Öl auf Leinwand. Paris, Musée National d'Art Moderne.

geln der Schöpfung wiederentdeckt. Dora von Gelder, White Eagle und Flower A. Newhouse greifen dabei jüdische, christliche und naturmagische Traditionen auf. Die Verknüpfung von Angelologie und Ökologie will eine neue Sicht der Schöpfung lehren und zu verantwortungsvollem Umgang mit ihr erziehen. Besonders Flower A. Newhouse fordert eine Schulung des dritten Auges, um die Spuren Gottes in der Natur wahrnehmen zu können: „Mit geöffneten inneren Augen würden wir erschauen, daß Wälder und Berge, obwohl sie einsam und unbewohnt erscheinen, von großen, anmutigen Wesen bewacht werden, die die ganze Landschaft behüten. Für alle Zeiten bedeutete die Erkenntnis der inneren Wirklichkeit des Engelsreiches und das Wissen um die sich überall vollziehende Verehrung Gottes eine große Gnade."

Der Gebrauch des dritten Auges dient nicht dem Erwerb eines geheimen Wissens oder der systematischen Analyse des Engelreiches. Diese führen nur auf esoterischen Seitenpfaden zu elitärem Bewußtsein, das niemandem nützt. Schon einige Kirchenväter sind die Irrwege der Spekulation gegangen. Das dritte Auge soll Mensch und Schöpfung in ein neues, liebendes und von Verantwortung geprägtes Verhältnis setzen. Es kommt nicht auf den Erwerb von neuen Kenntnissen über die Natur an, sondern auf die Entwicklung einer neuen Beziehung in Liebe und Ehrfurcht vor dem Schöpfer. Sie wird wie alle Weltzuwendung geübt in der Schule des Engels der Liebe, damit die Natur am Ende auch zum Ort der Epiphanie werden kann.

Panerotismus

Die Engel der Natur können den Menschen liebende Demut lehren und ihnen zeigen, daß sie nicht Krone der Schöpfung sind. Durch sie wird alles mit allem verbunden. Diese Verknüpfung der Lebenswelten läßt sich leicht zu einem Panerotismus parodistisch steigern, wie es Jürg Federspiel (*1931) in seinem Roman „Geographie der Lust" (1989) getan hat. Hier findet eine drastische Umkehrung des Verhältnisses von Mensch und Engel statt.

Federspiel läßt Hunderte von Engeln durch seinen imaginierten Kosmos geistern: Engel des Mondes, Engel der Zeit und viele mit exotisch klingenden Namen wie Yahriel, Ichadiel, Elimiel, Tsaphiel, Zechariel, Iaqwiel, Salius, Shekinah, Sandalphon – das ganze Dictionary of Angels von Gustav Davidson, das auch der Ungar Péter Esterházy (*1950) in seinem Roman „Das Buch Hrabals" zum Klingen bringt. Besonders der Engel Shekinah blickt eifersüchtig auf ein Dreiecksverhältnis, das im Zentrum des Buches steht.

Signore Antonio Robusti, in Leidenschaft der schönen Laura Granati verfallen, beauftragt den Meister und Magier Omai O'Hara, ein Abbild des Weltglobus' auf ihre Pobacken zu tätowieren. In langen Sitzungen sticht O'Hara mit exakter Linienführung die Umrisse der Länder und Kontinente in Lauras zartes Fleisch. Am Ende steht das Meisterwerk als Ausdruck einer absurden Hybris. Erdball und die beiden Rundungen sind zu einem Objekt der Begierde verschmolzen. Laura wird vor Freude weinen, als sie das vollendete Werk im Spiegel betrachtet.

Neidvoll blickt der weibliche Engel Shekinah auf sie und stellt sich in kosmischer Steigerung des Panerotismus' vor, „wie zum Beispiel die Milchstraße ihren Körper schmücken würde: lauter Sterne in anthrazitfarbigem Dunkel mit Blautönen, die zu ihren wunderbar blauen Augen passen würden". Eine Erinnerung an Luzifers Schicksal vertreibt jedoch diese geheimen Liebeslüste der Engelin. Federspiels Engelkomödie spielt mit rabbinischer und arabischer Tradition. Sie hat keine religiöse Dimension und will der Liebe keine Transzendenz abgewinnen. Sein Credo hat der Autor klar formuliert: „Wir werden zwar nie erfahren, ob es einen Himmel gibt – glauben aber dürfen wir: Es gibt Engel."

Wenn Theologen Schwierigkeiten im Umgang mit Gottes Heerscharen der himmlischen Liebe haben, dann meistens aus der Befürchtung, die Jürg Federspiel breit in Szene gesetzt hat. Der heilige Ernst der Engel könne auf ein ästhetisches Spiel reduziert werden. Diese Engel sind keine Boten Gottes. Man kann sich ihnen gegenüber nicht religiös verhalten. Das zeigt besonders der Auftritt des Engels der Liebe. Sein Name lautet Sandalphon. Nach jüdischer Lehre ist er zugegen, wenn ein Kind gezeugt wird. Bei Federspiel bestimmt er das Geschlecht, indem er eine Münze in die Luft wirft und sie gähnend auf den Handrücken fallen läßt. Die grundlegenden Fragen des Menschen nach seiner Herkunft, seiner Erwählung und Bestimmung werden hier mit der gelassenen Routine eines Pokerface erledigt. Mit dem Botendienst der Engel ist auch die göttliche Vorherbestimmung und Vorsorge aufgegeben worden. Was allein bleibt, ist die Transzendenz der Lust, die offenbar Mensch und Engel teilen.

Schwule Engel

Auch der Dramatiker, Romancier, Orgelbauer, Hormonforscher und Ordensgründer Hans Henny Jahnn (1894–1959) löst den Engel der Liebe aus dem göttlichen Kontext. Engel sind für ihn höchst real. Sie bestimmen das menschliche Schicksal. Federspiels Ästhetizismus hätte Jahnn widersprochen. Gleichzeitig lehnt er die christlich-jüdische Rede von dem Engel der Liebe ab. Der Grund liegt auf der Hand, denn Jahnns Engel sind wie der Dichter selbst schwul. „Alle Engel sind männlich (...). Engel und Dämonen haben Schwänze. Darum kennen sie das Reich des Eros und der Kunst. (...) Engel sind nichts Moralisches. Sie sind männlich und damit an der Grenze des Anrüchigen."

Über das Geschlecht der Engel haben Kirchenväter gestritten und unterschiedliche Lösungen gefunden. Homosexuelle Engel wurden nicht ausgemacht. Daß Teufel und Dämonen geschlechtlich aktiv sind, galt dagegen als unangefochtene katholische Position. Wie wäre auch sonst der Engelsturz zu erklären gewesen? Jahnn löst auch die enge Verknüpfung von Engel und Ethik auf. Der Engel ist kein Erzieher. Er lehrt nicht und leitet nicht auf den rechten Pfad der Tugend. Der Umkehrschluß, Jahnn habe aus der Gestalt des Engels der Liebe eine religiöse Legitimation seiner eigenen sexuellen Veranlagung gemacht, wäre jedoch falsch. Jahnns Engel sind keine göttlichen Boten, weil Gott im Kosmos des Dichters ein Ungeheuer an Ungerührtheit ist. Die Existenz von Gott und Engeln wird konsequent getrennt. „Von einem gewissen Augenblick an wußte ich, daß alles menschliche Bemühen darauf beschränkt bleibt, die schwarzen und weißen Engel zu suchen und sogar zu finden, vor etwas niederzuknien, was real männlich, jung und schön ist – ein heidnischer Abglanz einer gottbevölkerten Idee. IHN kann es nicht geben, gibt es nicht, nicht für uns und nicht um SEINER SELBST willen."

Jahnns homoerotische Engel sind eine Art metaphysischer Doppelgänger des Menschen. Sie erziehen nicht den Menschen, bestimmen aber sein Schicksal. Jahnn glaubte an die schicksalhafte Vorherbestimmung von Geschlecht und Charakter. Die Prädestinationslehre, nach der Gott das Schicksal des Menschen und seines Lebensweges seit Urzeiten vorherbestimmt hat, gehört zum Grundbestand der Antworten, die Theologen gefunden haben, wenn sie über Gottes Beziehung zu seinem Geschöpf nachdachten. Die Engel waren im Rahmen dieser Lehre Ausdruck von Gottes Eingriffen in den Ablauf der Welt und in das Schicksal des einzelnen Menschen. Jahnns Lebensgefühl wird durch den Glauben an die Vorherbestimmung geprägt. Alles ist so, wie es sein muß. „Mein Leben ist ohne Zuversicht auf Gott." In Jahnns monumentalem Roman „Fluß ohne Ufer" wird die homoerotische Liebe zwischen dem Jüngling Nikolaj und Alfred Tutein durch eine Begegnung ihrer Engel vorweggenommen. Ohne sich und ihre gemeinsame Vorgeschichte zu kennen – Tutein ist die Wiederverkörperung des Freundes, mit dem Nikolajs Vater für Jahre zusammengelebt hatte –, sitzen beide im Salon eines nordschwedischen Hotels. Sie sind die einzigen Gäste. Nikolaj war am Ziel seiner Lebensreise, aber er wußte es noch nicht. Sein Schicksal entscheidet sich in dem Augenblick, als zwei männliche Gestalten mitten im Salon behutsam aufeinander zuschreiten. Es sind die Engel der beiden Männer. Ein heller und ein dunkler Engel. Der dunkle Engel, ein Dämon, mustert den anderen: die mädchenhaft niedergeschlagenen Augenlider, den kräftigen jünglinghaften Mund und die bebenden Nasenflügel. „Auch der Engel betrachtete verstohlen den dunkleren feurigen Kameraden und war überrascht, wie jung er war, wie wohlgewachsen, mit einer hohen Stirn voller Gedanken. Er hätte ihn für seinesgleichen, für ununterschieden von sich selbst gehalten, wenn jener nicht, das sah er erst, als der andere sich abwandte, einen winzigen Schwanz wie den eines Hasen, gleich einer Blume aus Fell, besessen hätte. Der Engel fand, daß dies Zeichen der Abgründigkeit dem Dämon zur Zierde gereichte, seine Würde und Kraft mit einer unnennbaren Verheißung betonte. Beide beschlossen, jeder für sich, Freunde zu werden." Die beiden Hotelgäste können ihre Engel nicht sehen, werden aber die Folgen der Engelfreundschaft bald am eigenen Leib spüren.

In Jahnns Romanfragment „Jeden ereilt es" entdecken die Freunde Gari und Mathias ihre Engel, die nackt vor ihnen auf der Straße schreiten. „Als sie nahe herangekommen waren, sagte Mathias: ‚Gari, es sind die Engel. Ich erkenne Dich in dem einen.' ‚Ja', antwortete Gari, ‚Du hast Recht; ich erkenne Dich in dem anderen.' Die vor ihnen Schreitenden schienen das Herannahen der Freunde überhaupt nicht zu bemerken. Als sie einander sozusagen auf den Fersen waren, beschlossen sie, ihre unnahbaren Lebensgefährten von einst von hinten zu berühren. Sie streckten die Arme aus, senkten sie auf die Schultern der Engel. Aber im gleichen Augenblick waren diese verschwunden. Man hätte auch sagen können, Gari und Mathias waren verschwunden, denn auf der Straße schritten jetzt Arm in Arm Gari und Mathias, doch nackt wie vorher die Engel."

Jahnns Angelologie nimmt Gedanken des schwedischen Geistersehers Emanuel Swedenborg auf. Dieser hatte den Engeln einen Körper zuerkannt, allerdings zwischen männlichen und weiblichen Engeln unterschieden. Ausgehend vom „Fluß ohne Ufer" zieht sich das Engelmotiv durch Jahnns Spätwerk, etwa die Dramen „Spur des Dunklen Engels" und „Thomas Chatterton". Jahnn lehnte den Dualismus von Geist und Körper ab und rechnete zur körperlichen Substanz der Engel hauchdünne, seidenpapierartige Gliedmaßen, denn Engel „lieben die süße Vereinigung, Fleisch an Fleisch – und sei das ihre dünner als der Mondschein. (...) Wenn wir sie sähen, wir würden uns ihnen hingeben und nicht klagen, daß so viel Übles mit uns geschieht. Da wir blind sind, verfehlen wir die Freude."

Schon vor Hans Henny Jahnn hatte Stefan George (1868–1933) die männliche Schönheit des Engels der Liebe besungen. In dem Gedichtezyklus „Teppich des Lebens" bildet seine nackte Gestalt das Grundmuster. Das Frontispiz zeigt einen Engel, die Widmung nennt den

Namen des Knaben, der als „nackter engel" George aus einer schöpferischen Krise geführt hatte: Melchior Lechter. Er wird als Liebesbote der Kunst besungen. Lächelnd bezeugt der Engel seinen Auftraggeber: „Das schöne leben sendet mich an dich / Als boten". Wie Jaakob am Jabbok ergreift der Dichter seinen Engel und wiederholt die berühmten Worte, mit denen der Stammvater Israels den Segen des Engels einforderte: „Ich lasse dich nicht, du segnetest mich denn." Georges Engel der Liebe ist Bote einer ästhetischen Religiosität und ihres Schönheitskultes. Die schöne Gestalt schließt das dritte Auge auf und erzeugt einen epiphanischen Blick hinter den Schleier der Wirklichkeit.

Engelleben der Mönche und Heiligen

Vielfältig ist die Gestalt des Engels der Liebe, wie sie von Dichtern gesehen worden ist. Bruchlos paßt sie sich in den Kontext der hetero- wie homosexuellen Beziehung ein. Moralisierende Wertungen oder Ausgrenzungen sind dabei nicht festzustellen. Worauf es ankommt, ist die in der Liebe erfahrbare andere Wirklichkeit, das Öffnen der inneren Augen. Damit bekommt die Liebe eine sakramentale Bedeutung. Nach christlicher Tradition schließt Gottes Liebe die Augen des Glaubens auf. Mit der Öffnung der Augen und dem Schauen Gottes vollendet sich die Gottsuche des Menschen.

„Wenn wir schauen, dann sind wir engelgleich geworden", sagt der Kirchenvater Origenes. Besonders die Märtyrer und Mönche strebten in der Nachfolge Christi eine Verwandlung ihrer irdischen Natur an und suchten den Engeln gleich zu werden. Das Leben der Engel war durch Keuschheit, Gottesschau und Gotteslob gekennzeichnet, so entnahm man es einem Wort des Herrn (Lukas 20,36). „Der Mönch muß ganz Auge sein wie die Cherubim und Seraphim" (Bessarion), zugleich aber geschlechtlich enthaltsam leben, wenn er ein Engelleben führen will. „Wer keusch und ohne Schuld die Nachtwachen beständig nutzt, übt ohne Zweifel das Engelleben", bestätigte Augustinus.

Das monastische Leben in Keuschheit soll über die Selbstschau zur Gottesschau führen. Sie ist für Engel und Mensch eine Wesenserfüllung. Dem Märtyrer Stephanus, dessen Antlitz sich vor seinem gewaltsamen Tod verklärte „wie eines Engels Angesicht" (Apostelgeschichte 6,15), wurde im Sterben die Gottesschau zuteil. Die Himmel öffneten sich, „und er sah die Herrlichkeit Gottes und Jesus stehen zur Rechten Gottes" (Apostelgeschichte 7,56).

Der Zusammenhang von Engelleben und Askese verweist auf eine spirituelle Dimension des menschlichen Körpers. Er ist sichtbares Zeichen der inneren Wandlung, Zeuge und Demonstrationsobjekt der Macht Gottes über das Fleisch, die irdische Hülle des Menschen. Wenn Zölibat und Jungfräulichkeitsideal die Gemüter erhitzen, dann auch deshalb, weil sie die geistliche Schwachheit hedonistischer Kleingläubiger provozieren. Sexuelle Enthaltsamkeit um des Himmelreiches willen atmet den Hauch einer spirituellen Elite. Ihre Keuschheit hat nichts mit Sexualfeindlichkeit zu tun, sondern ist Mittel der Umwandlung des Triebes nach Vereinigung zu höchster geistlicher Einheit der Seele mit Gott. Die Kommentare zum Hohenlied Salomonis und die Gebete der Mystiker dokumentieren diese Brautnächte von Jungfrau und Christus. Jungfräuliche Männer und Frauen, asketische Mönche und Nonnen, wilde Wüstenheilige und zölibatäre Kolonien haben die Triebe der Körperwelt in spirituelle Energie transformiert. Die in allen Menschen lebende Macht der Liebe verwandelten sie in eine Himmelsleiter zur Gottesschau.

Sexuelle Enthaltsamkeit hatte oft ein gefährliches Aroma, ein religiös-anarchisches Sprengpotential, das in den Legenden anschaulich entfaltet wird. Die Legende der Heiligen Cäcilia führt ins frühe dritte

Jahrhundert zurück, eine Zeit, wo die junge Kirche noch Verfolgungen erlitt und ihr Oberhaupt im Untergrund leben mußte. Für die Christin Cäcilia ist das jungfräuliche Leben Zeichen der Christusliebe und zugleich die einzige Möglichkeit der weiblichen Selbstbehauptung in einer atheistisch geprägten Männerwelt. Ihre Eltern zwingen sie zur Eheschließung mit dem adeligen und reichen Valerian. Drei Tage vor der Hochzeit fastet Cäcilia und bittet den göttlichen Bräutigam, er möge sie vor Valerian schützen. Der fordert in der Hochzeitsnacht die eheliche Pflichterfüllung seiner Gattin ein. Freundlich, aber bestimmt weigert sie sich. Ihre Begründung entsetzt den Bräutigam und macht ihn für eine Weile sprachlos und handlungsunfähig: „Valerian! ich bin unter dem Schutz eines Engels, der meine Jungfernschaft bewahrt. Deswegen hüte dich, daß du nichts wider mich begehst, wodurch der Zorn Gottes gegen dich gereizt werde."

Zur Besinnung gekommen, verlangt Valerian, den Engel zu sehen. Da dies nur Getauften möglich ist, sucht er schnell mit seiner Frau Papst Urban I. auf und erbittet die Spendung des Sakramentes. Durch die Taufe werden ihm die Augen des Glaubens geöffnet. Er sieht, „was er verlangte, nämlich einen mit himmlischem Glanze umgebenen Engel". Weitere Taufen in der Familie folgen. Die römische Obrigkeit wird auf Cäcilia aufmerksam. Vor die Alternative gestellt, den Göttern im Tempel zu opfern oder zu sterben, zieht sie das Martyrium vor und stirbt – nicht ohne vorher ihre Peiniger bekehrt zu haben.

Die Legende erzählt davon, wie Menschen sehend werden können und welchen Preis die Öffnung des dritten Auges kosten kann. Cäcilias Körper und Geist sind durchglüht von einer Liebe, die dem Geliebten durch sämtliche Anfechtungen und Todesqualen hindurch die Treue bewahrt. So wird ihre Liebe selbst zum Zeichen Gottes. Auch der Bräutigam gibt ein Opfer. Nicht nur, daß er in der Hochzeitsnacht seinen Trieb zügelt: Er respektiert eine Wahrnehmung der Wirklichkeit, die ihm selbst verschlossen ist, und er ist aus Liebe zu

Cäcilia bereit, sich die Augen des Glaubens durch die Taufe öffnen zu lassen.

Als er Cäcilia heiratete, begehrte er die irdische Liebe. Durch sie fand er die Liebe Gottes. Erst als Sehender erblickt auch er die Gestalt des Engels. Die Taufe ist ein Symbol der Wandlung. Durch sie stirbt der alte Mensch, und ein neuer wird geboren. Sehend geworden erlebt Valerian, wie die Liebe in ihm sich wandelt zur Gottesliebe. Damit wird die geschlechtliche Liebe zwischen Mann und Frau in keiner Weise diskreditiert. Im Gegenteil: Die Legende illustriert höchst anschaulich, wie sich durch die Liebe der Himmel öffnen kann. Damit verweist sie letztlich auf das Geheimnis der Auferstehung.

Im Gegensatz zu platonischen Traditionen hat das Christentum in allen seinen Aus- und Umformungen ein ganzheitliches Bild vom Menschen entfaltet. Die Körperlichkeit gehört zum Wesen des Menschen. Deshalb lehrt das Christentum die leibliche Auferstehung und nicht nur ein Weiterleben der Seele. Gegen gnostische Mythen und gegen den Doketismus hat die frühe Kirche die Wirklichkeit der Fleischwerdung Gottes behauptet. Von Körper- oder Sexualfeindlichkeit kann die Rede nicht sein. Auch die Engel sind nicht nur reiner Geist. Wären sie allein dies, könnte ihre Keuschheit dem Mönch kein Vorbild sein. Keuschheit, Fasten, Wachen und Beten gehören zum Engelleben (vita angelica) der Mönche und Nonnen. Wenn sie in den Lobpreis der Herrlichkeit Gottes mit den himmlischen Chören einstimmen, so zeigen sie, was Aufgabe der Kirche sein soll. Ein Engelleben führen heißt, auf Erden ein sichtbares Zeichen des Reiches Gottes zu sein, den eigenen Körper und Geist der Epiphanie des Heiles zu öffnen. Das war und ist nur einer spirituellen Elite beschieden. Von ihr, den Märtyrern und Heiligen, lebt die Kirche gerade in Zeiten der Krisis.

Schon Paulus galt die apostolische Gabe des Zölibates als zu kostbares Gut, als das es der Kirche als ganzer gewährt werden konnte. In Erinnerung an den Sturz der lüsternen Engel zeichnet er mit panikmachender Strategie die Gefahren der Porneia (Fleischeslust) in seinen Sendschreiben an die Gemeinde von Korinth. Keineswegs verlangt er, daß sein eigener Stand der Ehelosigkeit von der gesamten Gemeinde übernommen werde. „Es ist gut für den Mann, keine Frau zu berühren", und „Ich wollte (...), alle Menschen wären, wie ich bin." Aber sicherer als das Risiko der Ehelosigkeit mit seinen Versuchungen war Paulus die Ehe, „damit der Satan euch nicht versucht, weil ihr euch nicht enthalten könnt". Dem nüchternen Realismus ehelicher Triebbefriedigung steht die Keuschheit einer asketischen Elite gegenüber. Paulus spielt jedoch nicht einen Stand gegen den anderen aus. „Die Zeit ist kurz", die Wiederkehr Christi erwartet er noch zu Lebzeiten. Dann werden alle Körper verwandelt.

Erst das Ausbleiben der Wiederkunft und das Schwinden der Naherwartung in den Gemeinden schafft die Voraussetzung für ein sakramentales Verständnis der Mann-Frau-Beziehung. Neben das Sakrament der Weihe kann das Sakrament der Ehe treten. In beiden wird die Liebe zum Zeichen von Gottes Gegenwart. Für beide gibt es Grundlagen in der Verkündigung Jesu. Auf der einen Seite schließt Jesus jede Möglichkeit einer Scheidung strikt aus, auf der anderen Seite verlassen Männer und Frauen ihre Familien, „Haus oder Frau oder Brüder oder Eltern oder Kinder um des Reiches Gottes willen". Neben dem herben Prediger Johannes, den hageren Säulenheiligen in der ägyptischen Einöde, neben Origenes, der sich selbst entmannt hatte, Augustinus, der um der spirituellen Karriere willen seinen Sohn und seine Lebensgefährtin verließ, steht Jesus, die Kinder segnend. Ob Zölibat oder Ehe, katholisches Priestertum oder lutherisches Pfarramt: Der Engel der Liebe lehrt viele Möglichkeiten, ein Zeichen Gottes in der Körperwelt zu sein. Wer ihn sieht, dem sind die Augen der Seele geöffnet worden, gleich welchen Standes er ist.

ENGEL DER BERUFUNG

„Ich will, daß du fortan
nicht mehr mit Menschen,
sondern mit Engeln verkehrst."

Teresa von Avila

Feuer der Gottesnähe

Mit dem Engel der Berufung betreten wir heiligen Boden, verlassen endgültig den Bereich der alltäglichen Lebenswelt. Wir stehen auf der Grenze zwischen Himmel und Erde. Wer hier anlangt, erkennt: Das ganze Leben war bisher nur ein Vorspiel. Jetzt wird Ereignis, was durch viele Umwege, Irrtümer und Zweifel gesucht wurde. Gottes Engel der Berufung erscheint. Wir beginnen, in die Mitte einzutreten. Hier lodert ein Feuer, das den Menschen von Gottesnähe durchglüht. Manche müssen jetzt ihre Augen vor den Strahlungen schließen. Die Kehle wird trocken, die Sprache versagt. Furcht und Freude breiten sich aus. Von Katharina von Genua, die schon zu Lebzeiten den Beinamen „Caterina Serafina" zugesprochen bekam, heißt es: Das Wasser in der Silberschale habe zu sieden begonnen, als man es ihr reichte, die Hände darin zu kühlen. So entflammt war die Heilige von Gottes Gegenwart.

Mit dem Engel der Berufung sind wir im Zentrum der drei großen monotheistischen Offenbarungsreligionen Judentum, Christentum und Islam. Jeder Mensch, darin stimmen sie überein, hat mindestens einen Schutzengel. Wir sahen die vielfältigen Suchbewegungen des Engels der Jugend. Manche erfahren den Engel der Liebe, doch ganz wenigen erscheint der Engel der Berufung. Es sind die Auserwählten, die in Gottes Dienst berufenen, die geweihten Menschen. Der Engel der Berufung begegnet wenigen Ausnahmemenschen: Heiligen, Nonnen, Propheten, Religionsstiftern und Künstlern. Ihnen ist gemein, daß sie aus dem normalen Lebensrahmen fallen. Es sind Extremmenschen, die sich außerordentlichen Situationen stellen. Sie werden der Menschheit nicht in jedem Jahrzehnt geschenkt.

Engel der Berufung erscheinen auch nicht zu jeder Zeit. Ihr Zeitmaß sind die Jahrhunderte und Jahrtausende. Sie haben den langen Atem und den weiten Blick der Ewigkeit. An ihren Berufungen arbeiten sich Jahrtausende ab. Was Jesaja, Hesekiel oder Mohammed in ihren Engelvisionen schauten und hörten, hält noch immer die Welt in Atem. Sie blickten über den Rand irdischer Wirklichkeit hinaus in jenes Reich, wo der göttliche Urtext geschrieben wird. Ihre Mitteilungen aus der Himmelsschau haben das abendländische Leben und Denken tiefer beeinflußt, als die größten politischen und militärischen Denker es je vermochten.

Wie geschehen Berufungen? Der Engel der Berufung erscheint in einer Vision. Dazu gehört leibhaftige Gegenwart. Der Berufene kann ihn sehen (Vision), seine Gestalt beschreiben, sein Gesicht, seine Kleidung, seine Attribute und seine Umgebung. Er hört (Audition) aus seinem Mund die Worte der Botschaft Gottes. Manchmal wird er von dem Engel berührt, gezeichnet oder erlebt außergewöhnliche Zustände, indem er wie ein Engel zu schweben beginnt (Levitation). Diese Berufungen geschehen an einsamen Orten, doch werden sie schnell kolportiert. Die Vision eines göttlichen Boten, die bis hin zur Geruchswahrnehmung mit allen Sinnen erfahren wurde, berührt alle Menschen, denen die Nachricht zukommt, außerordentlich. Sie fasziniert gerade der sinnliche Gehalt der Vision, und sie sind schnell bereit, diesen als Beweis für Gottes Existenz zu werten. Deshalb ist das Gebiet der Visionen zugleich ein Bereich, wo sich die Wichtigtuer und religiösen Verführer tummeln.

Zu allen Zeiten haben Berichte von Visionen die Menschen fasziniert. In ihnen ist die religiöse Wirklichkeit anschaulich beschrieben. Wenige Menschen machen echte religiöse Erfahrungen. Ohne Erfahrungsbezug der Gemeinde müssen Predigten notwendig abstrakt bleiben. Die Vision ist dagegen konkret. Sie ersetzt auch vielen die eigene Erfahrung, und sie kommt dem menschlichen Grundbedürfnis nach Visualisierung entgegen. Unser Zeitalter der medialen Vermittlung von Wirklichkeit hat eine Affinität zur Sprache der Visionen. Als wahr gilt, was auf dem Bilschirm gesehen wurde. Schon der ungläubige Thomas zeigt das anthropologische Grundbedürfnis nach sichtbarer Wahrnehmung dessen, was Christus als Glaubensbereitschaft einfordert.

Petrus, der seinen Herrn in der Sterbestunde verriet, weil er bis zuletzt von Glaubenszweifeln geplagt war, spricht der jungen Gemeinde in der Pfingstpredigt zu, was der Prophet Joel für das Ende der Zeiten geweissagt hatte: daß Jünglinge Gesichte und Greise Träume von Gottes Gegenwart haben werden (Apostelgeschichte 2,17). Auch Paulus, selbst nicht ohne visionäre Erfahrungen, erhofft das Schauen Gottes von Angesicht zu Angesicht am Ende der Zeit. Die „visio beatifica" galt dem Mittelalter als Ziel der Auferstehung, und die Gottesschau der Mystikerinnen wurde wie ein Vorgriff auf das Zeitenende erlebt. Es gehört zu den großen Paradoxien, aus denen das Christentum seine spirituelle Lebendigkeit zieht, daß eine Religion, die wie keine zweite den reinen Glauben fordert, das Sehen ins Zentrum ihrer eschatologischen Verheißungen rückt. Die Vision gewährt schon jetzt Einblicke in die Endzeit. Der Visionär erlebt einen Augenblick aus Ewigkeit. Göttliches kommt zum Greifen nahe. Das hält nicht jeder aus.

Iacob.
bethel.

Gottes Boten erscheinen auch im Traum. Jaakob, der am Jabbok mit dem Engel kämpfte, verheißen sie Gottes Segen. Engel bringen Gott und Mensch ins Gespräch. Der mittelalterliche Malermönch des Psalteriums sah in der Himmelsleiter ein Symbol stufenweiser Annäherung an Gott. Im Traum offenbart sich Jaakob der Weg zurück zur Mitte des Lebens. Für den christlichen Maler hat sie gottmenschliche Gestalt: Jesus Christus.

Jaakobs Traum von der Himmelsleiter.
Fragment eines Psalteriums flämischer Schule,
Mitte 12. Jhdt.
Berlin, Staatliche Museen Preußischer Kulturbesitz,
Kupferstichkabinett.

Frühstücksfernsehen

Engelvisionen sind populär geworden. In Fernsehserien können sie gut vorgeführt werden, weil ihr Realismus das szenische Nachspiel erlaubt. So kann jeder sehen, was ein anderer in nächtlicher Abgeschiedenheit schaute. Das Frühstücksfernsehen eines großen Privatsenders scheint der rechte Ort für eine Weitergabe des Geschauten. Hier berichtet eine Frau von ihrem Lebensweg: Nach einer Krankheit führte er über verschiedene Stationen zu einer Engelvision. Die Lektüre der Engelberichte von Moolenburgh, ein Vortrag der Heilerin Anni Ziemer über Engel und die Eintragung des eigenen Namens in ein Fürbittenbuch, das während der Rede auslag, bereiten die Erscheinung vor. Sie erfolgt im Traum, ist also dem Realismus des wachen Bewußtseins entzogen. Die Berichterstatterin bringt ihre Engelvision sogleich in Zusammenhang mit der Fürbitte von Annie Ziemer. Deshalb wundert sie sich nicht über die Gegenwart des Engels im nächtlichen Schlafzimmer.

Er steht hinter dem Bett. Sie dreht sich um. Hat der Engel eine Botschaft? Ist es vielleicht einer jener gefallenen Engel, der sein Botenamt zur Verführung einsamer Seelen mißbraucht? Die Berichterstatterin weiß zu wenig von Schrecken und Schönheit der Engel, um nachdenklich zu werden. Auch die Frage des Engels, „warum ich ihn gerufen hätte", macht sie nicht stutzig. Dienstbare Geister stellen sich so ihren Herrschaften vor, wie der Geist aus Aladins Lampe zeigt. Der Bericht gibt keine Auskunft über eine Antwort der Heimgesuchten, sondern leitet über zum Liebesdienst des Engels.

Ungeachtet seiner Frage scheint der Engel beim Anblick der Frau gespürt zu haben, welche Art von Dienst an diesem Ort und zu dieser Stunde gefragt sein könnte. „Er nahm mich in die Arme. Es ging eine unglaubliche Intensität und Ernsthaftigkeit von ihm aus. Ich sagte ihm, daß ich ihn kennenlernen wollte. Er lächelte, und ich fühlte mich unendlich geborgen in seinen Armen. Sein Gesicht habe ich nur kurz gesehen, da wurde es ganz hell im Traum. Ich habe vergessen, wie es aussah. Aber sein Gewand habe ich gefühlt, es war wunderbar weich. Ich wachte glücklich auf. Die Ebene, auf der ich mich befunden hatte, war so real wie jetzt das Briefeschreiben."

Visionen wie diese von Eva Richter hat der RTL-Moderator Rainer Holbe veröffentlicht. Sie entsprechen einer Schicht der kollektiven Seelenlage der Gegenwart. Wie jede Engelvision, so kann auch diese dem Verdacht der Autosuggestion, der hysterischen Überreizung oder archetypischen Erfahrung ausgesetzt werden. Der Bericht könnte als erotische Phantasie auch mühelos in einen Groschenroman eingebaut werden. In Szene gesetzt für einen Werbespot, würde nach der liebenden Umarmung zwischen Mensch und Engel der Schriftzug eingeblendet werden: „Kondome benutzen – Gib Aids keine Chance". Das wunderbar weiche Gewand des Engels könnte für die Weichspülmittelwerbung eingesetzt werden.

Es dürfte deutlich sein, daß diese Vision aus trivialen Versatzstükken von Wirklichkeit besteht, die mühelos in andere Kontexte übersetzt werden können. Damit ist kein Wort gegen die Wirklichkeit des Traumerlebnisses gesagt. Die Erfahrungstiefe reicht jedoch über die Klischees kollektiver Glücksvorstellungen vom zärtlichen Zusammensein nicht hinaus. Nicht einmal der Saum des Gewandes echter Engel kommt in den Blick. Die Vision enthält auch keine Berufung. Sie ist wie viele Engelerlebnisse der Gegenwart individualisiert und entpolitisiert. Der Flügelschlag des Engels streift nur den Innenraum der Seele.

Marc Chagall

Eine zweite Engelvision führt nach Petersburg, in den Anfang unseres Jahrhunderts. Dort lebt im Jahre 1905 ein mittelloser junger Künstler. Er ist jüdischen Glaubens. Seine Mittel erlauben es ihm nicht, ein Zimmer zu mieten. Selbst das Bett muß er sich mit einem Arbeiter teilen. Hier auf dem Bettrand liegend, wird er von Träumen heimgesucht. Einer führt den Träumenden in ein Zimmer. Dort sieht er sich in einem Bett liegend. Plötzlich wird es dunkel, es „öffnet sich die Zimmerdecke und ein geflügeltes Wesen schwebt hernieder mit Glanz und Gepräge und erfüllt das Zimmer mit wogendem Dunst. Es rauschen die schleifenden Flügel. Ein Engel! denke ich. Ich kann die Augen nicht öffnen, es ist zu hell, zu gleißend. Nachdem er alles durchschweift hat, steigt er empor und entschwindet durch den Spalt in der Decke, nimmt alles Licht und Himmelblau mit sich fort. Dunkel ist es wieder. Ich erwache. Mein Bild ‚Erscheinung' gibt diesen Traum wieder."

An dieser Engelvision sind die Doppelungen auffällig. Der Träumer erlebt sich als Träumenden, und auch der Engel hat sein Gegenstück. Denn vor der Traumerzählung steht die Beschreibung des Petersburgers Zimmers und des Bettnachbarn, eines Arbeiters, der sich aus lauter Freundlichkeit zu dem jungen Künstler ganz an die Zimmerwand drückt, damit jener mehr Platz hat. „Er war wirklich ein Engel, dieser Arbeiter mit dem tiefschwarzen Schnurrbart."

Die Engelvision zieht ihre Kraft aus der Verschränkung der Wirklichkeitsebenen. Alltagswelt und Traum stehen dabei in komplementärem Verhältnis. Beide Engel sind stumm: der demütige Arbeiter, der seinen Bettnachbarn mit dem Gesicht zur Fensterseite schlafen läßt, damit er die frische Luft atmen kann, und der Himmelsbote. Der Erzähler kommentiert die Vision nicht, der Engel verkündet keine

Botschaft, und doch liegt eine Berufung vor. Ein langes Leben lang wird der Maler an der Gestaltung dieser Engelvision arbeiten.

Marc Chagall hat aus seiner Petersburger Engelvision die Kraft für Hunderte von Engelbildern oder -bildmotiven geschöpft. Dabei wuchs dem persönlich Erlebten überpersönliche Bedeutung zu, denn Marc Chagall war berufen, dem Glauben vieler Menschen eine Bildsprache zu schenken. Kann deshalb die Petersburger Engelvision als religiöse Berufung verstanden werden? Die echte religiöse Berufung stellt den Menschen vor Gott; wenn sie eine überpersönliche, prophetische Dimension hat, wird sie über den Berufenen andere Menschen in ein neues Gottesverhältnis rufen. Wer will Chagalls Bildern diese Kraft absprechen? Der Engel der Berufung ist auch der Engel der Inspiration. Die religiöse und die künstlerische Berufung sind beide unverfügbare Gaben. Niemand kann sie erzwingen, niemand kann ihren Geist auf Dauer unterdrücken. Das religiöse Genie und das künstlerische Genie können zu Lebzeiten verkannt werden, verfolgt, unterdrückt, erschlagen; doch wenn sie wirklich berufen sind, wird ihre Wahrheit ans Licht treten. Deshalb hat jede echte Vision auch eine gesellschaftliche Bedeutung. Die alttestamentlichen Propheten wußten dies.

Mohammed

Nach moslemischem Selbstverständnis gehört auch Mohammed als Schlußstein in das prophetische Weltgebäude. In der Höhle von Hira offenbarte ihm der Engel Gabriel (Dschibril) den heiligen Text des Koran. Der Schriftsteller Salman Rushdie versetzte besonders den schiitischen Teil der islamischen Welt in religiösen Zorn, als er in seinen „Satanischen Versen" den angelischen Wirklichkeitsgehalt der Offenbarung in Zweifel zog. In der islamischen Theologie und noch mehr im Volksglauben spielt der Glaube an die Engel eine bedeutende Rolle. Gabriel kommt dabei als Übermittler der göttlichen Urkunde die höchste Verehrung zu. Neben ihm steht Michael, der Herr über die Naturkräfte. Von kosmischer Größe ist Azrail, der Todesengel. 4000 Flügel besitzt er. Sie sind mit Zungen und Augen als Symbolen seiner Mittlerschaft besetzt. Auf den Schultern eines jeden Menschen sitzen Schreiberengel. Der zur Rechten notiert die guten Taten, der zur Linken die Verstöße gegen die göttliche Ordnung.

Der Sahih al-Buhari, neben dem Koran die wichtigste Grundlage moslemischer Lebensordnung, gibt einen anschaulichen Einblick in die Berufung Mohammeds durch den Engel Gabriel. Aischa, die Lieblingsfrau des Propheten, wurde Augenzeugin einer der zahlreichen Offenbarungen. Ihr Bericht konzentriert sich auf die Beschreibung der Reaktion ihres Mannes: „Es war ein sehr kalter Tag. Als die Offenbarung vorüber war, tropfte ihm der Schweiß von der Stirn." Das Feuer der Offenbarung himmlischer Wirklichkeit durchglüht den Visionär.

Aischas Beobachtung deckt sich mit den Hitzesymptomen, die in völlig anderem religiösen Kontext bei Katharina von Genua (1447–1510) wiederkehren. Sie sind ein Zeichen echter Berufung. Die Intensität der göttlichen Strahlung verwandelt die Körperwelt. Daß sich der Visionär gegen die Berufung wehrt, wird seit der Zeit der alttestamentlichen Propheten immer wieder berichtet. Auch Mohammed wehrt sich gegen den Zugriff des Engels. Als ihm Gabriel in der Höhle von Hira erscheint, fordert er Mohammed auf, die göttliche Offenbarung den Menschen weiterzugeben. Der Prophet reagiert abweisend: „Ich werde nichts vortragen!" Echte religiöse Berufungen sind niemals Privatoffenbarungen. Auch geht es nicht so zärtlich und sanft zu, wie in dem Engeltraum von Eva Richter. Durch Gabriel wird Mohammed in Gottes Dienst gestellt. Seine Berufung enthält die Weisung, unter den arabischen Stämmen mit ihrem polytheistischen Pantheon von Stammesgöttern den Namen Allahs, der nur einer ist und der Einzige, bekannt zu machen und seine Gesetze zu verbreiten.

„La ilaha illa' Allah, Muhammadur rasulullah." Was die Kalima, das moslemische Glaubensbekenntnis, bezeugt, daß es außer Allah keinen Gott gibt und daß Mohammed sein Prophet ist, war eine spirituelle Provokation der religiösen Umwelt. Wie Jesus wird auch Mohammed auf heftigen Widerstand und auf Verfolgung stoßen. Als ihm in der Höhle bei Mekka der Engel Gabriel erscheint, ist er vierzig Jahre alt. Ein Jahrzehnt meditativer Einsamkeit liegt hinter ihm.

Religiöse Visionen kommen nicht aus heiterem Himmel. Lange Phasen der Vorbereitung und Annäherung gehen ihnen voraus. Die religiösen Visionäre stehen in der Mitte oder am Ende ihres Lebens. Es sind reife und erfahrene Frauen und Männer, die auf einen bewegten Lebensweg zurückblicken können. Auf dem Hintergrund einer langen Annäherung an Gottes Geheimnis bildet die Vision den Durchbruch zur Wahrheit. Diese religiöse Wahrheit ist absolut, duldet keine Kompromisse und Halbherzigkeiten. Sie ergreift den ganzen Menschen und durch ihn seine Lebenswelt. Der Visionär verfügt über spirituelle Erfahrungen. Er kennt sich im Grenzverkehr zwischen Himmel und Erde aus. Daß er dennoch vor dem Engel erzittert, zeigt die Gewalt der Erlebnistiefe. In der Erscheinung des Engels wird Gottes Gegenwart erfahren, der Heilige selbst greift nach dem Menschen.

Mohammed wird „zitternden Herzens" nach Hause laufen. Wie beim alttestamentlichen Propheten Jona steht am Anfang der Gottesbegegnung die Gottesflucht. „Bedeckt mich! Deckt mich zu!" schreit Mohammed. Freunde werfen eine Decke über ihn. Die Dunkelheit soll das göttliche Licht der Offenbarung verschlingen. Es dauert lange, bis sich der Prophet beruhigt hat. „Ich hatte schreckliche Angst!" gesteht er. Dann berichtet er, was ihm in der Höhle von Hira widerfahren ist.

Mohammed wollte sich der Berufung entziehen. „Ich werde nichts vortragen!" Das konnte der Engel Gabriel nicht hinnehmen. Gottes Berufungen stehen nicht zur Disposition. Die Lektion, mit der er dies Mohammed einbleut, ist der Strenge eines Engels würdig: „Da packte der Engel mich und würgte mich, daß ich beinahe die Besinnung verlor." Ringkämpfe mit Engeln sind mehrfach bezeugt. Schon Jaakob kämpfte mit einem Engel am Fluß Jabbok. Über den Körper macht Mohammed eine Grenzerfahrung. Das Männliche will in die Knie gezwungen werden. Auch Frauen erleben in der Begegnung mit Gottes Engeln Atemnot, doch führen sie keinen physischen Kampf. Gabriels Würgegriff ist eine pädagogische Maßnahme. Dem Propheten, der sich weigert, Gottes Sprachrohr unter den Menschen zu sein, werden die Sprechinstrumente zugeschnürt. Aus der Atemnot, die zugleich eine Todeserfahrung ist, befreit und erneut beauftragt, den Menschen die Botschaft Gottes vorzutragen, weigert sich Mohammed ein zweites Mal: „Ich werde nichts vortragen!" Erneut greift der Engel zu und würgt den Propheten, daß er „schon glaubte, es sei der Tod". Dennoch wird er sich nach der Lockerung des Würgegriffes ein drittes Mal weigern und ein drittes Mal gewürgt werden. Gabriel entläßt ihn mit den Worten: „Trag vor, im Namen deines Herrn, der erschaffen hat, der den Menschen aus geronnenem Blut erschaffen hat! Trag vor! Und dein Herr ist allgütig!"

Aischas Bericht von der Berufung ihres Mannes hebt die psychosomatischen Begleiterscheinungen einer religiösen Vision deutlich hervor. Sie sind Ausdruck der Erschütterung des Menschen im Angesicht der Heiligkeit Gottes. Auch christliche Visionäre berichten von Todeserfahrungen während der Offenbarung. Dringt doch das göttliche Licht in den Abgrund der Sünde ein und macht die Gottesferne des alten Lebens sichtbar. Ein Christ wird Mohammed nach seiner Flucht aus der Höhle entscheidende Hinweise zur Deutung der Vision geben.

Der Mann ist alt und erblindet. Er hatte die hebräischen Schriften des Alten Testamentes und die griechischen des Neuen Testamentes studiert. In vorislamischer Zeit war er zum Christentum konvertiert. Damit steht er nach islamischem Verständnis auf der Vorstufe der letzten und unüberbietbaren Offenbarung Gottes, die Mohammed in der Höhle von Hira zuteil geworden war. Sein langer Name ist Ausdruck der Traditionsverbundenheit. Er lautet: Waraqa Ibn Naufal Ibn Asad Ibn 'Abdul'uzza. Waraqa stellt sogleich eine Verbindung zwischen dieser Vision und der Berufung des Mose her: „Das war der Erzengel Gabriel, den Gott auch zu Mose (Musa) geschickt hat."

Durch die Identität des Engels wird eine Traditionslinie vom Judentum über das Christentum zum Islam gezogen, in dem sich die göttliche Erwählung von großen Propheten vollendet. Waraqa erkennt nicht nur als erster den letzten der Prophetenreihe an, sondern kann aus seiner Kenntnis der Tradition die Reaktion der Bevölkerung auf Mohammeds Mission abschätzen. Er prophezeit ihm Verfolgung. Der Gesandte Gottes, dessen Titel nur in Verbindung mit der Propheteneulogie „salla Allah ‚alaihi wa sallam'" („Gott segne ihn und schenke ihm Heil") genannt wird, scheint darüber verwundert. Er fragt nach. Der Alte erwidert: „Niemals wurde ein Mann, der etwas Ähnliches vorbrachte wie du, nicht feindselig behandelt."

Spott, Verachtung und Verfolgung gehören zu den typischen Reaktionen der Umwelt auf den Offenbarungsanspruch echter religiöser Visionäre. Auch hier läßt sich eine Traditionslinie von den alttestamentlichen Propheten bis zu den christlichen Heiligen ziehen. Visionen und Träume einer Privatperson, aber auch Berufungserlebnisse von Künstlern provozieren niemals eine so heftige Reaktion, wie dies bei der religiösen Offenbarung der Fall ist. Die religiöse Gottesschau ist immer mit dem Anspruch letzter Wahrheit verbunden. Der Visionär trägt keine private Gefühlslage vor, sondern den Anspruch Gottes, der als Schöpfer der Welt und des Menschen unbedingten Gehorsam verlangt. Die Vision geht alle Menschen an und stellt jeden vor die Entscheidung, Gottes Auftrag zu folgen oder sich ihm zu verweigern. Da jeder religiösen Vision ein Absolutheitsanspruch eignet, ist die rationale Skepsis der Mitwelt nicht nur verständlich, sondern sogar im Sinne der Wahrheitsfindung geboten. Niemand aus der arabischen Welt konnte im Jahre 610 wissen, ob nicht ein Aufschneider von wundersamen Engelerscheinungen in einer Höhle außerhalb Mekkas prahlte. Die religiöse Wahrheit braucht Zeit, um sich durchzusetzen. Das gilt für die Weltzeit ebenso wie für die eigene Lebenszeit.

Mormonen

Engelvisionen hat es auch im 20. Jahrhundert viele gegeben. Carl Gustav Jungs Philemon-Erlebnis gehört dazu, die Himmelsschau der Krankenschwester Joé Snell und die Engeloffenbarungen im Ungarn der Jahre 1943 und 1944, die Gitta Mallasz aufgezeichnet hat. Diese Visionen verblassen vor der Glut, die in den Seelen der Propheten und Heiligen brannte. Sie erheben auch keinen religiösen Anspruch. Die Welt der Engel ist hier atomisiert und individualisiert.

Die Mormonen bilden dagegen eine Glaubensgemeinschaft mit unbedingtem religiösen Wahrheitsanspruch. Zu ihrer Überlieferung gehört die Berufungsvision, die Joseph Smith am 21. September 1823 erlebte. Sie ist Teil des amerikanischen Traumes und Ausdruck des religiösen Erwählungsbewußtseins. Mit ihr hat man Amerika zu geben versucht, was es nie besaß: eine eigene religiöse Tradition. Das heilige Buch der Mormonen verknüpft die amerikanische Gegenwart zu Beginn des 19. Jahrhunderts mit der Erwählung Israels. Es erzählt von der Auswanderung jüdischer Stämme nach Amerika. So wie sich der Islam als Vollendung der jüdischen und christlichen Offenbarungsreligion versteht, sind die Mormonen nach ihrem Selbstverständnis die legitimen Erben des erwählten Volkes. Da sich beide in die Tradition großer monotheistischer Schriftreligionen stellen, spielen neue heilige Texte in ihren Berufungsvisionen eine zentrale Rolle.

In seiner zweiten großen Vision wird Joseph Smith die Fundstelle der goldenen Platten offenbart, auf denen die israelitischen Auswanderer das Buch Mormon der Nachwelt überliefert haben sollen. Die neuentdeckte Wahrheit tritt also mit dem Anspruch einer altehrwürdigen Herkunft auf. Nicht Neues wird entdeckt, sondern Altes wiederentdeckt. Das kennzeichnet fortan den Charakter aller modernen Offenbarungen.

Neuzeitlich und nachaufklärerisch ist auch das religiöse Problem des Propheten Joseph Smith. Er ist verwirrt von der Vielzahl der Glaubensgemeinschaften und weiß nicht, welcher er sich anschließen soll. Im Pluralismus der Wahrheitsansprüche sucht er die eine echte Wahrheit. Die Problemlösung wird konsequent in Angriff genommen. Smith begibt sich in einen Wald, um in direktem Kontakt zu Gott die letzte aller Wahrheiten zu erfahren. Kaum hat er sich zum Gebet niedergekniet, wird er von einer unbekannten Macht so stark gepackt, daß er zu sterben glaubt. Dann wird er gerettet von zwei Lichtgestalten. Schnell stellt Smith die Frage nach der wahren Religion und erhält prompt die Antwort, er dürfe sich „keiner von ihnen anschließen, denn sie hätten alle unrecht".

Das war im Frühjahr des Jahres 1820. Drei Jahre später erfolgt die eigentliche Berufungsvision, in der Smith die Existenz des wahren heiligen Textes, das Buch Mormon, offenbart wird. Der Engel Moroni erscheint im Schlafzimmer des Propheten. Er schwebt in der Luft. Sein Antlitz leuchtet wie ein Blitz. Offenbar ist er wie der Visionär männlichen Geschlechtes. Smith beschreibt ihn detailliert: „Während ich so im Begriffe war, Gott anzurufen, bemerkte ich, wie in meinem Zimmer ein Licht erschien, das immer stärker wurde, bis der Raum schließlich heller war als am Mittag. Gleich darauf wurde an meinem Bett eine Gestalt sichtbar, und der Betreffende stand in der Luft, denn seine Füße berührten den Boden nicht. Er hatte ein loses Gewand von außergewöhnlicher Weiße an, weißer als alles, was ich auf Erden je gesehen hatte. Ich glaube nicht, daß etwas Irdisches so überaus weiß und helleuchtend gemacht werden kann. Seine Hände waren unbedeckt, auch seine Arme bis knapp über dem Handgelenk; ebenso waren seine Füße nackt und auch die Beine bis knapp über dem Knöchel. Haupt und Hals waren auch nicht bedeckt. Ich konnte erkennen, daß er außer diesem Gewand keine andere Kleidung trug, denn es war offen, und ich sah seine Brust."

Mit anderen Worten: Der Engel Moroni war bis auf ein weißes

Gewand völlig nackt. Der Berufungsbericht enthält reflektierende Passagen, ist folglich kein Protokoll unmittelbaren Erlebens. Die Nacktheit des Engels unter dem Gewand und sein schwebender Zustand werden sogar argumentativ vorgetragen. Damit ist kein Beweis gegen die Echtheit der Engelvision geführt; doch ist angesichts der Versatzstücke, aus denen diese Gründungslegende besteht, durch die willentliche Herbeiführung der göttlichen Antwort auf das Wahrheitsproblem und durch die überdeutliche Verknüpfung der Botschaft des Buches Mormon mit dem amerikanischen Erwählungsbewußtsein äußerste Skepsis geboten. Die ständige Wiederholung der außergewöhnlichen Helligkeit der Engelerscheinung kann den Verlust der Offenbarungsglut des göttlichen Boten nicht verdecken. So ist auch die Furcht, die den Visionär beim Anblick des Engels überkommt, nur von kurzer Dauer.

Ein Betrüger

Für einen prophetischen Visionär ist Joseph Smith mit seinen fünfzehn Lebensjahren auffallend jung. Der Engel Moroni erscheint einem spirituell verunsicherten, pubertierenden Jüngling. Die umständliche Beschreibung der Nacktheit des Engels unter dem weißen Gewand gewährt Einblicke in eine Bedürfnislage, die kaum religiös genannt werden kann. Im Falle der berühmten Engelvision des Weinbauern Hans Keil sind die Mechanismen einer vorgetäuschten Begegnung mit dem Engel umfassend dokumentiert.

Hans Keil steht als dreißigjähriger Familienvater und Vorleser des Dorfes Gerlingen in der Lebensmitte, als er behauptet, ein Engel sei ihm im Weinberg erschienen. Als Erscheinungsdatum gilt der 4. Februar 1648. Hans Keils Lebenszeit ist also identisch mit der Dauer des Dreißigjährigen Krieges, auf dessen Greuel die Mahn- und Bußworte des Engels Bezug nehmen. Als Strafinstrument Gottes werden die Wirren der Zeit gedeutet. Das Ende des Krieges könne nur durch eine moralische Umkehr des Volkes herbeigeführt werden. So ist die Botschaft des Engels im Weinberg eine moralische Mahnrede.

Angeklagt werden Fluchen, Ehebruch, Unzucht, Eitelkeit, Abgabenerpressung, Wucher, Entheiligung des Sonntags und als alter Topos der prophetischen Rede das Verhalten der Priester. Der Engel wörtlich: „Zum achten klagt der Herr über das Priesteramt, das fast alle Priester auff dem Geitz ligen, wan sie sollen das heilig Evangelien erkleren, das Wort des Herren predigen, so seind sie mit dem mund auf dem predigt stuhl, mit dem hertzen auf dem ähker, weinberg, keller, kornlaubin, und bey dem geltsekhel."

Zum Beweis der Echtheit seiner prophetischen Vision bringt Hans Keil blutende Weintrauben aus dem Weinberg ins Dorf zurück. Innerhalb weniger Wochen breitet sich die Nachricht von der Engelvision über ganz Süddeutschland aus. Buchhändler drucken Flugschriften und Traktate, Keils Haus wird zur Pilgerstätte, der Weinberg zum heiligen Orte. Alle siebzig Bürger des Ortes bezeugen vor dem Untersuchungsgremium der württembergischen Obrigkeit, sie hätten blutende Reben gesehen. Dann fliegt der ganze Schwindel auf. Bei einer Hausdurchsuchung werden zahlreiche Schriftstücke mit Berichten über wundersame Erscheinungen gefunden. Hans Keil, inzwischen bei Wasser und Brot im Kerker, ist geständig, aus den Versatzstücken seine Engelvision montiert zu haben.

Das Gerichtsprotokoll vermerkt: „In einer der gekauften Flugschriften habe es eine Geschichte über einen Mann gegeben, der am Sonntag Reben schnitt. Ihm sei ein Engel erschienen, der ihm sagte, er tue Unrecht und er müsse es der Obrigkeit melden. Er habe auch in der Apostelgeschichte von einem Engel gelesen, der Cornelius erschienen war. Das habe ihm die ursprüngliche Idee für die Prophetie eingegeben." Der Bericht verzeichnet im weiteren sämtliche Quellen für die Engelvision und ihren prophetischen Inhalt.

An der erfundenen Engelvision des Hans Keil kann man ein Gespür für den Wahrheitsgehalt echter Visionen entwickeln. Vorgetäuschte Engelvisionen lassen ihr Konstruktionsmuster und die Arbeit mit Versatzstücken erkennen, sie zeichnen sich durch ausführliche Berichterstattung oder gar Geschwätzigkeit aus. Der Text enthält interpretierende Elemente, die den Wahrheitsgehalt bezeugen, befremdliche Reaktionen der Hörer oder Leser abbauen und die Wirkung steuern sollen.

Der echte Visionär vertraut auf die Macht des Geschauten. Er spricht, weil er muß, macht sich aber über die Rezeption seiner Vision kaum Gedanken. Jede legitimatorische oder apologetische Tendenz in einer Vision gibt Anlaß zur kritischen Nachfrage, ebenso jede Verselbständigung der Engelerscheinung und jede Verflachung der Dynamik, mit der Gottes heiliger Engel erscheint. Der Engel im Weinberg spricht eine brave Begrüßung: „Der Herr gebe dir ein gutten tag." Die Engel der Bibel treten mit einer Entwarnungsformel dem Menschen gegenüber: „Fürchte Dich nicht!"

Engelvisionen mit prophetischem Gehalt greifen in die moralischen, sozialen, religiösen oder politischen Zeitströmungen ein, deshalb ist der historische Kontext des Dreißigjährigen Krieges zu beachten. Er macht die Glaubensbereitschaft der Menschen verständlich. Hans Keil bietet mit dem Bußruf ein klassisch-religiöses Mittel zur Bewältigung der sozialen und politischen Krise an.

Es gehört zu den unergründlichen Gleichzeitigkeiten der Geschichte, daß im gleichen Jahr 1648 ein türkischer Jude in Aleppo ein messianisches Berufungserlebnis erfahren haben will. Sabbatai Zwi, der göttliche Verräter, war ein Zeitgenosse des württembergischen Weinbauers Hans Keil. Sein messianischer Anspruch versetzte die gesamte jüdische Welt in spirituelle Erwartung der Heimkehr nach Israel und in eine noch größere geistliche Katastrophe, als der vermeintliche Messias auf dem Höhepunkt der Begeisterung zum Islam übertrat.

Die visio-närrischen Scharlatane aller Zeiten, und ihrer waren und sind viele, haben das visionäre Erleben grundsätzlich nicht in Mißkredit bringen können. Das Bedürfnis nach geschauter (Vision) und gehörter (Audition) Offenbarung Gottes ist dem Menschen unüberwindbar tief eingewurzelt, und es hat jede Aufklärung überdauert. Als sinnliches Wesen verlangt der Mensch nach Anerkennung seiner Sinneserfahrungen auch von Gott. Deshalb will er seine Boten sehen, fühlen, hören, riechen, schmecken – kurz: begreifen.

Nicht jeder ist berufen und will berufen sein. Doch ist die Bereitschaft groß, den Erwählten zu achten und ihm nachzufolgen. Sie prägt das Verhältnis zu religiösen Führern ebenso wie die Beziehung zu Idolen. Man sucht ihre Nähe und sonnt sich in ihrem Glanz. Stars erhalten Blumen und Maskottchen, der prophetische Weingärtner Hans Keil kleine Beweise der Gunst. Jede Verehrung ist eine gefährliche Gratwanderung. Schnell schlägt sie in Haß um, wenn der Erwählte dem Volk nicht mehr das gibt, was es hören möchte.

Der echte Visionär hat zu Lebzeiten selten seine Gemeinde. Vor allen Dingen sucht er nicht die Verehrung seiner Person, sondern desjenigen, der ihn erwählt hat. Im Kontext christlicher Berufungsvisionen gilt als entscheidendes Kriterium jeder nachjesuanischen Offenbarung, daß sie nicht in Widerspruch zum Christusereignis steht. Wahr kann nur sein, was Christentum treibet. Da dies auf vielfältigen Wegen möglich ist, und kein Zeitgenosse mit Sicherheit wissen kann, welcher Weg sich nach Jahrzehnten oder Jahrhunderten als der für diese Zeit richtige erweisen wird, ist jeder Vision mit Achtung und gleichzeitiger Gelassenheit zu begegnen. Das Zeitmaß des Engels der Berufung, so sagten wir, sind die Jahrhunderte und Jahrtausende. Deshalb fallen viele Männer und Frauen, die er beruft, aus ihrer Lebenszeit. Sie stehen schon mit einem Bein in der Zukunft und werden deshalb schnell von der Gegenwart zerrissen.

Jesus und Paulus

Visionen gehören zum unverzichtbaren Grundbestand christlicher Glaubenserfahrung und -sprache. Jesus selbst und sein größter Missionar, der Konvertit Paulus, besitzen hohe visionäre Begabungen. Ihre Visionen sind von äußerster Dichte. Ein pointierter Satz reicht aus, um die endzeitliche Schau vom Sturz des Teufels mitzuteilen: „Ich sah den Satan vom Himmel fallen wie einen Blitz" (Lukas 10,18). Im Garten Gethsemane, ringend mit der Todesangst, sind nicht einmal Worte nötig, um den Kern der Vision darzustellen. Alles, was es zu sagen gibt, faßt ein Satz zusammen: „Es erschien ihm aber ein Engel vom Himmel und stärkte ihn" (Lukas 22,43).

Auch die Entrückung des Paulus in den dritten Himmel und darüber hinaus bis ins Paradies führt zur Begegnung mit dem Unsagbaren. Der Visionär „hörte unaussprechliche Worte, die kein Mensch sagen kann" (2. Korintherbrief 12,4). Paulus geht äußerst vorsichtig mit diesem visionären Erleben um. Sein Wirklichkeitsgehalt wird nicht in Zweifel gezogen, wohl aber der Wert einer Betonung seherischer Erwählung vor der christlichen Gemeinde. Sie grenzt nicht nur andere Christen ohne Offenbarungserlebnis aus, sondern kann den Erwählten in die Sünde des Hochmutes treiben und die Überheblichkeit fördern. Deshalb sei ihm ein Pfahl ins Fleisch gesenkt worden, schreibt Paulus an die Gemeinde in Korinth, und erläutert das dunkle Wort mit dem Nachsatz, „nämlich des Satans Engel, der mich mit Fäusten schlagen soll, damit ich mich nicht überhebe" (2. Korintherbrief 12,7).

Demut ist die Schwester der Erwählung; doch gibt es in der missionarischen Praxis Momente, wo sich der Prediger seiner Berufungsvision rühmen muß. Das berühmte Damaskuserlebnis des Paulus wird konsequent für Missionszwecke zitiert. Drei Kontexte der Berufungsvision sind durch die Apostelgeschichte überliefert. Ein Vergleich zeigt schnell, daß der ursprüngliche Visionskern narrativ ausgeformt wird. Dabei kommt es zu Unstimmigkeiten in der Berichterstattung, die den Zuhörern des Paulus nicht auffallen können, weil sie jeweils nur eine Version vernehmen.

Der visionäre Kern der Berufung bestand wahrscheinlich aus drei Sätzen: einer Frage nach dem Grund der Verfolgung, einer Namensoffenbarung des auferstandenen Herrn und dem Auftrag, in die Stadt zu gehen und dort weitere Instruktionen abzuwarten. Auch die Begleitumstände sind festgehalten. Paulus sieht am Himmel ein Licht und ist geblendet. In diesem Licht schaut er Christus und hört seine Stimme. Seine Begleiter jedoch, „hörten zwar die Stimme, aber sahen niemanden" (Apostelgeschichte 9,7). In seiner Jerusalemer Verteidigungsrede vor Juden berichtet er das Gegenteil: „Die aber mit mir waren, sahen zwar das Licht, aber die Stimme dessen, der mit mir redete, hörten sie nicht" (Apostelgeschichte 22,9).

Vor römischen Zuhörern ist der Bericht von der Berufungsvision deutlich erweitert worden. Die Umstände der Offenbarung sind weitgehend zurückgedrängt. Paulus und seine Begleiter, so berichtet der Apostel dem Agrippa und Festus, wären vor der Erscheinung in den Staub gesunken. Den Herrn gesehen hat niemand, und nur der Erwählte selbst hört die Stimme, die ihm ein ausführliches Missionsprogramm an den Heiden vorträgt. Wichtig ist jetzt nicht mehr, was der Visionär gesehen hat, sondern was die Gottlosen sehen werden. Der ehemalige Jude Paulus wird unter die Heiden geschickt, „um ihnen die Augen aufzutun, daß sie sich bekehren von der Finsternis zum Licht und von der Gewalt des Satans zu Gott" (Apostelgeschichte 26,18).

An den drei Fassungen dieser Berufungsvision ist deutlich abzulesen, worauf es in einer christlichen Berufung ankommt: nicht das Rühmen mit speziellen und ganz persönlichen Offenbarungen, auch nicht die authentische Dokumentation des Visionskernes, sondern die dynamische Umsetzung der Visionserfahrung in Handlung. Die Vision will Umkehr zu Gott freisetzen. Darin ist sie eine Zumutung

Gott sendet Boten der Mitte. In den drei Engeln ist der Schöpfer selbst anwesend. Im Hain von Mamre tischte Abraham seinen himmlischen Gästen Butter, Milch, Brot und Kalbfleisch auf, „und sie aßen" (Genesis 18,8). Der russische Malermönch Andrej Rubljow setzt die Nahrung ins Zentrum des Bildes. „Seht und schmeckt, wie freundlich der Herr ist!" Gottes Gegenwart will ganzheitlich, mit Leib und Seele erfahren sein. Rubljows Engel sind Symbol der Trinität, und der Kelch Symbol der Eucharistie, Erfahrungsort der Gottesgegenwart.

Deesis. Ikone von Andrej Rubljow, 1411.
Moskau, Staatliche Tretjakov-Galerie.

für den Menschen. Sie provoziert und löst Abwehrmechanismen aus. Die Reaktion des Römers Festus auf den Visionsbericht des Paulus bezeugt dies. Mit lauter Stimme entgegnet er Paulus: „Paulus, du bist von Sinnen! Das große Wissen macht dich wahnsinnig" (Apostelgeschichte 26,24).

Patriarchen und Propheten

Die biblischen Urbilder des Engels der Berufung finden sich bei den Patriarchen und Propheten. Abraham, Jaakob oder Jesaja und Hesekiel sind gewaltige Persönlichkeiten. Ihre Engelvisionen bilden keine Privatoffenbarung. Sie werden berufen zum Empfänger des göttlichen Segens oder Verkünder des göttlichen Zornes und kommenden Gerichtes über die untreue Braut Israel.

Zum Stammvater aller Gläubigen der drei monotheistischen Religionen ist Abraham geworden. Ihm erscheint Gott in der Gestalt von drei Männern. Obwohl der Text sie nicht ausdrücklich als Engel beschreibt, sind sie dennoch von den großen Malern so dargestellt worden. Der Malermönch Andrej Rubljow (1370–1430), mit dem sich die Wende von der byzantinischen zur russischen Kunst vollzieht, hat in seiner „Dreifaltigkeitsikone" die Begegnung zwischen Abraham und den drei Männern als alttestamentlichen Hinweis auf die christliche Trinitätslehre gedeutet. Marc Chagall malt gleichfalls drei Engel. Sein Bild hebt besonders die sinnliche Atmosphäre der Tafelfreuden hervor, denen der biblische Text breiten Raum gewährt. Seit wann essen Engel frischgebackenen Kuchen, zartes Kalbfleisch, Butter und trinken dazu noch Milch?

Wie alle großen Visionen lebt auch diese im Hain Mamre vom vielfachen Beziehungsmuster, das jede Eindeutigkeit in mehrfache

Bedeutsamkeit verzweigt. Die orientalische Hitze in der Mittagsglut bildet dafür eine angemessene Rahmung. Abraham, zu diesem Zeitpunkt bereits erwählt zum Stammvater Israels, sitzt an der Tür seines Zeltes, „als der Tag am heißesten war" (Genesis 18,1). Da begegnet ihm „der Herr". Er wird die Berufung wiederholen und auf die baldige Geburt des Erben hinweisen. Das ist Abraham bereits mitgeteilt worden, kann also nicht Kernstück der Geschichte sein. Als Abraham die Augen hebt, sieht er, „da standen drei Männer vor ihm".

Hieß es nicht gerade noch, der Herr sei erschienen? Gott ist einer und wird im Singular von Abraham angesprochen. Antwortet der Herr, so heißt es wiederum im Plural: „Da sprachen sie." Die Luft flimmert, da verschwimmen die Bezüge. Der Eine tritt in dreifacher Gestalt auf, doch die Drei sind nur der Eine. Deshalb wäre es falsch, drei Männer anzusprechen, wo jede Gestalt doch nur der Herr ist. Abraham hat in der Mittagshitze im Schatten seines Zeltes gedöst. Als Nomade kennt er die Wüste, ihren Lebensraum und ihre Trugbilder. Er kann die Luftspiegelung von der echten Oase am Horizont unterscheiden.

Ein Meister des Sehens. So schaut er auch jetzt im Hain Mamre auf den Grund der Wirklichkeit und spricht in den drei Männern allein seinen Herrn und Gott an. Diese Optik der verschwimmenden Bezüge ist auch der Grund, warum christliche Leser in den drei Männern Spuren der Trinität wie der Engel haben finden können. Gott ist als Vater, Sohn und Heiliger Geist dreifache Person und zugleich doch ganz der eine im Sohn und Heiligem Geist. Ebenso verströmt sich Gott in die Vielzahl seiner Engel und ist doch in jedem Engel, der dem Menschen gegenübertritt, mit ganzer Person anwesend. Der Engel der Geburt erschien vor Maria und kündigte den Beginn einer neuen Zeit an. Der Jungfrau steht im Hain Mamre Sara, die alte Frau, gegenüber. Erneut ist die Berufung mit einer Geburtsgeschichte verknüpft.

Die Begegnung im Hain Mamre bereitet die Empfängnis des Erben vor. Noch lacht die Stammutter Israels über die Prophezeiung der drei Boten: „Nun ich alt bin, soll ich noch der Liebe pflegen, und mein Herr ist auch alt!" Doch schon bereitet sie im Zelt die Mahlzeit vor. Eine Wendezeit ist gekommen. Das muß gefeiert werden. Wird deshalb der Tisch unter dem Baum so reichlich mit Kuchen und Kalbfleisch gedeckt? Der Engel Raphael hatte nach seiner Lebensreise mit dem jungen Tobias gestanden, er habe nur zum Schein menschliche Speise gegessen und irdischen Trank getrunken. Hier, am Anfang der langen und noch nicht beendeten Geschichte der Begegnung zwischen Gottes Engeln und den Menschen, geht es sinnenfreudig zu. Niemand täuscht oder enttäuscht den anderen. „Und er trug Butter und Milch auf und von dem Kalbe, das er zubereitet hatte, und setzte es ihnen vor und blieb stehen vor ihnen unter dem Baum, und sie aßen."

Daß Gott dem Menschen im Angesicht seiner Feinde einen Tisch deckt, weiß der Psalmist zu singen. Auch Christus lädt zum großen Abendmahl ein. Essen und Trinken sind beim Abendmahl und Meßopfer vertraute Zeichen von Gottes Zuwendung zum Menschen. Hier aber, im Hain Mamre sind die Rollen vertauscht. Im Schatten des Baumes sitzt Gott an einer Festtafel und läßt sich vom Menschen auftischen. Vielleicht, damit beim Zuhörer nicht der Verdacht aufkomme, der Urvater habe in einer Fata Morgana Trugbilder der Gottesnähe geschaut, wird weitererzählt, wie zwei Engel nach Sodom ziehen und von Lot erneut zum Mahl eingeladen werden: „Und er machte ihnen ein Mahl und backte ungesäuerte Kuchen, und sie aßen" (Genesis 19,3).

Zweimal direkt hintereinander können keine Täuschungen vorkommen. Wenn der göttliche Bote irdische Speise zu sich nimmt, so unterstreicht dies den Realismus von Gottes Gegenwart, der leibhaftig und nicht nur „symbolisch", „archetypisch" oder auf andere Weise uneigentlich anwesend ist. Die Vision zielt auf echte Gottesschau von Angesicht zu Angesicht. Wie könnte da im Angesicht Gottes nur zum Schein gegessen werden? Zur Unterstreichung des Realismus' seiner leibhaftigen Auferstehung wird auch Christus vor den verdutzten Jüngern einen gebratenen Fisch essen (Lukas 24,42). An der leibhaftigen Gegenwart Christi im Abendmahl wird wiederum die christliche Kirche festhalten. Auch hier ist Gott nicht nur symbolisch, sondern sinnlich gegenwärtig. Man kann ihn sehen und schmecken. „Schmecket und sehet, wie süß (freundlich) der Herr ist" (Psalm 33,9).

Brot und Wein sind Leib und Blut Christi. In ihnen ist er leibhaftig anwesend und nicht nur scheinbar. Das Sakrament der Eucharistie (des Abendmahles) hat mit den alttestamentlichen Visionen die Transformation von Wirklichkeit gemein. Gottes Geist durchdringt die menschliche Körperwelt, das Profane wird durch Gottes Gegenwart geheiligt. Alles zielt auf Wesensverwandlung (Transsubstantiation) in einem ganzheitlichen Erleben von Wirklichkeit.

Prophetenvisionen sind synästhetische Erlebnisse. Der ganze Mensch wird ergriffen und gewandelt. Dem Propheten Ezechiel wird eine Schriftrolle gereicht. Sie ist beidseitig beschreiben mit Worten der Klage. Der Prophet erhält den Auftrag, die Schriftrolle zu essen und soll anschließend vor das Volk Israel treten, um im Namen Gottes Klage zu führen. „Da aß ich sie, und sie war in meinem Munde so süß wie Honig" (Ezechiel 3,3).

Katholische Messe und evangelischer Gottesdienst haben in ihren Liturgien das Gloria und Sanctus. Mit beiden werden Gesänge der Engel zitiert. Das Gloria stimmen die himmlischen Heerscharen vor den Hirten an: „Ehre sei Gott in der Höhe" (Lukas 2,14). In der großen Thronvision des Propheten Jesaja singen die Seraphim das Sanctus: „Heilig, heilig, heilig" (6,3). Wenn die Gottesdienstgemeinde in den Gesang der Engel einstimmt, dann hat sie Anteil an der Gottesschau. Der Gottesdienst wird zum Ort des Schauens und Schmeckens. Die auf den Namen Christi getaufte Gemeinde ist berufen, schon jetzt die Herrlichkeit Gottes zu bezeugen, die erst am Ende der Zeit allen sichtbar werden wird. Im Gottesdienst hat die Vision einen „Sitz im Leben". Hier ist auch der Erfahrungsort für alle, die keine unmittelbare Begegnung mit dem Engel der Berufung erleben. Das Feuer seiner Botschaft wird in der priesterlichen Vermittlung auf eine geringere Strahlungsintensität transformiert, damit es die Gemeinde nicht versehrt.

Der Engel der Berufung zeigt die Herrlichkeit Gottes. Sein Glanz aber deckt den Abgrund der Sünde auf. Deshalb schreit Jesaja: „Weh mir, ich vergehe“ (6,5). Er wird zum Unheilspropheten für Israel berufen. Zur Vorbereitung seines Auftrages gehört die Reinigung von Schuld und Sünde. Dazu fliegt ein Seraphim zum Räucheraltar. Ihm entnimmt er mit einer Zange ein Stück glühender Kohle und berührt damit die Lippen des Propheten. Aus dem Mund des Berufenen wird Gottes Wort an das Volk Israel ergehen. Deshalb muß die Sprache des Menschen von aller Sünde gereinigt werden.

Die Sprache ist göttlichen Ursprungs. Durchs Wort rief der Herr eine Welt ins Dasein, durch Worte gibt der Mensch allen Tieren und Pflanzen einen Namen. Wie Gott durch Sprache heilen und zerstören kann, indem er Worte der Gnade und Worte des Zornes spricht, so dient auch dem Menschen die Sprache nicht nur zum friedlichen Umgang mit der Welt. Die biblische Urgeschichte nennt Lüge, Prahlerei, Gleichgültigkeit, Machtstreben, die Propheten ergänzen Worte der Untreue und der Hingabe an andere Götter. Der berufene Jesaja wird Gottes Wort gegen den Mißbrauch der Sprache erheben und in das „Heilig, heilig, heilig“ der Seraphim einstimmen.

Gibt die Berufung den unmittelbaren Blick zur Gottesschau frei, so kommen damit Engel aus der direkten Umgebung von Gottes Thron in das Blickfeld. Normale Sterbliche werden sie niemals sehen. Engel und Erzengel haben eine anthropomorphe Gestalt. Sie sehen so aus wie Menschen. Vielleicht ein wenig zarter gebaut, doch nichts an ihrer äußeren Erscheinung löst Befremdlichkeit aus. Nicht einmal Flügel hat jeder Engel. Raphaels Engelidentität wird von Tobias trotz wochenlangen Zusammenlebens nicht entdeckt. Jesaja dagegen schaut mit den Seraphim einen Engeltypos, der keine Ähnlichkeit mit der menschlichen Gestalt hat und dessen Wesen reine Befremdlichkeit ist. Wie die Cherubim stehen die Seraphim unmittelbar vor dem Herrn Zebaoth, dem Gott der himmlischen Heerscharen. Er sitzt auf seinem Thron, und der Saum seines Gewandes erfüllt den ganzen Tempel. „Seraphim standen über ihm; ein jeder hatte sechs Flügel; mit zweien deckten sie ihr Antlitz, mit zweien deckten sie ihre Füße, und mit zweien flogen sie. Und einer rief zum andern und sprach: Heilig, heilig, heilig ist der Herr Zebaoth, alle Lande sind seiner Ehre voll! Und die Schwellen bebten von der Stimme ihres Rufens, und das Haus ward voll Rauch" (Jesaja 6,2–4).

Die Flügel sind weniger Fortbewegungsmittel als Decke über dem geheimen Antlitz dieser Engel. Jesaja schaut im Zentrum der Gottesnähe ein Urbild ständiger Bewegung, dessen energetische Mitte unergründlich ist. Vertrauter Ästhetik noch weiter entfernt sind die Engeltypen mit dem seltsamen Namen „Gestalten" und „Räder". In seiner Berufungsvision schaut Ezechiel diese dynamischen Wesen: „Und die Gestalten liefen hin und her, daß es aussah wie Blitze" (1,14). Hier wird ein Blick getan in das pulsierende Herz der Schöpfung. Die Gestalten sind wie Flammenexplosionen im Meer der göttlichen Sonne. Die Licht- und Feuermetaphorik verweist auf die Energiequelle, auf einen Schöpfergott, der nicht nur am Anfang, sondern auch jetzt schaffend tätig ist. Denn die Berufung zielt auf Gottes Eingriff in die Schöpfung.

Wenn der Prophet die äußere Erscheinung dieser Gestalten beschreibt, so führt er seine Hörer und Leser an die Grenze der Vorstellungskraft. Zuerst heißt es, die Gestalten seien „anzusehen wie Menschen" (Ezechiel 1,5). Schon der nächste Satz fordert die Imaginationskraft heraus, denn was so wie Menschen aussehen soll, „hatte vier Angesichte und vier Flügel". Wie Stierfüße, dazu leuchtend im Kupferglanz, sind die Füße der Gestalten. Mit ihnen bewegen sie sich. Die vier Flügel dienen offenbar nicht zum Fliegen. Zwei bedekken den Leib, zwei sind in die Höhe ausgebreitet und berühren sich an den Spitzen. Zwischen den Flügeln schauen Menschenhände hervor. Acht insgesamt, an jeder der vier Körperseiten zwei. Vier Gesichter zeigt der Kopf. Vorn das eines Menschen, das rechte Angesicht gleicht einem Löwen, das linke einem Stier, das hintere einem Adler.

Der christliche Leser ist geneigt, eine Verbindungslinie zu den Evangelistensymbolen zu ziehen. Ist die Gestalt folglich kein Engel, sondern Christus selbst? Der Plural verbietet diese Suchbewegung.

Ezechiel schaut Gestalten und nicht die eine Gestalt. Sie sind vom Geist Gottes getrieben in ständiger Bewegung, laufen mal in die eine, dann die andere Richtung, brauchen sich aber bei keinem Richtungswechsel umzuwenden; „immer gehen sie in Richtung eines ihrer Angesichter". Aus dem Hintergrund der Gestalten dringt Licht von feurigen Kohlen und Fackeln hervor. Mal ist es verdeckt, mal sichtbar. So entsteht der Blitzeffekt.

Das Szenario hat natürlich im Zeitalter der Raumfahrt und der Ufologie als alttestamentlicher Kardinalbeleg für Erich von Dänikens These einer frühen Astronautik herhalten müssen. Ezechiel schaue in den Gestalten und Rädern die Botschafter einer intergalaktischen Großmacht. Besonders Anfang und Ende der Vision werden dabei zur Stützung dieser Deutung herangezogen. Den Lichtblitzen am Ende stehen „ungestümer Wind von Norden her, eine mächtige Wolke und loderndes Feuer" (Ezechiel 1,4) zu Beginn der Schau gegenüber. Wind, Gaswolke, Feuer und strahlender Glanz – alles deute auf die Landung eines Raumschiffes hin.

Warum nicht? In einhundert Jahren, wenn neue Fluggeräte entwikkelt sein werden, wird der rückwärtsgewandte Blick auf die Prophetenvisionen weitere Entdeckungen machen. Bei Jesaja, Ezechiel und Jeremia, bei Abraham, Jaakob und vor allen Dingen Johannes auf Patmos mögen noch ganze Ufogeschwader unentdeckt hinter Engelflügeln verborgen sein. Der Zeitgeist wird immer nur sich selbst wiederfinden und begreifen, was ein von technischen Phantasien zugekleistertes Hirn zu fassen vermag.

Die Gestalten sollen kein photographisches Abbild des himmlischen Hofstaates geben. Im Gegenteil! Wenn Ezechiel aus dem lodernden Feuer und dem strahlenden Glanz des Visionsbeginns zur Wahrnehmung einer Gestalt geführt wird, deren Erscheinung anthropomorphe Formen in paradoxer Kombination vereint, um schließlich sich selbst in dynamischer Bewegung zu einem Lichtblitzspektakel zu steigern, dann wird die Anschauungskraft des Propheten über den Rand der Wirklichkeit hinaus in das unsagbare Geheimnis des unsagbaren Gottes geführt. Der Sinn dieser genauen

Beschreibung ist die Erzeugung einer imaginativen Sprengkraft, die sich am Ende selbst aufhebt und damit der Wahrheit Gottes näherkommt. Hier wird nichts erklärt, keine höhere Wirklichkeit beschrieben. Keine Supernova explodiert, und kein Raketenmotor zündet. Hier raucht der Kopf und die Gedanken blitzen, denn der Heilige Gott ist nahe. Sein Geheimnis wird durch Seraphim und Cherubim, Gestalten und Räder zum Ausdruck gebracht. Nah und dennoch nicht zu fassen sind die Gestalten vor Gottes Thron. Alles, was man in einem Augenblick der Wahrnehmung über sie sagen kann, hat der proteische Urgrund im nächsten Moment bereits gewandelt. Ihre Bewegungsart enthebt sie noch nicht der dem Menschen vertrauten dreidimensionalen Wirklichkeit, doch ist die Möglichkeit einer Omnipräsenz bereits angedeutet.

Den Gestalten beigegeben sind die Räder. Auch sie werden von Paulus und den Kirchenvätern den Engeln zugeordnet. Zum populären Engelbild bilden die Räder den krassesten Gegensatz. Sie haben Flügel. Ihr Körper hat die Form eines Reifens. Auf den Felgen befinden sich zahlreiche Augen. Jeweils vier der türkisfarbenen Räder sind ineinander verschränkt. Sie folgen dem Bewegungsablauf der Gestalten. Kein Maler könnte von dieser Engelvision ein realistisches Bild malen, da mit der Imaginationskraft die räumliche Vorstellungswelt gesprengt wird. Ein Computerkünstler und Videospezialist besäße vielleicht das passende Instrumentarium, um der Vision einen angemessenen zeitgenössischen Ausdruck zu verleihen.

Die Augen auf den Räderfelgen stellen der vieldimensionalen Beweglichkeit eine multiperspektivische Wahrnehmung zur Seite. Auch hier soll sich letztlich jede Anschaulichkeit selbst aufheben. Die ungezählten Augen sehen die Wirklichkeit aus so vielen Blickwinkeln, daß sich im Visionär das Bild einer alles sehenden Macht einprägt. Gestalten und Räder sind nur Vorspiel für das Erscheinen Gottes und die Beauftragung des Propheten. Kein Wunder, daß Ezechiel am Ende der Vision sieben Tage verstört herumläuft.

Dionysios Areopagita und die neun Chöre der Engel

Die Patriarchen und Propheten sind an einer systematischen Engellehre nicht interessiert. Auch Paulus, der den bereits bekannten Engeltypen die „Throne, Mächte, Gewalten und Herrschaften" (Kolosserbrief 1,16) hinzufügt, entwickelt kein angelologisches Lehrgebäude. Die Engel bleiben dynamischer Ausdruck des unbegreiflichen Geheimnisses des allmächtigen, allgegenwärtigen und alles sehenden Schöpfergottes. Erst Dionysios Areopagita wird um 490 n. Chr. eine Systematisierung der biblischen Rede von den Engeln vornehmen. Seine Lehre von den neun himmlischen Chören der Engel hat die sakrale Architektur der Romanik und Gotik ebenso beeinflußt wie die mittelalterliche Vision, die Theosophie, Anthroposohie und die christliche Eschatologie.

Der Kirchenvater Hieronymus (ca. 340–420) hatte betont, daß die Wirklichkeit der Engelwelt das Maß menschlicher Kenntnis übersteigt. Den Grad der Heiligkeit von Engeln, Erzengeln, Thronen oder anderen dienstbaren Geistern festzustellen, müsse der Mensch Gott allein überlassen. Dionysios Areopagita wird grundsätzlich zustimmen, „daß die Ordnungen der himmlischen Wesen für uns nicht zählbar sind", zugleich aber für seine Engellehre die Ausnahme reklamieren, indem er sich auf eine Engeloffenbarung beruft, durch die er eine „geheimnisvolle Lehre empfangen" habe, die er „nach besten Kräften auseinandersetzen" wolle. Der „göttliche Lehrer" habe ihm eine Gruppierung der Engel in drei triadische Ordnungen offenbart.

Die insgesamt neun Engelordnungen oder -chöre sind klassifiziert nach dem Grad ihrer Gottesnähe. Zur *ersten* Hierarchie zählt Dionysios die Seraphim, Cherubim und Throne (Räder). „Keine andere ist Gott ähnlicher und den unmittelbaren Ausstrahlungen der Urgottheit unmittelbar näher unterstellt als diese." Die *zweite* Dreiergruppe bilden Mächte, Herrschaften und Gewalten. Erst in die *dritte* Hierarchie der Engel, die am weitesten von dem göttlichen Zentrum entfernt ist, ordnet Dionysios die Fürstentümer, Erzengel und schließlich die Engel ein.

Die Systematik des Dionysios hebt nicht das dynamische Element der Engelvisionen der Propheten auf. Seine Engelhierarchien vermitteln keine Gnosis von der Wirklichkeit höherer Welten, sondern bleiben Modell einer Wahrnehmung, das den Betrachter an den Rand der Einbildungskraft führen will. Nicht Wissen, sondern geistige Bewegung, nicht Statik, sondern Dynamik sollen in ihm erzeugt werden. Im äußersten Chor der Engel, gleichsam am Rand der Schnittstelle zwischen Himmel und Erde, sitzen die Botenträger. Sie halten die Beziehung zwischen Mensch und Gott aufrecht.

Folgt man Dionysios' Bild von den himmlischen Hierarchien, so führt der Weg von den vertrauten Engeln über die Erzengel Gabriel, Michael und Raphael durch sieben weitere Chöre zur göttlichen Mitte. Mittelalterliche Mystikerinnen haben den Engelhierarchien einen spirituellen Initiationsweg entnehmen können. Scholastische Spekulationen sehen in ihnen eine dreifache Andeutung der Trinität. Sie alle zeigen, daß Dionysios' Systematisierung aus den Deutungen und Erkenntnisprozessen lebt, die sie in unterschiedlichen geistesgeschichtlichen Kontexten freisetzen konnte.

Hildegard von Bingen (1098–1179) hat für diesen Prozeß der geistlichen Verlebendigung in ihrer eigenen Vision der neun Engelchöre das schöne Bild von den „Flügeln des Glaubens" gewählt. Sie sollen durch die Betrachtung der singenden und jubilierenden Engelordnungen gelöst werden, damit in der Erkenntnis des wahren Gottes auch die Menschen „die Flügel ihrer Herzenssehnsucht in gutem und gerechten Streben auf den spannen, der über allen ist."

Hildegards Vision der Engelchöre ist Schau und in der Deutung des Gesehenen zugleich Erschließung des Wesens der Gott-Mensch-Beziehung. Damit wird den himmlischen Hierarchien eine Stufenlehre der anthropologischen Selbsterkenntnis im Spiegel der Engel und eine stufenweise Annäherung an Gottes Geheimnis entnommen. Gott selbst offenbart der Seherin diese anthropologische und theologische Seinserhellung. Mit ihrer Kreisbewegung verweisen die neun Chöre auf die göttliche Mitte, deren schöpferische Dynamik sich in ihnen entfaltet. Sie sind Abbild der Hinwendung des Geschöpfes zum Schöpfer und zugleich Zuwendung des Schöpfers zu seiner Schöpfung. Schauen und Rühmen der Herrlichkeit Gottes ist ihnen ebenso eigen wie aktiver Dienst an Mensch und Schöpfung.

Wie der Engel der Kindheit, so sind Hildegards himmlische Chöre durch eine doppelte Optik charakterisiert: Sie schauen auf Gott und Welt zugleich. Damit verkörpern sie das Ideal klösterlicher Lebensform: die Balance von aktivem, der Welt und den Menschen zugewandtem Leben (vita activa), und stiller Versenkung in die göttlichen Geheimnisse (vita contemplativa). Dem Christen sollen sie Vorbild sein im Lobpreis Gottes und der gleichzeitigen Hinwendung zum Menschen.

Die Vision ist eine Sehschule für die Entwicklung des stereoskopischen Blicks, der Gott und Mensch stets gleichzeitig sieht und bei der Kontemplation den Kampf gegen die widergöttlichen Kräfte in der Welt nicht vergißt. Hildegard leitet aus dem stereoskopischen Blick der Engel eine ethische Maxime ab: Auch die Gläubigen sollen „mit jeglicher Zuneigung des Geistes Gott und den Nächsten in der Liebe" umkreisen. Sinnbild der flammenden Liebe und der Gottessehnsucht sind die Flügel der Engel und die menschlichen „Flügel ihrer Herzenssehnsucht". Sie dürfen nicht mit den Vogelflügeln verwechselt werden, sondern „schnell, wie der Gedanke des Menschen dahinfliegt, drängt ihre Sehnsucht sie, den Willen Gottes zu erfüllen".

Hildegard wird die großen Engelvisionen der Propheten gekannt haben. Deutlich ist sie der Systematisierung des Dionysios Areopagita verpflichtet. Propheten und Kirchenväter bilden gleichsam die Sehschule, durch die sie gegangen ist und deren Wahrnehmungsmuster in ihrer eigenen Vision wiederzuerkennen sind. Die visionäre

Begabung weist sich auf dem Hintergrund der Tradition durch den neuen Zugriff aus. Er liegt bei Hildegard in der gegenseitigen Erhellung von Gott, Engel und Mensch und der christozentrischen Ausrichtung der gesamten Vision. In der Sehschule der Engel soll der Mensch das Geheimnis der Passion bedenken lernen. So leuchtet in den Erzengeln „wie in einem Spiegel das Bild des Menschensohnes auf". Dem Chor der Fürstentümer, die Hildegard als Urbild weltlicher Obrigkeit schaut, entnimmt sie eine politische und soziale Dimension. Könige und Fürsten hienieden, „die aus Gottes Gabe in der Welt über die Menschen herrschen", sollen nach dem Vorbild der Engel „auf ihr Haupt schauen, das Christus ist, und ihre Regierung nach seinem Willen zum Nutzen der Menschen führen".

Die Engelvision hebt nicht ab, sondern führt in den lebendigen Organismus der Schöpfung hinein. Hier hat sich die Gottesliebe in der Zuwendung zum Menschen zu entfalten. Der Engel der Berufung führt in die Vision eines neuen Lebens. Keine Entweltlichung oder Weltflucht ist sein Ziel, sondern die Durchströmung der Welt mit Gottes Liebe, so wie Hildegard selbst als Mystikerin, Politikerin, Ärztin, Künstlerin und Nonne in Kontemplation und Kampf ihr Christsein lebte. Wie bei Ezechiel und Abraham pulsiert auch hier die Engelschau zwischen Enthüllung und Verhüllung des göttlichen Geheimnisses. Die Engel bringen Gottes Wesen zur Sprache. So deuten die Throne darauf hin, „daß die Gottheit sich zur Menschheit neigte, als der Eingeborene Gottes (= Christus) zum Heile der Menschen einen Menschenleib anzog". Gleichzeitig durchzieht die gesamte Vision der Hinweis, „daß in den seligen Geistern viele Geheimnisse sind, die der Mensch nicht wissen soll. Denn solange er sterblich ist, kann er das Ewige nicht vollkommen erkennen."

Damit zieht Hildegard jeder visionären Begabung eine Grenze und sichert trotz seiner Selbstoffenbarung die Unverfügbarkeit Gottes. Jedes Reden von Gott kann auf Erden niemals fester Besitz des Menschen werden und in Wissenschaft übergehen, sondern bleibt – wie die Engelchöre – umkreisende Fühlungnahme mit Gottes Geheimnis. Hildegards Engel sind in Bewegung, und sie wollen das menschliche

Leben von Gottesbraus bewegt halten. Sie sind eine Seh- und Glaubensschule, lehren Stille, Gebet und Nächstenliebe in der Nachfolge Christi.

Hildegard hat ihre Vision farbig malen lassen, vielleicht auch selbst zum Pinsel gegriffen und dabei eines ihrer selbst komponierten Lieder gesungen. Die göttliche Mitte ist dabei weiß gehalten. Nicht einmal ein Gottessymbol, eine Hand, ein Auge oder die Gesetzestafeln kennzeichnen das Zentrum. Gott bleibt inmitten des vielstimmigen Sagens und Singens von Engeln und Menschen der Unsagbare. Das bewirkt Demut und Erwartung zukünftigen Offenbarwerdens zugleich. Vor allen Dingen Freude an der Vielzahl und Vielfalt der Stimmen im Chor der christlichen Gemeinde.

Im vielfältigen Ringen um Ausdruck der Herrlichkeit Gottes geben die Engelchöre ein dynamisches Vorbild einer vita christiana, das an keiner Stelle zur selbstgenügsamen Schau abhebt. Denn der Gesang der Engel wird nur „in den Wohnungen derer vernommen, die die Ungerechtigkeit abschütteln und Gerechtigkeit wirken." Jeder, der Flügel des Glaubens besitzt, so spricht Gott selbst am Ende der Engelvision, solle sich von dem ganzheitlichen Erleben ergreifen lassen, damit er Gottes Geist „koste, umfange und trage" in seiner Seele. Wie im Hain Mamre (Abrahams) durchdringt die göttliche Gegenwart alle Sinne des Menschen. Schauen, Schmecken, Umfangen sind Ziel der Vision.

Wann ist diese Theologie der Zärtlichkeit und Sinnlichkeit je wieder gelebt worden? Wann ist diese Polyphonie „jeglicher Art von Musik" jemals wieder in den Gemeinden erklungen? Wo wurde das fröhliche Wetteifern um Ausdruck der Herrlichkeit Gottes und seiner Schöpfung gelebt? Wer zog aus der Gottesschau Kraft, die Welt zu verwandeln? Der Engel der Berufung führt in eine Welt, die rein und vollendet erst in der Vision existiert. Deshalb setzt jede Gottesschau den Menschen in Erwartung, reißt aber auch den Abgrund zwischen Gegenwart und Zukunft auf. Visionen wie Hildegards Engelschau werden erst am Ende der Zeiten eingeholt. Die Gemeindewirklichkeit aller Jahrhunderte verblaßt ihr gegenüber und müßte sich verschämt vor Gottes Antlitz verbergen, gäbe es nicht die Heiligen, in deren Lebenslauf ein Stück Himmel auf Erden aufleuchtet. Ohne sie wäre die visionäre Kraft erschlafft.

Dreizehn Jahre nach Hildegards Tod wird im italienischen Assisi ein Heiliger geboren, den seine Verehrer den „engelgleichen Mann" und „Pater seraphicus" nennen werden. Schon zu Lebzeiten wird ihn die Legende über jedes normale menschliche Maß hinaustragen. So wandelt der kleine Bruder Franz nicht nur in den Spuren Jesu, sondern wiederholt den Lebenslauf des Mannes aus Nazareth, bis er am Ende „in das wahrhaftige Ebenbild des gekreuzigten Jesus" verwandelt wird. Ein Leben wie es der Heilige Franz (1182–1226) führte, in dem sich Himmel und Erde durchdrangen und die Einheit der Schöpfung aufleuchtete, findet allein in der Imaginationskraft der Legende einen angemessenen Ausdruck. Hier wird das Wunder der Transformation der Wirklichkeit in das Reich Gottes durch alle Bereiche der Natur, Gesellschaft, Politik und des Glaubens dekliniert.

Franz von Assisi

Die große Wandlung der menschlichen Natur erlebt Franz auf dem Berg La Vernia in der Toskana. Hier hält er das vierzigtägige Fasten zu Ehren des Erzengels Michael und durchlebt Stationen aus dem Leben Christi. Wie sein Herr reitet er auf einem Esel der Passion entgegen, wird wie Christus in der Wüste vom Teufel versucht. Auch zu ihm kommt ein Engel, wie damals im Garten Gethsemane, um ihn zu stärken. Nach der Stigmatisierung leuchtet der Berg, und Hirten folgen dem Licht. Franz wird Wunder vollbringen, und selbst ein ungläubiger Thomas ist zur Stelle. Unter der narrativen Freiheit der Legende werden die Fioretti („Blümelein des heiligen Franziskus von Assisi") eine atemberaubende Steigerung der Nachfolge Christi erzählen.

War Franz in seinem Leben dem Gottessohn gleich, so wird ihm durch Christus nach seinem Tod die Macht der Erlösung seiner Ordensbrüder und -schwestern aus dem Fegefeuer zuerkannt. Wörtlich heißt es aus dem Mund des Auferstandenen: „So gewähre ich dir, daß du jedes Jahr am Tage deines Todes in das Fegefeuer niedersteigst und alle Seelen deiner drei Orden, der Minoriten, Clarissinnen und Continenten, und auch die andern, welche dir ergeben waren und die du dort finden wirst, kraft deiner Wundmale erlösest und zur Herrlichkeit des Paradieses führst. Denn du sollst mir gleich sein im Tode, wie du mir im Leben gleich bist." Eine dogmatische Ungeheuerlichkeit waren bereits die Worte des Engels, mit denen Franz versprochen wurde, sein Orden werde bis zum Ende der Zeiten bestehen und „niemand wird ein so großer Sünder sein, daß er nicht die Barmherzigkeit Gottes fände, sofern er nur von Herzen deinen Orden liebt; und niemand, der aus Bosheit deinen Orden verfolgt, wird lange leben".

Die Fioretti sind eine Theologie des italienischen Volkes, und nie wieder in der an Wundern und Gestalten reichen Geschichte der Heiligen und ihrer Legenden wurde so kühn erzählt. Die Engelvisionen auf dem Berg La Vernia verblassen angesichts der Vorstellung, der Heilige Franz steige einmal im Jahr vom Himmel ins Fegefeuer, um die dort geläuterten Seelen zu erlösen.

Durch den Heiligen geht die spirituelle Bewegtheit der Seraphim und verwandelt den Körper in den eines Engels. Wie Seele und Geist hat auch der Leib alles Irdische überwunden und schwebt drei Ellen hoch über den Brüdern. Franz hebt ab. Die Verzückung treibt ihn in die Höhe. Das nächste Mal vier Ellen hoch, „endlich einmal bis zur Höhe der Buche; einmal gar sah er ihn zu solcher Höhe und von solchem Glanze umgeben emporschweben, daß er ihn kaum noch erkennen konnte". Bruder Leo ist Zeuge der Levitationen des Heiligen

Franz. In ihnen klingt das Motiv der Himmelfahrt an. Leo sucht jede Gelegenheit, die Füße des schwebenden Franz zu küssen, um Anteil zu erhalten am Gottesfeuer des Heiligen. Ein Vorgeschmack auf das himmlische Leben ist auch der Engel mit der Geige. Er spielt vor Franz „eine solche wonnevolle Melodie, daß sie seine Seele mit Süßigkeit erfüllte und jeder körperlichen Empfindung enthob".

Dann erscheint am 14. September 1224, dem Tag der Kreuzerhöhung, ein sechsflügeliger Seraph. Wie die Erzengel bei Hildegard trägt er das Bild des Gekreuzigten in sich. Franz erschrickt, Freude über den Boten und schmerzvolles Mitleiden beim Anblick des geschlagenen Gottessohnes wüten in seiner Brust. Der Seraphim kündigt ihm an, er werde „durch eine innere Glut ganz zu der völligen Gleichheit mit dem gekreuzigten Christus gewandelt". Auf den Händen, Füßen und an der rechten Seite der Rippen erscheinen die fünf Wundmale Christi. Franz wird das Geheimnis seiner Verwandlung vor den Menschen zu verbergen suchen. Dies geschieht sicherlich nicht nur aus Demut. Levitationen und Stigmatisierung sprengen als Wunder Gottes den Rahmen der naturgesetzlichen Ordnung. Die Vernunft muß vor ihnen kapitulieren. Deshalb sind sie eine Zumutung für die Zeitgenossen, auch für die zeitgenössische Kirche, wie Teresa von Avila (1515–1582) erfahren mußte. Wie der heilige Franz erlebte sie Levitationen und eine Stigmatisierung. Gleich ihm folgte sie dem Vorbild der Engel und lebte Kampf und Kontemplation als Mystikerin und Ordensreformerin. Als sie den Hymnus „Veni creator spiritus" betete, erhielt sie den Auftrag, „nur noch mit Engeln" Umgang zu pflegen.

Die entscheidende Wende in ihrem Leben wird aber erst das Oratoriumserlebnis bringen. Wie Hildegard und Franz ist sie von Mitleid erschüttert beim Anblick des gemarterten Heilands. In einer Vision erscheint ihr ein Engel mit einem langen goldenen Pfeil. „Es kam mir vor, als durchbohrte er mit dem Pfeil einige Male mein Herz bis aufs Innerste, und wenn er ihn wieder herauszog, so war es mir, als zöge er diesen innersten Herzteil mit heraus. Endlich verließ er mich ganz entzündet von feuriger Liebe zu Gott."

Die Jungfrau hat ein Kind geboren, das Ende der Weltzeit bricht an. Gott holt die gefallene Schöpfung heim ins himmlische Jerusalem. Er wischt alle Tränen ab, besiegt Tod und Teufel. Gottes Engel diktiert Johannes auf Patmos Worte des Trostes für die verfolgte Gemeinde. „Gott, der Herr, wird sie erleuchten, und sie werden regieren von Ewigkeit zu Ewigkeit."

Johannes auf Patmos.
Ausschnitt aus dem Gemälde von Hieronymus Bosch, um 1500. Berlin, Staatliche Museen Preußischer Kulturbesitz, Gemäldegalerie.

Ungewöhnlich früh erlebt Mechthild von Magdeburg (1207–1282) im Alter von zwölf Jahren eine Berufungsvision, die ihre Seele bis in den Himmel führt. Mit den „Augen meiner Seele" schaut sie Christus, die Dreifaltigkeit und „den Engel, dem ich in der Taufe befohlen war und meinen Teufel". Als Engel Frankreichs wurde Jeanne D'Arc bezeichnet. Auch in ihrem Leben spielen Engel eine bedeutsame Rolle. Wie Jaakob sieht sie die Engel auf der Himmelsleiter auf- und niedersteigen und schaut in einer Vision den Erzengel Michael. Die Inquisition wird in ihrer Anklageschrift gegen Jeanne d'Arc (1412–1431) hervorheben, Johanna habe „sich das Amt von Engeln angemaßt, indem sie fest behauptete, sie sei im Namen Gottes gesandt". Man muß nur dieses auf dem Scheiterhaufen endende Leben vor Augen haben, um zu sehen, daß der Engel der Berufung nicht in das Reich romantischer Schwärmerei und himmlischer Gefühlsseligkeit leitet. Alle Heiligen, die er zur Nachfolge Christi berufen hat, führte er wie die Propheten durch eine lange Leidensgeschichte.

Reden und Schweigen

Die großen Visionärinnen, die ihre Schau der Engel Gottes eigenhändig aufgezeichnet oder diktiert haben, reflektieren alle das Problem der angemessenen sprachlichen Darstellbarkeit des Gesehenen. Ob Hildegard, Teresa oder Mechthild: Jede dieser Dichterinnen und Gottesfreundinnen kommt aus innerer Erfahrung zu dem gleichen Ergebnis. Gottes Gegenwart in seinen Engeln ist letztlich unsagbar. Kein Priester, kein Religionslehrer kann in die Sprache der Welt übersetzen, was nicht von dieser Welt ist.

Mit der Vision wird ein gnadenhafter Einblick in den letzten Grund der Wirklichkeit geschenkt. Das sprengt jeden irdischen Vergleichsmaßstab. Diese Unsagbarkeit von Gottes Herrlichkeit wenigstens erahnbar zu machen, dienen die Chöre der Engel, die Mythen, Metaphern und die Legende. Über ihren Anschauungsgehalt und ihren Realismus muß der Mensch wie über eine Leiter hinaufsteigen in die Nähe Gottes. Dort angekommen, kippt er die Leiter um. Ihre Sprachsprossen waren zum Aufstieg notwendig. Jetzt sind sie überwunden. Ziel ist das wortlose innere Gebet. Alles Reden führt ins Schweigen zurück. Nur wer die Sprache überwindet, wird sich Gottes Gegenwart öffnen können.

Das ist nicht zu jeder Lebenszeit möglich und wird auch nicht jedem geschenkt. Deshalb hat die Menschheit den Dichtertheologinnen, den Patriarchen und Propheten zu danken, weil sie das Unsagbare in die Sprache sinnlicher Bilder transformiert haben. Bruder Leo hält den schwebenden Franz an den Füßen fest, damit wir Anteil haben an seinem Gottesbraus. Abraham deckt den Tisch im Hain Mamre mit zartem Kalbfleisch. Marc Chagall stellt den drei Engeln sogar noch eine Flasche Rotwein auf den Tisch. Und hat nicht Jesus den ganzen Himmel in Gleichnisse voller Sinnenfreude, voll Sehen, Riechen, Fühlen, Schmecken und Tasten übersetzt?

Der amerikanische Erzähler Harold Brodkey beschreibt in seiner Erzählung „Engel" (1992) seine Engelvision vom 25. Oktober 1951. An ihr läßt sich auf faszinierende Weise verfolgen, wie die Wirklichkeitserfahrung der großen Mystikerinnen das Sprachproblem einer Erfassung moderner Wirklichkeit am Ende des 20. Jahrhunderts sagbar machen hilft. Ein Engel des Schweigens und der Inspiration zur Wahrheit erscheint einigen Menschen. Erst vierzig Jahre später wird der Erzähler versuchen, das Erlebte in Worte zu fassen. Auch Mechthild von Magdeburg begann einunddreißig Jahre nach ihrer ersten Vision, ihr Buch vom „Fließenden Licht der Gottheit" zu schreiben.

Harold Brodkey spricht ausdrücklich von dem Versuch einer Sagbarmachung des Visionskernes, und er reflektiert während seiner ausführlichen Annäherung, die wie Hildegards Engelchöre die Mitte des Erlebten umkreist, die Sprachgrenze. Was aus „Gnade" gesehen werden durfte, entzieht sich der menschlichen Verfügbarkeit. „Es gibt in der Sprache kein Äquivalent zu dem Erscheinen des Seraphen." An anderer Stelle: „Es gab ganz einfach nichts zu sagen." Das aber kann mit Worten dargestellt werden.

In dem Engel tritt Gott dem Menschen gegenüber. Seine Gestalt ist weiß wie die Mitte von Hildegards Engelvision, ein Weiß, das sämtliche Spektren als Möglichkeit enthält. Die Sagbarmachung des Erlebten wird als Lebensaufgabe gesehen. Was in der Jugendfrühe aufleuchtete, braucht die Anstrengung der Lebenszeit, um dargestellt zu werden. Die Wahrheit des Anfangs hat wie das Leben ein eschatologisches Gefälle. Am Horizont der Lebenszeit wird erst der Engel der Vollendung erscheinen. Der Engel der Berufung gab dem Gestalt, was vielleicht schon der Engel der Geburt dem Kind zuflüsterte. Was jetzt in der Lebensmitte vor Augen liegt, will zur Vollendung gebracht sein. Ob diese noch auf Erden erfahrbar sein wird, gehört zu der Erwartung, die das Leben gespannt hält.

Zwischen Berufung und Vollendung steht der Engel des Kampfes. Jaakob ist ihm am Jabbok begegnet, und die größten Künstler haben mit diesem Engel gerungen. Daß Engel herrlich und schrecklich zugleich sind, hatte Rainer Maria Rilke in seinen „Duineser Elegien" beklagt. Er empfand ein Gefühl des Ausgegrenztseins, das auch Harold Brodkey zur Sprache bringt. „Ich liebte DEN SERAPHEN, DEN ENGEL und liebte IHN zugleich nicht. Etwas so Mächtiges, so Spektakuläres kommt ohne einen aus." Schon Jaakob wußte dies. Engel erscheinen gnadenhalber. Sie brauchen den Menschen nicht. Ihre Berufung muß sich im Kampf bewähren. Das gilt für Patriarchen, Propheten, dichtende Mystikerinnen ebenso wie für Schriftsteller, Musiker und Künstler. Sie alle kämpfen mit dem Engel, bis er sie segnet.

ENGEL DES KAMPFES

„Ich warte, drehe, drehe noch einmal und dann noch einmal.
Ich merke nur, es ist noch nicht da.
Ich warte und warte.
Manchmal fragen meine Schauspieler,
worauf ich denn warte.
Und ich kann nicht einmal antworten.
Ich sage nur: Ich warte auf den Engel.
Und plötzlich ist er da."

István Szabó

Jaakob am Jabbok

Die Geschichte der Begegnungen zwischen Engel und Mensch ist an abenteuerlichen Erlebnissen reich. Das ist bei einer Durchdringung zweier Welten nicht anders zu erwarten. Engel sind Grenzgänger und die in der Lebensmitte begegnen ihnen auch. Aber ein Ringkampf mit dem Engel: Wird da nicht der Bogen überspannt? Kann man dergleichen noch ernst nehmen? Heilige, die Engelchöre schauen, Engel mit Geigensolo hören oder selbst wie Engel zu schweben beginnen, umgibt bei aller Gewagtheit im Detail immer noch der heilige Ernst, den man von religiösen Menschen erwartet. Ein Engel, der sich zum Ringkampf mit einem Menschen herabläßt, läuft Gefahr, seinen Ruf als glaubwürdiger Himmelsbote zu verlieren. Er setzt seine Seriosität aufs Spiel.

Charles Bukowski könnte sich so etwas ausdenken oder der heilige Unernst griechischer Mythologie. Aber ein echter Engel soll kein homerisches Gelächter provozieren. Der Grenzgänger scheint die Grenze zwischen dem Gott der Bibel und dem Gott der Dichter überschritten zu haben. Doch dieser Engel des Kampfes steht nicht nur an zentraler Stelle der Genesis, sondern er ist eng verbunden mit der Entstehung des Namens „Israel". „Isra-el" heißt wörtlich „Gottesstreiter" oder „Gotteskämpfer", und der Name des erwählten Volkes wurde als Ehrentitel im Kampf mit dem Engel Gottes gewonnen. Da Engel keine Nebengötter oder Untergötter sind, sondern des alleinigen Gottes Gegenwart, wird der Prophet Hosea sogar sagen können, Israel habe „im Mannesalter mit Gott gekämpft" (Hosea 12,4).

Das Ereignis muß schon dem unbekannten Erzähler der Genesis so ungeheuerlich erschienen sein, daß er seinen Bericht in realistische Kontexte eingebunden hat. Der Ringkampf mit dem Engel fand an einem Fluß statt, dessen Namen jedes Kind in Israel kennt. Die Tageszeit ist genau bestimmt, ebenso die Folgen des Kampfes. Der mit dem Engel in der Morgenröte am Flusse Jabbok kämpft, wird aus der Hüfte hinken als sichtbarer Beweis dafür, daß sich alles nicht etwa nur in der Einbildung, im Traum oder auf einer anderen Symbolebene abspielte. Mancher mag im Traum mit Engeln kämpfen, doch noch nie hat sich jemand im Traum die Hüfte verrenkt, so daß er lebenslang hinken muß. Noch einmal Hosea: „Er kämpfte mit dem Engel und siegte, er weinte und bat ihn. Dann hat er ihn zu Bethel gefunden und dort mit ihm geredet – der HERR ist der Gott Zebaoth" (12,5–6).

„Er kämpfte mit dem Engel" – die Rede geht von Jaakob, dessen Name synonym mit Israel gebraucht wird. Israel ist das „Haus Jaakobs", Israels Gott der „Gott Jaakobs". Als Paul Gauguin sein Bild von Jaakobs Kampf mit dem Engel auf einer avantgardistischen Kunstausstellung in Brüssel (1889) ausstellte, erregte es, so berichtet Octave Maus, „die größte Heiterkeit". Die Ausstellungsbesucher nahmen an, „der Künstler halte vorsätzlich die Betrachter zum Narren". Das nicht nur, weil Gauguin die ästhetischen Ideale des gerade modernen Impressionismus verriet, sondern weil das Motiv selbst auf Unverständnis stieß.

Während es eine Tradition der Engelvision vom Alten Testament bis in die unmittelbare Gegenwart der zweiten nachchristlichen Jahrtausendwende gibt, schwebt über dem Kampf mit dem Engel die Aura der Einmaligkeit. Viele waren berufen, Engel zu sehen, nie wieder aber hat ein Mensch wie Jaakob gegen einen Engel gekämpft. In der Höhle von Hira würgt Gabriel den Propheten Mohammed dreimal am Hals, aber er kämpft nicht mit ihm. Von gleichberechtigten und gleichstarken Kampfpartnern ist nicht die Rede. Professionelle Bibeldeuter haben dem Engelkampf auch die Befremdlichkeit nehmen wollen, indem sie das taten, was Exegeten gerne an Bibelstellen vornehmen, die ihnen allzu sperrig erscheinen: Sie erklären den Text zum fremdreligiösen Einfluß einer äitiologischen Sage von einem kanaanitischen Flußdämon. Doch wie wandelt sich so ein böser Wasserteufel unter Jaakobs starken Armen in einen Engel? Der Prophet Hosea und Hunderte von Malern der abendländischen Kunst, die diesen Engelkampf ins Bild gesetzt haben, nahmen den Text als Dokument der Gottesbegegnung ernst.

Der Engelkampf gehört in die älteste Überlieferungsschicht abendländischer Gotteserzählung, und vielleicht ist nie wieder mit realistischem Anspruch von ihm erzählt worden, weil dies nur am Anfang möglich war, wie auch in der Kindheitsfrühe Erfahrungen möglich sind, die so nie wieder im Leben zu haben sind. Auch hat nie wieder jemand wie Abraham im Hain Mamre drei Engeln aufgetischt.

Wer war dieser Jaakob? Als Enkel des Abraham stammte er aus einem Geschlecht, das mit Engeln regen Verkehr gehabt hatte. Während der Großvater in demütiger Haltung neben den himmlischen Gästen stand, war Jaakob eine Kämpfernatur. Abraham wurde zum Stammvater aller Gläubigen, der Enkel zum Vater Israels. Schon im Mutterleib streitet sich Jaakob mit seinem Zwillingsbruder Esau, daß ihre Mutter Rebekka darüber verzweifelt. „Und die Kinder stießen sich miteinander in ihrem Leib. Da sprach sie: Wenn mir's so gehen soll, warum bin ich schwanger geworden?" (Genesis 25,22).

Dies ist das älteste Dokument vorgeburtlicher Wahrnehmung. In der Begegnung Elisabeth-Maria hat es sein neutestamentliches Gegenstück. In einer Gesellschaft, wo der Erstgeborene privilegiert ist, wird die Geburt von Zwillingen zu einem dramatischen Akt. Esau, mit roter Hautfarbe und „ganz rauh wie ein Fell", verläßt zuerst den Mutterleib. Doch noch im Augenblick der Geburt versucht Jaakob zu verhindern, was niemand mehr ändern kann: Er „hielt mit seiner Hand die Ferse des Esau" (Genesis 25,26) fest, als wollte er ihn in den Mutterschoß zurückziehen. Die Geschichte des Bruderzwistes ist bekannt. Der rote Esau wird Jäger, Jaakob bleibt bei den Zelten der Familie. Er wird Liebling der Mutter. Mit ihrer Hilfe wird er Isaak den väterlichen Segen ablisten und den Zorn des rauhen Esau auf sich ziehen. Vor ihm flieht er nach Haran, viele Tagesreisen weit zu seinem Onkel Laban.

In der Nähe der Stadt Lus übernachtet er an einer Kultstätte. Sie ist irgendeinem der zahlreichen Götter geweiht. Aus dem Steinhaufen, den Reisende zu Ehren der lokalen Gottheit aufgeschichtet haben, nimmt Jaakob respektlos einen Stein und benutzt ihn als Kopfkissen. Vielleicht legt er über den Stein ein weiches Lammfell, das ihm Rebekka mit auf die Reise gegeben haben könnte. Was träumt ein junger Mann, der vor dem zornigen Bruder auf der Flucht ist, der sich durch böse List den väterlichen Segen erschlichen hat und nun einer ungewissen Zukunft einsam entgegenwandert? Sind es Verfolgungsträume? Erfüllt ihn Scham und Reue? Träumt er sich einer Versöhnung mit dem Bruder entgegen?

Jedes Kindergartenkind weiß, daß Jaakob auf dem Weg ins Exil den Traum von der Himmelsleiter träumt. „Und ihm träumte, und siehe, eine Leiter stand auf Erden, die rührte mit der Spitze an den Himmel, und siehe, die Engel Gottes stiegen daran auf und nieder" (Genesis 28,12). Der Text ist so vertraut, daß die Frage, warum diese Engel eine Leiter brauchen, um ihren Grenzgängerdienst zu versehen, nicht mehr gestellt wird. Auch die christliche Buchmalerei, die diesen Traum hundertfach ins Bild gesetzt hat, nahm keinen Anstoß an der Kletterhilfe. Sie hat sogar, wie es der Tradition entsprach, den Engeln Flügel gegeben. In Jaakobs Traum ist davon nicht die Rede.

Seine Engel verweisen auf Gott, der oben auf der Himmelsleiter steht und persönlich zu Jaakob spricht. In einer Zeit, wo sich der Monotheismus in Israel noch lange nicht durchgesetzt hat, muß sich Gott vorstellen, denn der Götter gibt es viele. „Ich bin der HERR, der Gott deines Vaters Abraham und Isaaks Gott." Damit ist eine Traditionslinie zu den Vätern hergestellt, in die Jaakob nun aufgenommen wird. An ihn ergeht Gottes Segenswort in dreifacher Weise: Das Land, auf dem er liegt, wird Jaakob verheißen, die Rückkehr aus dem Exil versprochen und die Ausbreitung seines Geschlechtes zum Segen aller Völker auf Erden.

Kein Wort über den Segensbetrug, keine Mahnung, in Zukunft bescheidener zu sein. Der Herr der Himmelsleiter ist parteiisch. Er bietet sich als Stammesgott an. Nachdem Jaakob aus dem Traum erwacht ist, durchfährt ihn Gottesfurcht und ein heiliges Schaudern: „Hier ist nichts anderes als Gottes Haus, und hier ist die Pforte des Himmels." Er nimmt den Stein, richtet ihn zu einem Steinmal auf, gießt Öl darüber und gibt der neuen Kultstätte den Namen „Bethel", Haus Gottes. Damit hat der Vertrauensvorschuß aber bereits ein Ende gefunden. Jetzt muß sich der HERR bewähren und halten, was er versprochen hat. Erst dann „soll der HERR mein Gott sein".

In Labans Reich wird Jaakob zu großem Wohlstand kommen. Mit seinen beiden Hauptfrauen Rahel und Lea, den Nebenfrauen Silpa und Bilha, elf Söhnen und einer fetten Viehherde, macht er sich nach über vierzehn Jahren Exil auf den Weg in die Heimat. Wieder ist es ein Aufbruch ins Ungewisse, denn er fürchtet sich vor dem Bruder Esau. Boten mit Versöhnungsgeschenken sendet er vor sich her. Sie sollen Esaus Zorn beschwichtigen.

Zu ungewöhnlicher Zeit bricht Jaakob mit dem engen Kreis der Familie vom Lager auf und zieht an die Furt des Jabbok. Er leitet Frauen und Kinder durch das seichte Wasser und bleibt allein zurück. Dem Engel des Kampfes begegnet jeder Mensch allein. Niemand kann ihm beistehen. Weder Frau, Geschwister noch Eltern. Da erscheint der Engel und ringt mit Jaakob, bis die Morgenröte anbricht. Sein Erscheinen geschieht plötzlich, doch nicht unerwartet. Jaakob hatte sich von seiner Familie isoliert und war ans Wasser des Jabbok zurückgegangen. Vielleicht wußte er nicht, wer kommen würde, aber er spürte, daß dies eine Nacht kämpferischer Entscheidung war.

Und eine Nacht des Sieges! Denn der Engel kann Jaakob nicht zu Boden zwingen. Er kämpft sogar mit unfairen Methoden, indem er immer wieder auf das Hüftgelenk schlägt, bis es verrenkt ist. Als Jaakob dennoch nicht aufgibt und der Morgen zu dämmern beginnt, fleht ihn der Engel an, er möge den Kampf beenden. Dazu ist Jaakob unter einer Bedingung bereit. Sie bildet das Kernstück des Engelkampfes: „Ich lasse dich nicht, du segnest mich denn." So trotzt Jaakob dem Engel den Segen ab, erhält dazu noch den Ehrentitel Israel und tritt, aus der Hüfte hinkend, der Morgensonne entgegen.

In der Berufungsvision mit der Himmelsleiter war ihm der Segen dreifach zugesprochen worden. Dies geschah unverhofft und unverdient aus reiner Gnade des HERRN. Die Engel der Berufung waren stille Begleiter der Gottesoffenbarung. Am Jabbok kämpft ein reifer Mann in der Lebensmitte um den Bestand seiner Berufung. Was dem jungen Träumer zufiel, will jetzt in zähem Ringen neu erworben sein. Beide Engelbegegnungen markieren Wendepunkte im Leben Jaakobs. Der junge Flüchtling hat das Leben noch vor sich, der reife Mann hat alle wichtigen Lebensentscheidungen getroffen, und er ist nicht nur für sich verantwortlich. Der junge träumt, der ältere muß kämpfen und durchhalten. Es gibt für ihn kein Zurück, und zum Kampf mit dem Engel keine Alternative. Das Schicksal der Frauen, Kinder und Knechte hängt von dem Segen ab.

Der junge Träumer kann mit dem Gott der Himmelsleiter verhandeln. Er hat Zeit. Bewährt sich der HERR in seinem Leben, wird er ihn als seinen Gott anerkennen. Notfalls werden sich neue Träume, Engel und Götter einstellen und ihre Dienste anbieten. Am Jabbok ist kein Ausweichen möglich. Bis zur Entscheidung muß gekämpft werden. Daß sie zu Jaakobs Gunsten ausfällt, bestätigen die Worte des Engels: „Du hast mit Gott und mit Menschen gekämpft und hast gewonnen." Aus berufenem Mund ist damit auch der wahre Gegner benannt. Jaakob wird die Stätte des Kampfes „Penuel", Angesicht Gottes, nennen, „denn ich habe Gott von Angesicht gesehen, und doch wurde mein Leben gerettet" (Genesis 32,31).

Den Namen aber hatte sein Kampfpartner nicht preisgegeben. So bleibt auch hier ein Geheimnisrest Gottes und beim Menschen ein körperliches Gebrechen, das Jaakob zur Demut mahnen soll. Nach diesem Engelkampf wird die Versöhnung mit dem roten Bruder Esau zum Kinderspiel. Der rauhe Jäger läuft dem Heimkehrer entgegen, herzt und umarmt ihn, „und fiel ihm um den Hals und küßte ihn, und sie weinten" (33,4). So fällt dem von Gott Gesegneten alles zu.

Paul Gauguin

Jaakobs Kampf mit dem Engel ist von Malern aller Zeiten und Schulen dargestellt worden. Rembrandt (s. Umschlagbild dieses Buches) gehört zu ihnen, Eugène Delacroix, Gustave Moreau und Paul Gauguin (1848–1903). Das Bild „Jaakobs Kampf mit dem Engel oder Vision nach der Predigt" markiert das Ende eines fünfjährigen Kampfes mit Gauguins Selbstzweifel an seiner Berufung zum Künstler. Als Paul Gauguin seinen Kampf mit dem Engel der Berufung malt (September 1888), ist er vierzig Jahre alt und fünffacher Familienvater. Das Bild steht an bedeutsamer Stelle in diesem, an Aufbrüchen und Katastrophen reichen Leben. Sechs Jahre war Gauguin zur See gefahren, heiratete, arbeitete als Bankier und begann in der Freizeit zu malen. Ab 1883 steht die Kunst im Zentrum seines Lebens. Ein brotloses Gewerbe mit wenig Anerkennung.

Wie viele Künstler verbringt Gauguin den Sommer im äußersten Südwesten der Bretagne. Das Städtchen Pont-Aven beherbergt Dutzende der armen Schlucker. Hundert Jahre später wird es sich einen echten Gauguin nur noch als Reproduktion auf dem Blechdeckel von Keksdosen leisten können. Gauguin hat seinen Engelkampf in die Bretagne verlegt. Das Bild (73 x 92 cm) zeigt aus himmlischer Perspektive bretonische Bäuerinnen im Sonntagsstaat mit großen weißen Flügelhauben, die, im Halbkreis geordnet, auf Jaakob und den Engel zu blicken scheinen. Ihre Augen sind geschlossen und die Hände zum Gebet gefaltet. Der Engelkampf wird also mit den Augen der Seele geschaut. Mit dem Doppeltitel gibt der Maler eine Interpretationshilfe. Der Jabbok zieht sich durch die Seele des Menschen. Hier findet der Ringkampf statt. Männer fehlen, mit Ausnahme eines Priestermönches am äußersten Rand des Bildes, unter den Betenden. Durch ihre Innenschau haben die Frauen Anteil an dem Kampf in der

Bildmitte. Jaakob hatte seine Frauen und Kinder in jener Nacht allein gelassen. Gauguins Familie befindet sich im fernen Dänemark. Auch er ist als Kämpfer allein.

Paul Gauguin bezeichnet seinen Jaakobskampf als „religiöses Bild". Es ist bestimmt durch einen nicht auflösbaren Kontrast, so wie das Leben des Malers. Dem Kampf in der Bildmitte steht die Kontemplation der Frauen gegenüber. Daß gerade die frommen, stillen Bretoninnen eine Vision des Engelkampfes erleben, ist schwer vorstellbar. Wann war es jemals einem Prediger gegeben, daß seine Worte in der Vision der Zuhörer Wirklichkeit wurden? Der Pfarrer aus dem kleinen Nachbarort Nizon kann es nicht gewesen sein.

Gauguin hatte seinen Engelkampf über drei Kilometer Landstraße nach Nizon getragen. Mit den Malerfreunden Emile Bernard und Charles Laval stellt er das Gemälde an verschiedenen Orten in der Dorfkirche auf und ist mit der Wirkung zufrieden. Man holt den Dorfpfarrer aus dem Pfarrgarten und will ihm den Engelkampf als Altarbild für seine Kirche schenken. Der brave Mann lehnt dankend ab. „Jaakobs Kampf mit dem Engel oder Vision nach der Predigt" entsteht einen Monat vor Gauguins Abreise nach Arles zu Vincent van Gogh. Die Begegnung wird mit van Goghs Selbstverstümmelung und Gauguins Abreise (23.12.) ein tragisches Ende finden.

In einem Brief an Vincent van Gogh, unmittelbar nach Vollendung des Engelkampfes, berichtet Gauguin von der ablehnenden Reaktion des Dorfpfarrers und beschreibt Motiv und Farben seines Bildes: „Bretonische Frauen, in Gruppen, betend, mit Kleidern in sehr intensivem Schwarz. Die Hauben weiß-gelb, sehr leuchtend. Die beiden Hauben rechts erscheinen wie monströse Helme. Ein Apfelbaum durchquert schräg die Fläche, dunkel-violett, während das Laub, bestimmt als Masse, grünen Wolken gleicht, smaragdgrün mit den grün-gelben Lichtflecken der Sonne. Der Boden, reines Zinnoberrot. Er fällt zur Kirche hin ab und wird dann rot-braun. Der Engel ist in intensives Ultramarinblau gekleidet, Jaakob flaschengrün. Die Flügel des Engels reines Chromgelb I, seine Haare Chrom II, und die Füße fleischfarben Orange. Ich glaube, in diesen Gestalten eine große bäuerliche, abergläubische Einheit erreicht zu haben. Es ist alles sehr streng. Die Kuh unter dem Baum ist zu klein im Vergleich mit der Wirklichkeit und richtet sich auf. Für mich entsprechen auf diesem Bild die Landschaft und der Kampf allein der Vorstellungskraft des betenden Volkes als Wirkung der Predigt. Daher der Gegensatz zwischen der Realität der Menschen und dem Kampf in der Landschaft, die unwirklich und auch unproportioniert ist" (25.–27. September 1888).

Paul Gauguins letzter großer Aufbruch in ein neues Leben erfolgt am 4. April 1891. Diesmal ist der Jabbok zum Ozean geworden. Am anderen Ende der Welt, auf Tahiti, malt Gauguin das zweite programmatische Bild. Jaakob hatte in seinem Traum von der Himmelsleiter eine dreifache Segensverheißung empfangen, Gauguin wählt eine dreifache Fragenhäufung als Titel seines großen Bildes. „Woher kommen wir, wer sind wir, wohin gehen wir?" Diese Grundfragen bilden den Nährboden von Kunst und Religion. Jeder Kampf mit dem Engel möchte ihm die Antwort entreißen.

Für den Berufenen existiert keine größere Gefährdung seines Hierseins als die Kapitulation vor dem Kampf. In manchen Lebensphasen drohen die Kräfte zu versagen, der Rückzug ins bürgerliche Leben lockt. Gibt es ein Ethos der Berufung, eine Pflicht, die Anstrengung des Aufbruches zu neuen Ufern auf sich zu nehmen? Das Gleichnis von den anvertrauten Talenten verlangt von jedem Berufenen die Ausformung und Vollendung der ihm geschenkten Gaben. Weil Talente Gnadenerweise sind, gehört zu ihnen der Dank. Dieser äußert sich im Einsatz der Talente für sich und andere. Nur wer seine Begabung wichtig nimmt, wird auch anderen ein Segen sein. Das schließt die Möglichkeit des Scheiterns nicht aus.

Eine Flucht vor dem Engel des Kampfes ist eine Flucht vor der Berufung. Sie steht immer offen. Jaakob hätte zu Laban zurückkehren, sein Leben genießen und weitere Söhne und Töchter zeugen können. Niemand wäre traurig gewesen, wenn Gauguin die Farbpalette wieder gegen den feinen Nadelstreifenanzug des Bankangestellten getauscht hätte und ins bürgerliche Leben geflohen wäre. Priester, die den Kampf mit dem Engel des Zölibates aufgeben, bekommen sofort den Beifall der Massen, weil sie sich jetzt mit ihr gemein gemacht haben. Die Welt geht nicht unter, wenn sie ihre Berufung verraten und nicht mehr um ihre persönliche Antwort auf die drei großen Fragen ringen: „Woher kommen wir, wer sind wir, wohin gehen wir?"

Jeder Erwählte, ob Dichter, Priester, Künstler, führt wie Gauguin einen einsamen Kampf. Gauguin fand unter den Zeitgenossen wenig Anerkennung. Entkräftet stirbt er auf Hiva-Oa, einer der Marquesas-Inseln im Ostpazifik. Später kommen die Kunstkenner und Besserwisser, stehen vor dem Gemälde „Jaakobs Kampf mit dem Engel" in der National Gallery of Scotland (Edinburgh) und wollen den Wert dieser Kunst schon immer gekannt haben. Das ist die Zeit, wo aus dem einsamen Kämpfer der Stammvater einer neuen Epoche wird.

Rainer Maria Rilke

Der Kulturphilosoph George Steiner (*1929) hat nicht zu Unrecht der Kunst eine sakramentale Dimension zuerkannt. Wenn die menschliche Sprache Sinn und Gefühl zu vermitteln vermöge, dann deshalb, weil in ihr Gott gegenwärtig sei. Jaakobs Kampf mit dem Engel gilt Steiner als Urbild der religiösen Dimension der Sprache: „Das Bild von Jaakob und seinem Engel ist vor allen anderen emblematisch für das Dichterische." Nähert man sich auf dem Hintergrund der Jaakobsgeschichten der Dichtung des 20. Jahrhunderts, so stechen zwei Engeldichtungen hervor: die „Sobre Los Angeles" („Von den Engeln") von Rafael Alberti und Rainer Maria Rilkes (1875–1926) „Duineser Elegien".

Daß die großen Engelbegegnungen der Genesis ausgerechnet in Thomas Manns monumentaler Dichtung „Joseph und seine Brüder" fehlen oder lediglich eine beiläufige Rolle spielen, stimmt nachdenklich. Aus dem biblischen Kontext gelöst, wird der Kampf am Jabbok bei Thomas Mann in Jaakobs Seele verlegt. Der Stammvater ringt nicht mehr mit einem Engel, sondern sucht vor der Reise nach Ägypten seine Vorurteile gegen die Götter des Nilstromlandes zu überwinden. Auch die Nacherzählung des Engeltraumes mit der Himmelsleiter bleibt bei Thomas Mann blutleer. Offenbar eignet sich das Epische nicht zu ernsthafter Darstellung des Engels. Die großen nachhaltig bewegenden Sprachformen angelischer Rede sind die Legende und die Lyrik. Rainer Maria Rilke hat zehn Jahre mit dem Engel gerungen, bis er von ihm mit den „Duineser Elegien" gesegnet wurde.

Die zehn Elegien greifen eine Problemlage auf, der sich auch Kafkas abendlicher Träumer am Fenster ausgesetzt sah. Es gibt zu Beginn des 20. Jahrhunderts noch immer Engel, doch ist die Kommunikation zwischen Himmel und Erde beinahe unmöglich geworden. Bei Kafka wird der himmlische Bote auf den Weg zum Menschen geschickt, doch dringt er nicht mehr durch den weitverzweigten Hofstaat der Engel. Rilkes Engel sind sich selbst genug. Sie jubilieren wie bei Dionysios Areopagita und Hildegard von Bingen in vielstimmigem Gesang, haben aber am Menschen kein Interesse. Die Engel kümmern sich nicht um uns Menschen. Rilkes zweite Elegie erinnert an „die Tage Tobiae", wo der Erzengel Raphael gemeinsam mit dem Jüngling Tobias auf Reise ging. Jetzt sorgen sich Engel nicht mehr um menschliche Angelegenheiten. Ein Irrealis eröffnet die „Duineser Elegien".

> „Wer, wenn ich schriee, hörte mich denn aus der Engel
> Ordnungen? und gesetzt selbst, es nähme
> einer mich plötzlich ans Herz: ich verginge von seinem

Geborgenheit und Tröstung verheißt der Engel der Vollendung. Gottsuchende Seelen führt er dem segnenden Christus zu, der „kommen wird, zu richten". Die nackte Wahrheit tritt ans Licht, bevor die menschliche Seele das Ziel der Neugeburt erreicht.

St. Michael bringt Gott die Seelen.
Miniatur aus dem Shaftesbury-Psalter, Mitte 12. Jhdt.
London, British Museum.

stärkeren Dasein. Denn das Schöne ist nichts
als des Schrecklichen Anfang, den wir noch grade ertragen,
und wir bewundern es so, weil es gelassen verschmäht,
uns zu zerstören. Ein jeder Engel ist schrecklich."

Die Furcht gehört von Jesaja bis zu Maria zur typischen Reaktion des Menschen auf die Begegnung mit dem Engel. Doch zu biblischer Zeit konnte der Mensch die Herrlichkeit des Engels, seine heilige Aura annehmen. Jetzt ist sie ihm unerträglich geworden. Selbst wenn ein Engel aus den himmlischen Chören zum Menschen käme, er könnte ihn nicht ertragen, weil im Glanze seiner Schönheit das eigene Leben verblaßt. Das Schöne und Vollkommene des Heiligen wurde zu allen Zeiten mit Schrecken und Entzücken aufgenommen. Jetzt ist es einfach nur „schrecklich", weil sich der Mensch nicht unter Gottes Herrlichkeit beugen will und kann. So wird er, da er dem Engel nichts entgegenzusetzen weiß, doppelt entwurzelt. Er ist weder im Himmel noch auf Erden zu Hause. Auch die Natur bildet keinen Fluchtort. Denn durch die Vernunft, das Unterscheiden, ist der Mensch heimatlos geworden. Auf dem Hintergrund dieser Eröffnung ringen die Elegien um den Sinn des Lebens und des menschlichen In-der-Welt-Seins. Sie sind Rilkes Antwort auf die drei Grundfragen: „Woher kommen wir, wer sind wir, wohin gehen wir?" Der Kampf mit dem Engel gilt der Daseinsberechtigung des Menschen in einer gottfernen Welt. Eine frühe Leserin der Elegien wird von dem Klagelied der Kreatur sprechen, das Rilke hier angestimmt habe.

Wer sind diese schönen und zugleich schrecklichen Engel, deren Gegenwart für den Menschen unerträglich wäre? Wie bereits bei der Übernahme „der Engel Ordnungen" des Dionysios und der Anspielung auf das Buch Tobit bleibt Rilkes Engelbild im traditionellen Rahmen. Engel sind früh geglückte Geschöpfe Gottes, „Pollen der blühenden Gottheit", wie eine Pflanzenmetapher anschaulich ins Bild setzt, und *„Spiegel"* der Schönheit. Sie sind Urbild eines pulsierenden Lebens, das sich verströmt, ohne sich selbst zu verlieren. Der Mensch dagegen verflüchtigt sich in seinen Empfindungen, er löst sich auf und verliert sich an die Welt.

> „Denn wir, wo wir fühlen, verflüchtigen; ach wir
> atmen uns aus und dahin; von Holzglut zu Holzglut
> geben wir schwächern Geruch. Da sagt uns wohl einer:
> ja, du gehst mir ins Blut, dieses Zimmer, der Frühling
> füllt sich mit dir ... Was hilfts, er kann uns nicht halten,
> wir schwinden in ihm und um ihn."

Engel sind schön und schrecklich, weil sie der Empfindung Form und damit Dauer geben können. Daß nach der Klage um die Verflüchtigung menschlichen Fühlens die siebte Elegie zu einem Lob der Vergänglichkeit anhebt, mutet paradox an. „Hiersein ist herrlich." Wie ist dieser Umschwung begründet? Allein durch das Wunder der Form. Wie der Engel die entströmende Schönheit im Himmel einfängt, so spiegelt der Mensch durch die Kunst sein irdisches Erleben und Empfinden. Damit verleiht er dem flüchtigen Augenblick Dauer. Die Liebe, die Musik, die Baukunst, allen voran das Wunder gotischer Architektur, die Kathedrale von Chartres, können mit der Schönheit der Engel in Konkurrenz treten. Jetzt ist die Klage hinfällig geworden. Selbstbewußt rühmt der Mensch seine Fähigkeit, die Welt zu verwandeln, und er nimmt sogar den Engel in seinen Dienst. Er soll Bericht geben vom Hiersein des Menschen.

> „War es nicht Wunder? O staune, Engel, denn *wir* sinds,
> wir, o du Großer, erzähls, daß wir solches vermochten,
> mein Atem reicht für die Rühmung nicht aus."

Engel und Mensch sind jetzt gleichberechtigt, denn beider Aufgabe ist das Rühmen. Damit ist eine neue Transzendenz gewonnen und eine neue Sinngebung des Daseins auf der Erde. Das Irdische in seiner Vergänglichkeit will durch den Menschen zur Sprache gebracht werden. Deshalb braucht „alles das Hiesige" das menschliche Sprechen und Bekennen. Die neunte Elegie ist eine schroffe Absage an die alte Metaphysik. Nicht das Jenseits, die fernen Räume des Weltalls, Gottes und der Engel Himmel soll Gegenstand des Sagens und Singens sein. Das können die Engel selbst viel besser als der Mensch. Zu rühmen ist das Irdische und damit das Vergängliche, all die Erfahrungen, die Engel nicht haben können.

Deshalb zeichnet Rilkes Lobpreis der Welt kein Idyll. Schmerz, Klage, Leid, Tod, das Einfache, alle „von Hingang lebenden Dinge (...) traun sie ein Rettendes uns, den Vergänglichsten, zu." Der Ewigkeit des Himmels und der rühmenden Engelchöre steht ergänzend die Zeitlichkeit der Erde mit dem Lobpreis des Dichters gegenüber. Deshalb kann Rilke in seiner zehnten Elegie Mensch und Engel einen gemeinsamen Ruhmgesang anstimmen lassen.

> „Daß ich dereinst, an dem Ausgang der grimmigen
> Einsicht,
> Jubel und Ruhm aufsinge zustimmenden Engeln."

Hier ist der Bogen weit gespannt bis ans Ende der Zeiten. Engel und Menschheit sind wieder vereint, die gefallene Schöpfung zurückgeholt. Ist es Zufall, daß Rilke zehn Elegien gedichtet hat und daß mit der zehnten eine neue Harmonie der Sphären erreicht ist? Das ist kaum vorstellbar. Mittelalterliche Theologen hatten bereits den neun himmlischen Engelchören des Dionysios Areopagita einen zehnten Engelchor hinzugefügt. Gregor der Große, Haymo von Halberstadt, Bonaventura, Thomas von Aquin: Sie alle lehren die Existenz des zehnten Chores, der dazu bestimmt ist, am Ende der Zeiten die verlorene Menschheit wieder aufzunehmen.

In Dichtung und Predigt des Mittelalters bis in die berühmte Toleranzrede der Gyburg in der Willehalm-Legende Wolframs von Eschenbach (308,1–30) sind die zehn Chöre ein endzeitlicher Ausdruck der Einheit von Mensch, Engel und Gott. Leser und Interpreten haben sich über den religiösen Gehalt der Elegien gestritten. Rilke wehrte christliche Versuche der Vereinnahmung seiner Engel ab. Man kann die Klärung der Streitfrage, was ein ästhetischer und was ein religiöser Kampf mit dem Engel ist, auf den Zeitpunkt der Wiedervereinigung beider Formen des Singens und Sagens in den zehn Chören vertagen. Rilkes Rückgriff auf klassische Elemente christlicher Engellehre und seine religiöse Metaphorik provozieren eine theologische Deutung der Elegien ebenso, wie die Frage der neunten Elegie nach dem Ursprung der schöpferischen Kraft des Dichters.

> „Siehe, ich lebe. Woraus? Weder Kindheit noch Zukunft
> werden weniger ... Überzähliges Dasein
> entspringt mir im Herzen."

Damit ist zumindest die Erfahrung der Selbsttranszendierung im schöpferischen Akt des Sprechens und Bekennens bezeugt. Die Gabe der Dichtung wird als unverfügbares Geschenk empfunden. Am Abend des 11. Februar 1922 sind die Elegien vollendet. Zwei Briefe, noch an diesem Samstag geschrieben, dokumentieren die religiöse Metaphorik, mit der Rilke den Abschluß des Zyklus' mitteilt. Der erste Brief geht an Marie Fürstin von Thurn und Taxis-Hohenlohe, auf deren Schloß Duino die ersten Verse der Elegien im Jahre 1912 niedergeschrieben wurden. „Alles in ein paar Tagen, es war ein namenloser Sturm, ein Orkan im Geist ... alles, was Faser in mir ist und Geweb, hat gekracht ... Aber nun ists. Ist, Ist. Amen."

Zur systematischen Vorbereitung der Vollendung gehörte Rilkes Rückzug auf Château de Muzot (Wallis), die Herrichtung eines seinen Bedürfnissen angepaßten Arbeitszimmers und schließlich sogar die Aufgabe der Korrespondenz im Januar 1922. Dann, „mit immer weiter nach innen genommenem Herzen" entstehen in rascher Folge die „Sonette an Orpheus" und die Endfassung der Elegien. Eine zweite Mitteilung über den Abschluß geht an Lou Andreas-Salomé. Mit ihr hatte Rilke gemeinsam Rußland besucht. Die Vertrautheit läßt ein größeres Pathos zu. „Denk! ich habe überstehen dürfen bis dazu hin. Durch alles. Wunder. Gnade." In der weiteren Beschreibung der Niederschrift wird besonders die Erfahrung der Aufhebung von Zeit und Raum hervorgehoben.

Durch diese Selbstdeutung hatte Rilke eine Tonlage angestimmt, die im fernen Göttingen jubelnden Widerhall fand. Lou Andreas-Salomés Antwort wird stilgerecht und in Erinnerung an die gemeinsamen Reisen (1899 und 1900) mit einem Gotteslob in russischer Sprache eröffnet. Die Elegien haben „in Vorhandenheit gehoben das Unaussprechliche", es „zur Existenz erlöst", den „Urtext der Seele" lesbar gemacht, ja sie seien „die Wort gewordene Unaussprechlichkeit". Damit läßt sich eine Analogie zwischen den „Duineser Elegien" und den Engelchören der Hildegard von Bingen herstellen. Hildegards Engel hatten die Aufgabe, das unsagbare Wesen Gottes sagbar zu machen. Rilkes Elegien bleiben der Erde treu. Sie bringen das Geheimnis und Wunder des Lebens, des menschlichen Hierseins zur Sprache.

So wie die Engel nicht aus eigener Kraft Gottes Herrlichkeit besingen, so ist auch des Dichters Gesang von der Herrlichkeit des Hierseins gnadenhaft erfahrenes Geschenk. Der Dichter ist nur Gefäß der Schöpferkraft, die sich in ihm Ausdruck verschafft. Engel und Mensch sind als Rühmende durchdrungen von Gottes Gegenwart. Nach langem Kampf mit dem Engel erlebt der Dichter die Gottesgeburt in seiner Sprache. Lou Andreas-Salomé wählt für diese geistliche Gravidität den höchsten aller religiösen Vergleichsfälle: die jungfräuliche Empfängnis Mariens. Ihr Brief bindet ihn in einen Ratschlag zur Wochenbettpflege des Dichters ein. „Möglich wohl, daß eine Reaktion eintritt, weil das Geschöpf den Schöpfer aushalten mußte, dann laß Dich davon nicht erschrecken (so fühlten sich auch die Marien nach der ihrem Zimmermann unfaßlichen Geburt)" (16. Februar 1922).

Daß Hiersein herrlich ist, auch in Schmerz und Leid, darf auf dem Hintergrund der Erfahrung des Schöpferischen bekannt werden. Doch wirkt in der Schöpfung eine Macht, die sich dem Rühmen und Lobpreisen von Engel und Mensch entzieht. Rilkes Engeln fehlt der dämonische Widerpart. Wer über die Religiosität oder gar Christlichkeit der Elegien nachdenken möchte, müßte von der Abwesenheit des Teuflischen in diesen zehn Gesängen ausgehen.

„Wer ist gleich Gott!"

Daß in dem Kampf mit dem Engel eine politische Dimension angesprochen ist, entgeht dem Bibelleser Ernst Jünger (*1895) nicht. Zweiundzwanzig Jahre nach Vollendung der Elegien hat die Geschichte unübersehbare dämonische Konturen angenommen. Es herrscht ein Übermaß des Grauens, dem auch – was der Vater noch nicht weiß – der eigene Sohn zum Opfer gefallen ist. In Ernst Jüngers Alterswerk wird der Engel als endzeitliche Figur der Rettung eine Rolle spielen, jetzt an der Jahreswende 1944/45 ist an Befreiung nicht zu denken. Der Mensch muß überwunden werden. „Gott muß sich ihm aufzwingen", notiert Jünger anläßlich der Lektüre von Jaakobs Kampf am Jabbok in sein Tagebuch (23. Dezember 1944). So hatte es Luther gesehen, so Christus gegenüber den Dämonen. Es gibt ein titanisches Aufbäumen des Menschen gegenüber Gott, deshalb muß er zu Boden gerungen werden. Billige Gnade und vorschnelle Versöhnung helfen nicht weiter. „Wir müssen uns in unserer Eigenschaft als Rationalisten überwinden lassen, und dieser Ringkampf findet heute statt. Gott tritt den Gegenbeweis gegen uns an."

Die Schicksalsgemeinschaft von Engel und Mensch beschränkt sich nicht nur auf das Rühmen der Schöpfung und den Lobpreis der Herrlichkeit Gottes, sondern Mensch und Engel sind Verbündete im Kampf gegen die widergöttliche Macht, gegen den Teufel und die Dämonen. Als Inbegriff des kämpferischen Engels gilt Michael. Auch sein Name bringt einen Wesenszug Gottes zur Sprache. Er hebt die unvergleichliche Macht und Kraft Gottes hervor. „Micha-el" kann mit „Wer ist gleich Gott!" übersetzt werden. Im Jahre 1939 eröffnete die katholische Zeitschrift „Hochland" den Kriegsband mit einer Anrufung des Erzengels Michael. Otto Riedel, der Verfasser, bittet den kämpferischen Engel mit dem blanken Schwert um tatkräftige Unterstützung beim Gefecht gegen die teuflischen Gegner.

„Sankt Michael, du Fürst der Wächter,
des Bösen gläubiger Verächter,
zieh wieder aus mit blankem Schwert!
Wild hat die Hölle aufbegehrt.

Tritt in die Fronten deiner Mannen!
Nur du kannst ihre Feinde bannen,
die aller Guten Feinde sind.
Schirm Gottes Licht im Wirbelwind!

Wo du bist, ruhn der Heimat Auen
in lichtem Schutz vor Todesgrauen.
Wo du kämpfst, wächst der große Sieg
der Engel aus der Teufel Krieg."

Nach seiner Konversion zum Katholizismus wird Alfred Döblin den Erzengel Michael als Widerstandskämpfer gegen die dämonischen Mächte im Zweiten Weltkrieg ins Feld führen. Bevor Michael die zweifelhafte politische Ehre eines Schutzheiligen der Deutschen zuteil wurde, hatte er Wüstenväter und Mönche über viele Jahrhunderte bei ihrem geistlichen Kampf gegen die Anfechtungen des Teufels und seiner Rottengeister geholfen. Maler haben ihn im Gegensatz zum androgynen Gabriel und jugendlichen Raphael stets als wehrhaft männlichen Engeltypos ins Bild gesetzt. Aus seinen Waffen und Rüstungen könnte man ein militärhistorisches Museum reich bestücken.

In Michael hat der Engel des Kampfes die am weitesten verbreitete Gestalt gefunden. Die religiösen Kämpfe, die Michael begleitet, werden von einsamen Mönchen auf entlegenen Eilanden am Rande der bewohnten Welt geführt. Daß diese wilden Schauplätze geistlichen Ringens schon bald nach ihrer Gründung zu Pilgerstätten wurden, bezeugt die gewaltige Kraft und Ausstrahlung der Kämpfe. Der berühmteste aller Wallfahrtsorte, die dem heiligen Michael geweiht und damit seinem Schutz befohlen wurde, ist der Mont-St-Michel an der Meeresküste der Normandie. Weiter oben im Norden war bereits im sechsten Jahrhundert die Klostersiedlung Sceilg Mhichíl (Skellig Michael) von irischen Mönchen gegründet worden. Weit draußen vor der Südwestküste Irlands lebten diese Dichtermönche 210 Meter hoch über dem Meer in freiwilliger Einsamkeit.

Daß der Teufel ausgerechnet hier oben zwischen Razorbills, Kittiwakes, Gannets und anderen Seevögeln sein Unwesen treiben soll, mutet auf den ersten Blick befremdlich an. Wäre nicht eine mittelalterliche Badestube, ein Freudenhaus oder eine Wirtschaft der geeignetere Ort für seine Heimsuchungen? So fragt nur, wer des Teufels Nachstellungen auf amoralisches Treiben reduziert und damit verharmlost. Nur wer sich dem Heiligen nähert, kommt auch in Berührung mit dem Verführer, wie es Julien Green erfahren hatte. Teufel und Dämonen haben ein besonderes Interesse an den Menschen, die dem Engel der Berufung begegnet sind. Deshalb leiden die Heiligen unter ihren Attacken.

Im Alten Testament bleibt der Teufel weitgehend verborgen. Erst mit dem Erscheinen des Gottessohnes sieht er sich genötigt, auf den Plan zu treten. Die Offenbarung wird zum Schlachtfeld, denn Jesus treibt Dämonen aus, sieht in einer Vision den Satan wie einen Blitz vom Himmel stürzen, kündigt aber noch für die Zeit nach seiner Auferstehung und Himmelfahrt eine dramatische Epoche der Prüfungen an, wo der Teufel die christliche Gemeinde wie den Weizen sieben wird. Wo Gottes Herrlichkeit in Christus erscheint, da dringt Licht in den dunklen Abgrund der Dämonen. Die widergöttlichen Mächte regen sich, kommen aus den Totenstädten hervor und suchen den Endkampf.

Christus selbst hatte mit seinem vierzigtägigen Fasten in der Wüste nicht nur sein öffentliches Auftreten vorbereitet, sondern das Muster aller Versuchungen gegeben, dem die ihm nachfolgenden Heiligen ausgesetzt werden sollten. Dreimal darf ihn der Teufel in Versuchung führen. Mit perfider List bringt er den Schutzengelpsalm ins Spiel, als er Jesus auffordert, vom Jerusalemer Tempel zu springen, da der Psalmist doch den Gläubigen einen Beistand der Engel zugesichert habe: „Er wird seinen Engeln deinetwegen befehlen, daß sie dich bewahren. Und sie werden dich auf den Händen tragen, damit du deinen Fuß nicht an einem Stein stößt" (Matthäus 4,10–11). Jesus kontert mit einem anderen Zitat aus der jüdischen Tradition. Damit ist die Prüfung vorerst beendet. Satan weicht „von ihm eine Zeitlang".

Warum nicht für immer? Daß Jesus den Teufel in der Wüste endgültig besiegt habe, wird nicht behauptet. Auch die berühmte Vision des Johannes auf Patmos berichtet lediglich von einem Kampf zwischen Michaels Engeltruppen mit den Rotten des Satans, in dessen Folge der Teufel aus dem Himmel vertrieben wurde. Johannes erzählt von diesem Streit, um die grauenhafte Wut des Verführers und das Unmaß seiner Nachstellungen in den Kreisen der christlichen Gemeinde zu erklären. Der Teufel geht durch ihre Reihen wie ein brüllender Löwe und sucht, wen er verschlingen kann, weil er „weiß, daß er wenig Zeit hat" (Apokalypse 12,12).

Wer ist dieses Wesen, das offensichtlich die Erwählten mit in den eigenen Untergang nehmen will, das Gott mit Michaels Hilfe aus dem Himmel verbannt hat, das einen besinnungslosen Kampf gegen Christus und seine Gemeinde führt? Auch wenn der Teufel überall im Hintergrund der Evangelien anwesend ist und offenbar eine so große Macht hat, daß er den Gottessohn versuchen darf, wird nirgendwo in der Bibel sein Wesen abschließend erhellt. Woher rührt sein Haß auf Gott und die Menschen? Generationen von Kirchenvätern und Schriftdeutern haben dies Geheimnis zu lüften versucht. Schon im ersten nachchristlichen Jahrhundert spekuliert die apokryphe Schrift „Leben Adams und Evas" über das Eifersuchtsmotiv des Teufels. Sie knüpft dabei an die biblische Überlieferung von der Erschaffung des Menschen an. Michael habe alle Engel aufgefordert, Gottes Ebenbild, den Menschen, zu verehren. Da trat aus den Chören der Engel Satan hervor und machte sich zum Fürsprecher einer heimlichen Opposition gegen Gottes zweite Schöpfung. Für die Erschaffung des Menschen bestand nach seiner Ansicht keine Notwendigkeit, und wenn, so hätte dieser die ersterschaffenen Engel zu verehren und nicht umgekehrt: „Ich werde den doch nicht verehren, der jünger und geringer ist als ich. Ich ward vor ihm erschaffen. Ehe er erschaffen ward, ward ich erschaffen. Er sollte mich verehren."

Diese Rede fand schnell Beifall unter den anderen Engeln. Michael sah sich zu entschiedener Härte genötigt, um die aufkeimende Rebellion zu unterdrücken. Er droht mit Gottes Zorn. Da dies Satan nicht beeindruckt, er sogar großspurig verkündet, seinen Thron neben den Gottes zu stellen, falls jener mit Repressionen komme, sieht sich der Herr zum Eingreifen gezwungen. Satan und seine Anhänger werden aus dem Himmel verbannt. Schnell überkam sie Reue in der Gottesferne, wenn sie die Herrlichkeit der treuen Engel und vor allen Dingen die Freude und Wonne des paradiesischen Lebens von Adam und Eva sahen. So schlüpft der Teufel in die Gestalt der Schlange und verführt das Menschenpaar: „Mit List umgarnte ich dein Weib", bekennt Satan vor Adam „und brachte es dahin, daß du aus deiner Freude und Wonne vertrieben wurdest ihretwegen, wie ich aus meiner Herrlichkeit vertrieben wurde."

Das Eifersuchtsmotiv ist in eine Geschichte gekleidet, die anschaulich Satans Unfähigkeit, Gottes Entscheidungen anzuerkennen, ins Bild setzt. Sie klärt jedoch in keiner Weise, wie ein derartig krasser Widerspruch des Geschöpfes gegen den Schöpfer möglich ist. Theologen standen bei allem Nachdenken über diesen Geist der Verneinung vor der doppelten Schwierigkeit, die Macht des Teufels nicht zu verharmlosen, zugleich aber auch nicht so weit aufzuwerten, daß Satan zu einer Gegengottheit aufstieg. Ein Dualismus von Gott und Teufel als gleichstarken Mächten widerspricht dem Glauben an einen allmächtigen Schöpfergott, belastet ihn zugleich mit der Frage, wie es möglich sein konnte, daß aus der sehr guten Schöpfung ein Geschöpf mit abgrundtiefem Haß hervorgehen konnte und seine Freiheit zum Angriff auf Gottes Thron mißbrauchte.

Es ist nicht zu erhellen, warum ein Wesen wie der Teufel, das einst vor Gott stand und im Gegensatz zum heutigen Menschen frei von Zweifeln an der Existenz des Schöpfergottes ist, das den Herrn von Angesicht zu Angesicht schaute, nicht mehr jubelt und lobpreist, sondern sich abwendet von der Herrlichkeit. Man kann sich hier in Abgründe spekulieren über die Gründe der Abkehr, über Gottes geheime Zustimmung zum Fall des Luzifer, über die Frage, ob der Teufel am Ende der Geschichte wieder unter den himmlischen Chören sitzen wird: Eine durchsichtige Lehre vom Wesen des Teufels gibt es nicht. Dazu Adrienne von Speyr: „Die Geheimnisse Gottes sind uns viel erschlossener als die Geheimnisse des Bösen. Der Abgrund im Teufel besteht aus dem Doppelten: daß er lügen will und daß er sich nicht bekehren will. Was das im letzten heißt, bleibt ein Geheimnis, das keinem Menschen, auch dem ärgsten Sünder nicht, zugänglich ist. Darum ist auch das Schicksal des Teufels ein für uns völlig unzugängliches Geheimnis. Es ist die Pandorabüchse, an die nicht gerührt werden darf."

Für eine Annäherung an den Engel des Kampfes bleibt zweierlei festzuhalten. Gottes Engel der Berufung kommt nur angemessen in den Blick, wenn auch sein Widersacher berücksichtigt wird. Der Teufel deutet eine befremdliche Möglichkeit angelischer Existenz an. Wie der Mensch kann sich der Engel von Gott abwenden und seine Beziehung zum Himmel abbrechen. Das Geschöpf ist frei und vermag diese Freiheit offenbar in gegengöttliche Macht umzukehren.

Im Anschluß an Johannes' Vision ist Michael zum großen Gegenspieler Satans stilisiert worden. Dabei wurden Gottes- und Christusprädikate auf ihn übertragen. Bach wird in seiner 19. Kantate sogar vom „unerschaffenen Michael" singen lassen und den Erzengel damit über alle anderen Engel auf eine göttliche Stufe stellen. Schon Jacobus de Voragine (1230–1298) kann in seiner „Legenda aurea" auf eine reichhaltige narrative Tradition von Michaelslegenden zurückblicken. Wie Dionysios Areopagita die vielgestaltige biblische und außerbiblische Engelrede systematisiert, indem er die neun himmlischen Chöre entwickelt, so dürfte Jacobus de Voragine dem Bild vom Erzengel Michael zur endgültigen Gestalt verholfen haben.

Jacobus' erzählerische Leistung besteht in der Herstellung einer kontinuierlichen Heilsgeschichte, durch die biblische und nachbiblische Zeit miteinander verknüpft sind. Michael stieß den Teufel aus dem Himmel. Mit Satan kämpft er um den Leichnam des Mose. Als Türsteher vor dem Paradies begrüßt er die Erwählten. Er hat die Ägypter mit Plagen geschlagen, das Rote Meer geteilt, das Volk Israel durch die Wüste ins Gelobte Land geführt. Als Bannerträger im Heer Christi wird er einst den Antichrist auf dem Ölberg töten, auf seine Stimme hin werden die Toten auferstehen. Immer wieder erscheint er im Laufe der Kirchengeschichte. So im Jahr 390 auf dem Berg Garganus, 710 in der Nähe von Aprica, später dem Papst Gregorius.

Gabriel, der Engel der Geburt, regiert den Frühling des Lebens, Michael, der Engel des Kampfes, herrscht über den Herbst des Lebens. Jetzt beginnt die Zeit der Ernte. Die Früchte werden in die Waagschale gelegt. Weit über das Mittelalter hinaus wird Michael mit der Waage in der Hand als Richter über die menschlichen Seelen dargestellt. Manchmal übt er sein Amt allein aus, dann unter der Oberaufsicht Christi.

Im Schatten offizieller Kirchenlehre hat die Volksfrömmigkeit Michael soviel Kompetenz zugesprochen, daß er am Ende erreicht, was sein satanischer Gegenspieler vergeblich anstrebte: Michael ist dem Höchsten gleich. Er wird zum göttlichen Richter. Die Verehrung des Volkes hatte den heiligen Mann aus Assisi zur Engelgestalt hochgetrieben, Michael, den Engel, sogar zum Gott. Man kann darüber spekulieren, ob sich darin ein menschliches Verlangen nach Vollendung der humanen Natur äußert oder der geheime Verdacht, ein Geschöpf – sei es nun Engel oder Mensch – werde im Gericht über die Seelen mehr Verständnis und Milde zeigen als der menschgewordene Gott. Ohne Beistand der Engel wird auch nach biblischer Überlieferung das Gericht über die Lebenden und Toten nicht ablaufen. Am Horizont des Lebens könnte der Engel der Vollendung erscheinen und ergänzen, was auf Erden Stückwerk geblieben ist.

ENGEL DER VOLLENDUNG

„UND DER TOD – ein Muttergotteskuß ist es.
Wo wegnimmt den Atem von einem.
Wie Wind in Linden.
Und grabens einen auch ein.
Und ist doch wie Leben.
In Engerlingen und solchen Dingen.
Und eines Tages bin auch ich.
Irgendmal unter Cherubim."

Werner Fritsch

Auf dem Weg in Abrahams Schoß

Die Hülle ist reif. Sie platzt. Die Frucht springt hervor. Jetzt ist Erntezeit. Herbst des Lebens.

Wann ist ein Leben vollendet? Wenn der Mensch alt und lebenssatt wie Abraham werden durfte? Schon in der Jugendzeit wie bei Rimbaud oder in der Lebensmitte wie bei Hölderlin und Nietzsche? Wenn das Haus gebaut, der Baum gepflanzt, das Kind gezeugt ist? Oder vielleicht nie, solange der Mensch auf der Erde weilt? Vollendetes bedarf keiner Ergänzung mehr. Kunstwerke gelten manchmal als vollendeter Ausdruck ihrer Zeit, niemals aber für die Kunst schlechthin. Vollendetes ist nicht vorstellbar. Ist folglich alles Stückwerk oder alles unmittelbar zu Gott?

Wann ist das Leben vollendet? Wenn der Tod kommt? Die Auferstehung? Mit Vollendung verbinden wir den Abschluß eines Werkes oder Lebenslaufes. Der Sinn wird offenbar, die drei Fragen von Paul Gauguin sollen endlich eine Antwort finden: „Woher kommen wir, wer sind wir, wohin gehen wir?" Auf Grabsteinen und Bildern ist der Engel der Vollendung dargestellt worden. Er beantwortet nicht die Fragen, trägt aber die Seele des Menschen zu dem Ort, wo sie Vollendung finden wird.

Der Engel der Vollendung hält mit beiden Händen ein Tuch. Es erinnert an Wickeltücher für Neugeborene. Stehend oder kniend findet sich in diesem Tuch ein kleiner Mensch. Er faltet die Hände zum Gebet. In der oberen Hälfte des Bildes ist Gott oder Christus zu sehen.

Christus ist aufgefahren in den Himmel. „Von dort wird er kommen, zu richten die Lebenden und die Toten." In seinem Auftrag wiegt der Erzengel Michael die Seelen. Sein Blick ist leidenschaftslos. Nicht Rache und Vergeltung sind sein Amt, sondern das Sichtbarmachen der Wahrheit des menschlichen Lebens in der Welt.

Michael als Seelenwäger.
Retabel des Weltgerichts.
Ausschnitt des Gemäldes von Rogier van der Weyden.
Ölmalerei auf Holz, 1443–1446.
Beaune, Hôtel-Dieu.

Ihnen führt der Engel der Vollendung das Menschlein zu. Dargestellt ist die menschliche Seele auf ihrem Weg zur Neugeburt.

Sie wurde von Malern des Mittelalters tausendfach ins Bild gesetzt und hat die europäische Kunst und Dichtung tief durchdrungen bis hinein in die Schlußszenen des „Faust", wo Goethe, angeregt durch Lasinios Kupferstiche nach den Fresken des Camposanto in Pisa, Fausts Seele von Engeln in den Himmel tragen läßt. Wie sämtliche Engelvorstellungen, die das abendländische Denken und Empfinden geprägt haben, hat auch der Engel der Vollendung durch Umformung und Ausformung biblischer Überlieferung Gestalt angenommen und Wirkung entfaltet.

Künstler, Dichter und Gottesdenker haben das Seelengeleit der Engel von der Erde zum Himmel nicht erfunden. Sie fanden es in der unheimlichen Geschichte vom reichen Mann und dem armen Lazarus vor. Während der Prasser nach seinem Tod in den Flammen der Hölle schmort, wird Lazarus „von den Engeln getragen in Abrahams Schoß" (Lukas 16,22). Neben diesem Bild für Geborgenheit, Trost, Wiedergutmachung und Vollendung beeinflußte vor allen Dingen ein Jesuswort die Erwartungen an ein in Gott vollendetes Leben. Es fiel in einem Disput mit den Sadduzäern über die Frage der Auferstehung.

Die Sadduzäer waren Zeitgenossen Jesu. Sie glaubten wohl an Gottes Erwählung Israels, nicht aber an eine leibliche Auferstehung. In dem großen Bildwort von der Hochzeit hatte Jesus die Freuden des Himmels ausgemalt; da traten die Sadduzäer, „die lehrten, es gäbe keine Auferstehung", zu ihm, um die Absurdität eines himmlischen Lebens zu beweisen. Jesus, der menschenfreundlich war und wußte, daß der Mensch ein sinnliches Wesen ist und sich deshalb den Himmel nur sinnenhaft-konkret vorstellen kann, hatte mit Bildern von Fest, Feier, Hochzeit und Gemeinschaft die Lebendigkeit des vollendeten Lebens erzählt und diese Zukunft vorwegnehmend mit seinen Jüngern zu leben versucht.

Die Sadduzäer nahmen ihn beim Wort und entwarfen auf dem

Hintergrund der mosaischen Ehemoral ein realistisches Beispiel himmlischer Familienzusammenführung. Sie konstruierten den Fall einer Frau, deren Mann verstarb. Nach jüdischem Gesetz mußte die Kinderlose jetzt von ihrem Schwager geheiratet werden. Auch er wird sterben, ohne Nachkommen gezeugt zu haben. Da die Fallbeschreibung sieben Brüder voraussetzt, die alle nacheinander sterben, stellt sich nach dem Tod der Frau die Frage, mit der man den Himmel aus den Angeln zu heben versucht: „Nun in der Auferstehung: wessen Frau wird sie sein von diesen sieben? Sie haben sie ja alle gehabt" (Matthäus 22,28).

Ohne Kenntnis dieser Konfrontation zwischen Jesus und den Sadduzäern wird Esther Vilar zweitausend Jahre später in gleicher Weise die Unsinnigkeit eines Glaubens an die Auferstehung zu beweisen suchen. Jesus kontert mit einem Vergleich, der nur auf den ersten Blick eindeutig zu sein scheint: „Ihr irrt, weil ihr weder die Schrift kennt noch die Kraft Gottes. Denn in der Auferstehung werden sie weder heiraten noch sich heiraten lassen, sondern sie sind wie die Engel im Himmel" (Matthäus 22,30). Gilt das nur für das extreme Beispiel der sieben Brüder? Dann wäre nichts weiter gesagt als: Gott wird schon für diesen Spezialfall eine himmlische Lösung finden. Oder sind alle Menschen gemeint?

Sollte dies der Fall sein, so hätten Zeugen Jehovas, Mormonen und alle anderen, die sich vom Himmel eine Familienzusammenführung erwarten und ein Weiterleben nach den idealisierten Gesetzen und Bedürfnissen des irdischen Lebens, ein falsches Bild von der Vollendung. Noch einmal müssen Rückfragen an Jesu Antwort gestellt werden. Was mögen sich die Sadduzäer vorgestellt haben, als ihr Gegner antwortete, in der Auferstehung sind „sie" – ob nur die sieben Männer und ihre gemeinsame Ehefrau oder „alle" – „wie die Engel im Himmel".

Wie sind Engel im Himmel? Nur wer nichts von den Engeln des Lebens gehört hat, weiß darauf eine endgültige Antwort. Wenn die Sadduzäer überhaupt eine Engelvorstellung gehabt haben, schwebten jetzt vor ihrem inneren Auge die unvorstellbaren Cherubim und

Seraphim, Throne oder Räder, Raphael, der nur zum Schein menschliche Speise aß, oder die zartes Kalbfleisch essenden Engel, denen Abraham aufdeckte? Dachten sie an die Engel, die Daniel aus den Flammen des Feuerofens retteten oder an die singenden Heerscharen bei Jesaja oder den Hirten auf dem Felde?

Der Vergleich des vollendeten Lebens mit der Engelexistenz lüftete den Schleier des Himmels keinen Spalt. Nichts hatte Jesus gesagt, kein Geheimnis des Himmels preisgegeben. Wie in den neun himmlischen Chören Hildegards, zielt auch in allen Worten Jesu über den Himmel und das Reich Gottes die bildhafte Konkretion auf die Freisetzung dynamischer Energie, mit der sich der Mensch auf Gottes Zukunft einlassen soll. Der Himmel und die Erde sind kein Besitz, der Mensch kann sie nicht „haben", sondern er muß den Himmel leben und in sich wirken lassen. Dazu ist Vertrauen und Offenheit für das, was auf einen zukommt, gefordert. Aus diesem Grund fügt Jesus seinem Engelwort einen Hinweis auf Gottes Schöpfermacht hinzu. Er löst, wie sooft bei Jesus, unter den Zuhörern schieres Entsetzen aus. „Gott ist nicht ein Gott der Toten, sondern der Lebenden." Hienieden wie drüben, auf Erden und im Himmel ist nur eins nötig: sich einfach in Gottes Liebe fallenzulassen.

Das schafften wenige von denen, die Jesus nachfolgten oder ihm nachzufolgen behaupteten. Sie haben sich nicht dem Engel der Vollendung überlassen, sondern versucht, ein Wissen über die Vollendung zu erlangen. Jesus war kein Systembauer. Er hat keine Topographie von Himmel, Hölle und Fegefeuer entworfen, keine abschließende Erhellung der Engelchöre geleistet. Weder war er ein scholastischer Systematiker, Philosoph, Konzilstheologe noch Esoteriker wie Swedenborg und alle, die diesem Geisterseher folgten.

Es fehlt nicht an ausführlichen Beschreibungen des Himmels. Sie alle haben eins gemein: Wißbegierig stürzt sich der Leser auf diese „geheimen" Vermessungen des Jenseits und legt bereits nach wenigen Seiten das Buch gelangweilt zur Seite. Das eine Engelwort Jesu und die kurze Notiz von den Engeln, die den armen Lazarus in Abrahams

Schoß tragen, haben dagegen die spirituelle Phantasie über Jahrhunderte in Bewegung gehalten, weil sie das Leben in Vollendung nur andeuteten. Niemand, der Jesus nachfolgen wollte, konnte die Wahrheit schwarz auf weiß als Besitz nach Hause tragen, sondern mußte sie leben.

Wahrheit leben aber heißt, sie im eigenen Lebensraum und in der eigenen Lebenszeit konkret werden zu lassen. Die Wahrheit ereignet sich durch die Transformation in Lebensprozesse. So hat das abendländische Mönchtum, ausgehend von Benedikt von Nursia, dem Jesuswort vom Engelleben der Auferstandenen eine moralische Verpflichtung zum Engelleben auf der Erde entnommen. Wenn der vollendete Mensch sein wird wie die Engel im Himmel, dann ist damit nicht ein esoterisches Wissen über die Zukunft preisgegeben, sondern ein Ideal menschlicher Lebensführung. Benedikt und seine Mönche stellten sich unter dem Engelleben ein Leben in Armut, Demut, Keuschheit und Gottesliebe vor. So wurde der Engel zum Vorbild einer spirituellen Elite, die ihrer Vollendung entgegenstrebte. Einen Hinweis auf den Weg zur Vollendung fanden die Mönche in Jaakobs Traum von der Himmelsleiter. Die auf den Sprossen hinauf- und herabsteigenden Engel symbolisierten ihnen eine Technik der stufenweisen Annäherung an das Mysterium der Gottesschau. Ziel des Vollendungsweges war der Aufstieg der Seele über alle Sprossen der Himmelsleiter.

Ein Streit über die „Richtigkeit" dieser monastischen Bibeldeutung ist müßig. Niemand muß dem Jesuswort die Verpflichtung zu zölibatärer Lebensform entnehmen. Man kann von den Mönchen jedoch einen lebendigen Umgang mit eschatologischen Aussagen der Bibel lernen. Die Mönche besaßen eine kreative spirituelle Phantasie, mit deren Hilfe sie das zukünftige Engelleben im Himmel in ihr Leben und für ihre Lebenszeit übersetzten. Sie holten die Zukunft in die Gegenwart, verknüpften Eschatologie mit Ethik. Darin sind sie vorbildlich. Was heute, wo das geistliche Leben in Westeuropa erschlafft, viele Christen an der frischen Naivität lateinamerikanischer Bibelauslegung und ihrem exegetischen Dreischritt vom Hören auf das Bibelwort, dem Urteilen über das gegenwärtige Leben und der Durchdringung beider Welten im Handeln bewundern, ist die Aktualisierung uralter spiritueller Tradition.

Jeder Generation ist es aufgetragen, Spuren des Engellebens in der Gegenwart aufleuchten zu lassen. Das kann und darf immer nur gebrochen gelingen. Auch im Kloster ist Vollendung auf Erden nicht vollständig erreichbar. Über die letzte Sprosse der Himmelsleiter wird der Mönch vom Engel der Vollendung getragen. Das gilt letztlich für alle Menschen. Die irdische Hülle platzt. Jetzt springt die Frucht hervor. Der Engel der Vollendung wird sie vom Erdboden aufheben. Wie alles Irdische bedarf sie der Reinigung, bevor sie auf dem himmlischen Erntedankfest des Lebens glänzt.

Schutzengel der Sterbenden

Seit je haben letzte Worte Sterbender eine Faszination auf die Weiterlebenden ausgeübt. Sie erwarten, daß im Angesicht des Todes letzte Wahrheiten zur Sprache kommen: das eine Wort, in dem sich der Sinn des Lebens enthüllt oder endlich das ausgesprochen wird, was der Mensch wirklich geglaubt hat. Ist die Wahrheit ein Leben lang verhüllt, so soll sie jetzt nackt und klar ans Licht treten. Auf den zahllosen Auferstehungs- und Gerichtsbildern der abendländischen Kunst stehen die Menschen ohne Kleidung vor den Pforten von Himmel und Hölle. Niemand kann unter Engeln die nackten Tatsachen verbergen. Franz von Assisi legte sich daher in seiner Todesstunde ohne Kleidung auf den blanken Erdboden.

Der Sterbende steht vor der Zeitmauer zwischen Himmel und Erde. Gibt es schon hienieden Durchblicke? Wird ein Teil der anderen Welt jetzt sichtbar? Oder bleiben alle Bilder, Gestalten und Visionen erdgebunden wie der Leib des Sterbenden? Das sind Fragen, auf die moderne Sterbeforscher eine Antwort wagen. Für Elisabeth Kübler-Ross ist es nicht nur „bewiesen, daß jeder Mensch von seiner Geburt bis zu seinem Tod von Geistwesen begleitet wird", sondern „zur Zeit der Verwandlung werden unsere Geistführer, Schutzengel und solche Wesen, die wir geliebt hatten und die vor uns hinübergegangen waren, uns zur Seite stehen und uns bei unserer Umwandlung behilflich sein. Wir haben dies immer wieder bestätigt gefunden, so daß wir an dieser Aussage nicht mehr zweifeln. Diese Aussage mache ich, wohl gemerkt, als Wissenschaftlerin! Immer ist jemand als Helfer zugegen, wenn wir jene Verwandlung durchmachen."

Besonders die anthropologischen und religiösen Implikationen der Sterbeforschung haben zur weiten Verbreitung dieser Engel der Vollendung beigetragen. Sie spenden vielen Menschen Trost, weil sie auf Grundfragen des Menschen an sein Leben, die Welt und Gott Antwort geben. Dazu gehören Fragen der Teleologie (Hat mein Leben ein Ziel?), der Identität (Wer bin ich?), der Geschöpflichkeit (Wer bin ich vor Gott?), der Erkenntnisfähigkeit (Was ist Wahrheit?) und der Eschatologie (Werde ich im Sterben bewahrt werden?).

Der Schutzengel der Sterbenden verlangt keinen Glauben. Er gilt als wissenschaftlich nachweisbar. Zudem ist sein Beistand unabhängig von jeder religiösen Bindung: „Was die Kirchen den kleinen Kindern hinsichtlich ihrer Schutzengel erzählen, beruht auch auf Tatsachen (...). Jeder Mensch hat solche Begleiter, ob Sie daran glauben oder nicht, ob Sie Jude oder Katholik oder ohne Religion sind, spielt überhaupt keine Rolle. Denn jene Liebe ist bedingungslos, weshalb ein jeder Mensch dieses Geschenk eines Begleiters erhält" (Kübler-Ross).

Dieser Engel der Umwandlung hat etwas von der Großzügigkeit der lutherischen Gnadenlehre. Niemand muß sich auf den Stufen der Himmelsleiter der Vollendung nähern. Sie wird jedem Menschen allein aus Gnade („sola gratia") und Liebe zuteil. Luther hat das Werk

Christi als Quellgrund der Gnade betont und daraus Gewißheit in Leben und Sterben zu erlangen versucht. Seine Michaelspredigt vom 29. September 1531 gibt dem Schutzengel auch eine eschatologische Funktion als Engel der Vollendung: „So sicher ich nun in mein Hauß gehe und mich zu Bette lege und gewiß bin, daß die guten Engel einen Befehl haben auff mich zusehen: Also sicher und gewiß soll ich auch sein, wenn ich den letzten gang gehe unter die Erden ins Grab zu den Wuermern, daß die lieben Engel auch da sein werden und mich geleiten."

Die Ergebnisse der Sterbeforschung protokollieren Erfahrungen, die in einem Akt höchster Annäherung an die Zeitmauer gemacht wurden. Der Blick bleibt jedoch eingebunden in den Horizont des irdischen Lebens. Aufgrund ihrer jahrzehntelangen Erfahrungen in der Begleitung Sterbender schließt Elisabeth Kübler-Ross physiologische Erklärungen (wie Sauerstoffmangel) oder psychologische (wie Projektionen) als Erklärungsmuster für die Engelvisionen aus. Damit ist noch kein wissenschaftlicher Beweis für die Existenz des Engels der Vollendung geführt, wohl aber eine eindrucksvolle Bestätigung kollektiver Erfahrung. Auch hier wird der Engel nicht zum Besitz des Menschen. Wie jeden Freund oder Geliebten kann man ihn nicht „haben", sondern muß an sein Dasein glauben und sich in ihn fallenlassen, um getragen und verwandelt zu werden. Dann werden vielleicht im Sterben Vorstufen der Vollendung spürbar, wie sie Sören Kierkegaard auf dem Sterbebett bezeugt: „Ich habe das Gefühl gehabt, Engel zu werden und Flügel zu bekommen."

Der Engel der Vollendung wird oft mit Gabriel, dem Engel der Geburt, identifiziert. Das Grundmotiv ist vielfältig variiert worden. Manchmal hebt der Engel in seinem Seelentuch eine Gruppe von Seelen in himmlische Höhen. Damit wird die Gemeinschaft der Heiligen und die vielfältige Gestalt himmlischen Lebens angedeutet. Auf anderen Bildern tragen Gabriel und Raphael gemeinsam eine Seele in den Himmel. Viele Maler haben dem Seelentransfer durch Gabriel und Raphael eine Kampfszene vorausgeschickt. Dargestellt ist der

Leichnam eines Menschen. Aus dem Mund entweicht die Seele. Schon fliegt der Teufel herbei und will sie in den Schlund der Hölle reißen. Da naht Michael mit dem Schwert und befreit sie aus den Klauen Satans.

Seelenkampf und Seelentransfer in den Himmel zeigen: Der Ort der Vollendung des Lebens liegt jenseits der Mauer des Todes. Der Mensch kann sich nicht selbst vollenden. Sein Leben bedarf der Ergänzung. Vollendung im Himmel zu erwarten heißt, gespannt sein auf die Zukunft, offen sein, skeptisch gegenüber allen, die hienieden die Möglichkeit eines vollendeten Lebens behaupten, tolerant sein gegenüber anderen Wahrheitsansprüchen, weil niemand von sich behaupten kann, er wisse, was vor Gott und für den Nächsten ein vollendetes Leben sei.

Faust, der Himmelsstreber

Die Lehre von der unsterblichen Seele ist griechischen Ursprungs. Sie hat – wie die Bilder vom Engel der Vollendung zeigen – die christliche Kunst, Dichtung und Theologie tief durchdrungen. Ob der Mensch tatsächlich eine unsterbliche Seele besitzt, darüber haben Theologen gestritten. Besonders evangelische Theologen des 20. Jahrhunderts mit ihrem Übereifer, den Unterschied von Mensch und Gott schroff zu betonen, sind dabei fast immer zu negativen Antworten gekommen. Sie betonen den Tod von Leib, Geist und Seele, weil sie befürchten, der Glaube an eine unsterbliche Seele könnte der menschlichen Natur eine Autonomie zuerkennen, die sie letztlich von Gottes Heilshandeln unabhängig mache.

Was Goethe gegenüber Eckermann betont, empfinden sie als Nötigung Gottes. „Die Überzeugung unserer Fortdauer entspringt mir aus dem Begriff der Tätigkeit; denn wenn ich bis an mein Ende rastlos wirke, so ist die Natur verpflichtet, mir eine andere Form des Daseins anzuweisen, wenn die jetzige meinen Geist nicht ferner auszuhalten vermag" (4. Februar 1829). Goethe hat diesen Glauben am Schluß des „Faust II" in Szene gesetzt. Dabei orientiert er sich an den Bildern vom Engel der Vollendung, der menschliche Seelen in den Himmel trägt, und dem Kampf zwischen Michael und dem Teufel um die Seele der Verstorbenen.

Als Faust gestorben ist, lauert Mephistopheles neben seinem Leichnam. Schon öffnet sich der greuliche Höllenrachen. Die Eckzähne klaffen. Da kommen himmlische Heerscharen, betören mit Rosenduft aus dem Paradies die Gesellen des Teufels und listen ihnen Fausts Seele ab. Wie die Engel mit den Seelentüchern, tragen sie „Faustens Unsterbliches" zur Vollendung in den Himmel. Katholisch scheint am „Faust"-Schluß nicht nur die Jungfrau, Mutter und Himmelskönigin, der Fausts Seele entgegenschwebt, sondern vor allen Dingen der Gesang, mit dem die Engel die Rettung der Seele begründen: „Wer immer strebend sich bemüht, / den können wir erlösen."

Nun wird man Fausts Streben keine „Werkgerechtigkeit" unterstellen können. Dafür orientierte es sich kaum an christlicher Moral. An ihm wird aber ablesbar, warum protestantischen Theologen die Lehre von der unsterblichen Seele suspekt ist. Weniger, weil sie in Goethes Ausformung nur für die wenigen Menschen gilt, denen es gegeben ist, sich ein Leben lang strebend bemühen zu können, sondern vor allen Dingen, weil sie Gott zu etwas zwingt, was er nach Theologenmeinung nur gnadenhalber dem Menschen gewährt. Das ewige Leben wäre kein Geschenk mehr, sondern könnte vom Menschen aufgrund erfolgreichen Strebens eingefordert werden. Der Himmel würde zum Sammelplatz einer menschlichen Elite, einem Club für Streber.

Streben wäre Selbstverwirklichung mit dem Ziel der Selbstvollendung. „Selbstverwirklichung" galt lange Zeit als Ideal und Endpunkt der Entwicklung des eigenen Lebens. Wer, wenn nicht der einzelne

Mensch selbst, wird für das Wohlergehen und den Lebenssinn Sorge tragen? Inzwischen fühlen sich viele Menschen überfordert, ständig Selbstverwirklichung betreiben zu müssen. Das Ideal der Selbstentfaltung hat Menschen nicht nur zur Freiheit geführt, sondern auch zu Einzelkämpfern, die sich nicht fallenlassen können, verbogen. Der Engel der Vollendung schafft Entlastung vom Selbstverwirklichungsstreß, besonders im Grenzbereich des eigenen Sterbens. Gut, wer sich hier fallenlassen kann.

Gottvertrauen will nicht herbeigeredet, sondern erfahren sein. Daß Gottes Gegenwart sich auch im Medium der Sprache ereignen kann, hat Luther geglaubt und Paul Gerhardt mit seinen geistlichen Liedern bewiesen. Mit ihnen kann man getrost leben und sterben lernen.

Breit aus die Flügel beide

Das Abendlied „Nun ruhen alle Wälder" führt von der alltäglichen Erfahrung des Zubettgehens in eine Konfrontation mit der eigenen Sterblichkeit, die nichts beschönigt. So wie die matten Glieder jetzt im Bett liegen, wird ihnen schon bald „zur Ruh ein Bettlein in der Erd" bereitet sein. Spätestens vor diesem endzeitlichen Horizont stellt sich jedem Bewußtsein die Frage: „Wo bleibt dann Leib und Seel?"

Paul Gerhardt hat die Gefahren vor Augen, die durch Satans Nachstellungen der Seele drohen. Er wartet am Ende des Lebens auf die Seele, um sie zu verschlingen. Deshalb bittet der Sänger um Hilfe gegen den Teufel. Jesus selbst soll den Kampf führen. Die Engel bilden dazu den Begleitchor. Wo Jesus auf den Plan tritt, ziehen sie sich ins zweite Glied zurück. Dafür wird Jesus als ihr Herr mit dem Flügelattribut der Engel imaginiert. In einer anrührenden Schutzgebärde breitet er seine Flügel aus, damit die ängstliche Seele unter ihnen Schutz finden kann.

„Breit aus die Flügel beide,
o Jesu, meine Freude,
und nimm dein Küchlein ein.
Will Satan mich verschlingen
so laß die Engel singen:
'Dies Kind soll unverletzet sein.'"

Auch Luther hat den Engel der Vollendung mit dem Schutzengel identifiziert. Weil der Schlaf ein Bruder des Todes ist, zieht Luther wie Paul Gerhardt eine Parallele zwischen Bett- und Grabesruhe. In beiden Fällen ist der Begleitschutz des Engels gefordert. „Denn ebenderselbe Engel muß mich empfangen und heben, wenn ich in den Schlaf sinke, der mich empfängt und hebet, wenn ich sterbe."

Wie lange dauert der Flug in den Himmel? Ein kurzer Stillstand von Herz und Lunge, dann einmal tief durchgeatmet, und die Seele erblickt ihren Schöpfer? Werden alle hochgetragen, oder fordert auch die Hölle ihr Recht? Wann findet der Jüngste Tag statt und wo das Gericht? An der Zeitmauer zwischen Himmel und Erde türmen sich Berge von Fragen auf, deren Höhe nur von den Gebirgsmassiven der Antworten, die Menschen darauf zu geben suchten, überboten wird. Die Ewigkeit kann aus der Zeit nicht erschlossen werden, deshalb ist auch der Zeitpunkt, wann der Mensch „wie die Engel im Himmel" (Matthäus 22,30) sein wird, nicht meßbar. Schon Jesus hatte Augenblicke aus Ewigkeit ins irdische Leben eingefügt und damit Himmel und Erde verschränkt. Martin Luther läßt Tod und Vollendung in einem Augenblick zusammenfallen. „Sobald die Augen sich schließen, wirst du auferweckt werden. Tausend Jahre werden sein, als wenn du ein halbes Stündchen geschlafen hättest. Gleich wie wir, wenn wir des Nachts den Stundenschlag nicht hören, nicht wissen, wie lange wir geschlafen haben, so sind noch viel mehr im Tode tausend Jahre schnell hinweg. Ehe sich einer umsieht, ist er ein schöner Engel."

Ein Ewigkeitstest

Wie sieht ein Leben unter schönen Engeln aus, und wie lebenswert wäre das ewige Leben? In einer aufgeklärten Zeit, wo kein Konsument einen CD-Player oder eine Waschmaschine kauft, ohne sich vorher bei der Stiftung Warentest über die Marktlage informiert zu haben, sollte niemand die göttliche Katze im Sack erwerben, meint Esther Vilar. Ihre Streitschrift „Die Erziehung der Engel" (1992) testet die Lebensqualität des ewigen Lebens. Das Urteil: Der Mensch finde sich lieber mit der Endlichkeit des Lebens ab, als auf ein paradiesisches Weiterleben nach dem Tod zu hoffen. Das ewige Leben ist nicht lebenswert.

Um zu diesem Urteil zu kommen, testete Esther Vilar auf einer imaginierten Reise ins Jenseits besonders das Liebesleben unter Engeln. Wie sieht die Familienzusammenführung nach dem Tod konkret aus? Früher, zu Zeiten der monogamen lebenslangen Ehe, hätte der Himmel wieder problemlos zusammengeführt, was der Tod geschieden hatte. Doch bei der heutigen Sexualmoral ergäben sich schwierige Lebens- und Liebesverhältnisse. Simples Beispiel: Eine zweimal verheiratete Frau hienieden – ist sie drüben himmlisch anerkannte Bigamistin? Was geschieht mit den notorischen Singles? Werden sie drüben zwangsverheiratet, oder finden sie endlich unter Milliarden Engeln den passenden Partner? Werden die Menschen, wenn sie im Himmel zu Engeln geworden sind, neue Engel zeugen?

Esther Vilar hat genau erkundet, welche überirdischen Möglichkeiten sich in Liebesdingen anbieten: „Sex im Fliegen, Sex auf Wolken, Sex in Wolken, Sex im Zustand der Schwerelosigkeit, Sex im Zentrum des Orkans, Sex mit fallenden oder gefallenen Engeln." Am ausgelassensten geht es natürlich zu, wenn irdische Sexsymbole im Himmel eintreffen. Brigitte Bardot, Cher, Madonna, Sylvester Stalone und Arnold Schwarzenegger: Da „kommt es zu einem orgiastischen Massengelage, das bis zu einer Woche dauern kann". Also doch keine Lust in Ewigkeit? Genau, so wird es kommen. Eines himmlischen Tages kann niemand mehr einen nackten Engel oder eine Engelin in Strapsen sehen. Keuschheit und Langeweile werden herrschen. Denn wer will tanzen auf einem Fest ohne Ende? Schließlich werden die Erlösten auf den Knien vor ihrem Herrn rutschen und ihn um Erlösung vom Paradies bitten.

Damit der hartnäckigste Überlebenssüchtige durch diesen Jenseitsführer von seinen Wünschen befreit wird, hat Esther Vilar ihrer Streitschrift ein kleines himmlisches Drama angehängt. Es ist eine Simulationstherapie für ungläubige Nichtgläubige. Wie auf einem Video rollt hier vor dem Ewigkeitsadepten die Langeweile des Engellebens ab. Dennoch wird auch dieser Versuch, auf witzige Weise die Langeweile eines himmlischen Lebens unter Engeln zu zeigen, folgenlos bleiben. Nicht nur, weil die Paradiesessehnsucht zum Grundbestand menschlicher Sehnsucht gehört, sondern auch, weil Vilars himmlische Phantasie nichts beweist. Es sei denn die Erfahrung vieler Himmelsträumer, daß wir uns einen vollkommenen Zustand auf Dauer nicht vorstellen können.

Damit ist die Nichtexistenz des Himmels nicht bewiesen. Ohne Paradiesessehnsucht gäbe es weder Dichtung noch verdichtete Theologie. Sie stimuliert die Imagination einer anderen Welt und eines besseren Menschen. Die Sprache des Paradieses ist Resonanzboden der Kindheit des einzelnen wie der Menschheit. Daher trifft Vilars These, wer nicht mehr an ein Leben nach dem Tode glaube, der hänge mit mehr Leidenschaft am irdischen, nicht zu.

Den Himmel erzählen

Als Heinrich Heine aufforderte, den Himmel Engeln und Spatzen zu überlassen und dafür die irdischen Freuden zu genießen, konnte er nicht ahnen, daß ausgerechnet Theologen, Pfarrer und Religionslehrer seinem Appell folgen würden. Ob Himmel, Hölle, Fegefeuer, Engel oder Teufel: Wer am Ende des zweiten Jahrtausends Antwort auf die Frage nach der Herkunft des Menschen und dem Ziel seines Lebens finden möchte, wird unweigerlich mit der „Sprachschwindsucht in geistlicher Hinsicht" konfrontiert, die Gerhard Ebeling den Theologen attestiert: „Wo immer also die Besinnung auf den Glauben und auf die Wahrheit der Theologie zum Elementarsten hingelenkt wird, überall da verspüren wir heute eine oft an Erstickung grenzende Spracharmut, die das erträgliche Maß übersteigt und uns des Atems beraubt, dessen der Glaube zum Leben bedarf. Vielleicht ist das der Punkt, wo heute die Anfechtung denjenigen, der mit Ernst Christ sein will, am unheimlichsten überfällt, weit bedrängender noch als angesichts der ungelösten ethischen Probleme."

Nun ist das Sprachproblem kein speziell neuzeitliches oder nachaufklärerisches, sondern gehört zum Wesen jeder Religion, da diese eine Wahrheit bezeugt, die größer ist als alle Vernunft und jetzt nur wie durch einen trüben Spiegel gesehen werden kann. Deshalb begleitete es unseren Weg zu den Engeln des Lebens und wurde immer wieder bedacht. Es ist Aufgabe der Engel, Gott im Leben der Menschen zur Sprache zu bringen. So kommt auch das Wesen des Menschen zur Sprache. Eins spiegelt sich im anderen. Wenn sich Theologie und kirchliche Verkündigung von dem Sprachmedium „Engel" trennen, weil es ihnen zu naiv und narrativ erscheint, berauben sie sich einer Sprachform, auf die keine der drei großen monotheistischen Religionen verzichten wollte. Die von Ebeling beklagte

„Sprachschwindsucht in geistlicher Hinsicht" ist ein Problem der westeuropäischen Theologie. Unter dem selbsterzeugten Druck, mit dem naturwissenschaftlichen Blick auf die Welt Schritt halten zu müssen, hat sie ihre eigene Sprache vergessen und Verrat an der narrativen Tradition begangen.

„Wenn ihr nicht umkehrt und werdet wie die Kinder, so werdet ihr nicht ins Himmelreich kommen" (Matthäus 18,3), hatte Jesus seinen Jüngern gesagt. Was war damit gemeint? Zuerst eine Bedingung, um in den Himmel zu gelangen, dann eine Sprachlehre. Wer Gott finden will, kann dies nicht aus eigener Kraft oder wissenschaftlicher Anstrengung allein. Er muß sich – ob Arzt, Arbeiter oder Theologieprofessor – vom Engel Gottes an die Hand nehmen lassen und darf dabei nicht schamrot werden. Kinder haben den Himmelsblick, und sie lassen sich gerne beschenken. Zum Beispiel mit Geschichten. Wer Gott finden will, muß wieder lernen, Gott in Geschichten aufzuspüren, ihn zwischen Farben zu sehen und in Klängen zu hören. Jesus kennt da kein Pardon, wenn er seinem Bedingungssatz die harte Drohung nachschickt: „Wer aber einen dieser Kleinen, die an mich glauben, zum Abfall verführt" – etwa durch dünkelhafte Gotteswissenschaft, die Gottes Geheimnis zu besitzen glaubt und sich über die „Naivität" der Kinder lustig macht –, „für den wäre es besser, daß ein Mühlstein an seinen Hals gehängt und er ersäuft würde im Meer, wo es am tiefsten ist" (Matthäus 18,6).

„Naiv" sein heißt: „ursprünglich", „natürlich" sein. Wieder werden wie die Kinder, meint: zum Ursprung zurückkehren, wieder naiv werden, Kind Gottes werden. Großväter und Großmütter sind oft bessere Erzieher der Kinder, weil sie in einem langen Leben voller Umwege wieder die Sprache der Kinder gelernt haben. Die Identität von Schutzengel und Engel der Vollendung bringt diesen Zusammenhang von Kindheit und Alter zum Ausdruck. Das Leben rundet sich zu einer Einheit. Jesus spricht die Sprache der Kinder. Er wählt Metaphern und Gleichnisse, nennt Gott „Abba" (Papa) und erregt damit den Unmut der klugen Gottesgelehrten. Seiner Sprache folgen die poetische Theologie des Volkes mit ihren Legenden und die Visionen der Mystikerinnen. Ihr ist das Sprachgenie Luther verpflichtet, die großen Liederdichter des Gesangbuches und die Maler, die in Bildern der Andacht, Stille, Anschauung und Freude das unvorstellbare und unsagbare Geheimnis des ewigen Lebens umkreisen.

Gegenüber der Gnosis und dem Hauptstrom antiker Philosophie hat das frühe Christentum an der Sinnlichkeit und Leiblichkeit der Auferstehung festgehalten. Wie die Engelvisionen, zeigen auch die Bilder vom ewigen Leben einen sinnlich erfahrbaren Himmel. Ob im Paradiesgarten, unter dem Baum des ewigen Lebens, ob beim Festmahl oder auf der Hochzeit, ob Gemeinschaft der Heiligen oder Maria als Himmelskönigin der Engel: Immer werden elementare Strukturen und Bedürfnisse des Menschen auch im Himmel bewahrt. Dazu gehören Essen, Schauen, Ruhen, Spielen, Tanzen, Musizieren.

Mit ihrer Verteidigung der leiblichen Auferstehung gegenüber allen rationalen Argumenten der Philosophie hat die Kirche den Himmel erzählbar gehalten. Die Auferstandenen, so Augustinus (354–430), „werden Gott schauen, und zwar in ihrem Leibe". Der Kirchenvater spielt sämtliche Todesarten durch – von völliger Verbrennung des Leibes zu Asche, Kannibalismus, Zerfetzung durch Löwen, Verlust einzelner Gliedmaßen beim Martyrium –, um zu zeigen, daß nichts Gott wird daran hindern können, das Verschwundene und Zerschlagene wieder neu zu schaffen. Die leibliche Auferstehung gilt ausdrücklich auch für Kinder, „die bereits im Mutterschoß lebten und dann vorzeitig starben". Sie werden „durch Gottes Wundermacht das Wachstum, das andernfalls langsamer erfolgt sein würde, schnellstens zum Abschluß bringen" und wie alle anderen Vollendeten „stille sein und schauen, schauen und lieben, lieben und loben. Das ist's, was dereinst sein wird, an jenem Ende ohne Ende."

Den Himmel erzählen ist unmöglich, und doch muß der Himmel erzählt werden. Isaac Leib Perez (1851–1915) konnte aus einer reichen narrativen Tradition schöpfen, als er mit seiner Geschichte vom armen Duldner Bontsche Schweig ein Sinnbild für den jüdischen Cha-

Durch Leben, Sterben und Tod hat der Engel den Menschen geleitet. Jetzt führt er die Seele der Wahrheit in den Himmel, zurück in die göttliche Mitte. Vom Ende des Neugeburtkanals strömt der menschlichen Seele göttliches Licht entgegen, Sterbenden bereits als Vorahnung vertraut. Hoffnung wird hier im Bild des Hieronymus Bosch zur Gewißheit jenen, die die Schwelle überschritten, und zum Trost, zur Verheißung denen, die sie noch vor sich haben.

Der Aufstieg in das himmlische Paradies.
Ausschnitt aus einem Flügelaltar
von Hieronymus Bosch.
Venedig, Dogenpalast.

rakter schuf. Bontsche Schweig starb, wie er gelebt hatte: einsam, still und ohne zu klagen. Niemand bewahrte sein Bild im Gedächtnis, keiner trauerte um ihn. Armut, Hunger und Unterdrückung, Ausbeutung und Verachtung hatten Bontsche von der Geburt bis zum Grab begleitet. Die kleine Holztafel auf seinem Grab wurde direkt nach dem Begräbnis von einem Windstoß weggerissen und diente der Frau des Totengräbers zur Erwärmung eines Kartoffeltöpfchens. Bei seiner Beschneidungsfeier wäre er fast verblutet, seine Bar Mizwah war ohne Thoralesung. Die Ehefrau verläßt ihn.

Kein Wunder, daß Bontsche seinen Augen nicht traut, als er nach seinem Tod von Engeln begrüßt wird, die in ihrem Fluge einander zurufen: „Bontsche wurde zum Sitz der Heiligen im Paradies berufen!“ Das große Schofarhorn erklingt, junge Engelchen mit funkelnden Augen, golddurchwebten Flügeln und silbernen Pantoffeln umschweben ihn, Abraham lächelt milde aus altem Antlitz und begrüßt Bontsche mit einem „Schalom Alejchem“, zwei Engel rollen einen goldenen Großvaterstuhl herbei und tragen für Bontsche eine goldene, edelsteinbesetzte Krone. Das wird den frommen Zaddikim zuviel. Sie beschweren sich über die ausgelassene Freude der Engel, weil sie eine Feststimmung verbreiten, ohne den Urteilsspruch des himmlischen Gerichtes abzuwarten. Bontsche steht das Herz still. Die Engel tanzen jedoch im Reigen um ihn. Dann läuft der Prozeß ordnungsgemäß ab, in dem das Leben Bontsches zur Sprache kommen soll.

In einer anderen Geschichte greift Isaac Leib Perez für diese Gerichtsszene das Bild der Seelenwaage auf. Jetzt ist es ein Schreiberengel, der aus den Akten vorträgt. Sein Bericht ist lang und detailliert und kommt zu dem Ergebnis, das von den jubelnden Engeln bereits vorweggenommen wurde.

Doch noch steht das Urteil des Anklägers aus. Auch er hatte den Auftrag, über das Leben dieses Menschen eine Akte anzulegen. Mit scharfer, stechender Stimme begrüßt er das Gericht, dann werden seine Worte weich: „Meine Herren, er schwieg. So will auch ich jetzt schweigen.“ Die himmlische Buchführung konnte keine Anklagepunkte sammeln. Nun wendet sich der himmlische Richter an Bontsche: „Der Himmlische Gerichtshof wird dich nicht richten, über dich wird kein Urteil gefällt werden. Dein Verdienst kann nicht gemessen und gewogen, kann nicht als Lohn dir zugeteilt werden. Nimm dir, was du willst! Alles ist dein!" Bontsche Schweig kann gar nicht glauben, was ihm hier von höchster Stelle angeboten wird. Das große Los ist gezogen. Im Himmel herrscht die freie Auswahl.

So hat sich menschliche Phantasie zu allen Zeiten in ein himmlisches Schlaraffenland geträumt. Ein bayerisches Volkslied beschreibt in fünf Strophen die himmlischen Freuden. Alle Genüsse und Lustbarkeiten stehen jederzeit zur Verfügung. Tanzen, springen, hüpfen und singen unter der Oberaufsicht des Heiligen Petrus. Lukas schlachtet einen Ochsen. Natürlich kostet der Wein aus dem himmlischen Keller keinen Heller. Dazu backen die Engel ein köstliches Brot und Laugenbrezel. Obst und Gemüse in Hülle und Fülle. Ob Hase oder Rehbock: Sie laufen auf offener Straße herbei und warten nur darauf, in die Bratröhre springen zu dürfen. Selbst an Festtagen strömen die Fische mit Freuden in die Netze des ehemaligen Menschenfischers Petrus, der jetzt wieder seinen alten Beruf ausüben darf.

Marta hatte bereits auf der Erde lieber gekocht, als fromme Gespräche geführt wie ihre Schwester Maria, so steht sie auch hier in der Küche. Natürlich darf Musik bei diesem Fest nicht fehlen. Engel singen, die Heilige Cäcilia spielt ein Instrument, elftausend Jungfrauen tanzen, daß selbst die Heilige Ursula dazu lacht. Arnim und Brentano haben das Volkslied in ihre Sammlung „Des Knaben Wunderhorn" aufgenommen. Gustav Mahler entdeckte es dort und integrierte es als Sopran-Solo „sehr behaglich", aber durch jähe Klangwechsel als nicht wörtlich zu nehmende Phantasie kommentiert, in seine Symphonie Nr. 4 G-dur.

Vom himmlischen Leben sollte mit Humor erzählt werden. Der derben Tonlage des bayerischen Volksliedes steht der hintergründige Witz des jiddischen Erzählers Isaac Leib Perez zur Seite. Hier lacht am Ende der Ankläger. Bontsche Schweig hatte die freie Auswahl, und die Engel mußten wohl erwartet haben, daß der fromme Mann jetzt reichlich zulangen würde. Das tat er auch. Dreimal vergewisserte er sich, daß er wirklich alles haben könne, was er wolle. Dann sagt er lächelnd: „Nun, wenn dem so ist, dann wünsche ich mir jeden Morgen eine warme Semmel mit frischer Butter darauf!" Verlegen senken die Engel ihren Blick.

Eine himmlische Humoreske ist auch die Geschichte von Rabbi Josua ben Levi und dem Todesengel. Der störrische Rabbi ist ein selbstbewußter Gegencharakter zum frommen und bescheidenen Duldner Bontsche Schweig. Seine Geschichte zeigt, daß der Himmel viele Wohnungen hat – auch für Schlitzohren. Gleicht Bontsche Schweig dem armen Lazarus, so ist Rabbi Josua ein echter Nachfahr des hinterlistigen Patriarchen Jaakob, denn er kämpft mit dem Engel des Todes. Als dieser sich vorstellt, weiß der Rabbi sofort, was die Stunde geschlagen hat. Der Engel ist gekommen, um seine Seele zum großen himmlischen Gerichtstag abzuholen.

Jeder andere wäre vor dem Todesboten in die Knie gegangen. Nicht so der Rabbi. Er entgegnet dem Engel: „Bei meinem Leben! Und stehst du auch tausend Jahre hier, ich geb dir meine Seele nicht." Der Engel fliegt schnell zu seinem Herrn und berichtet von dem widerspenstigen Rabbi. Eine Lösung scheint schnell gefunden. Der Herr empfiehlt eine härtere Gangart einzuschlagen. Furcht und Todesschrecken verbreitend, soll der Engel den Widerstand des Rabbis brechen. Josua läßt sich jedoch nicht einschüchtern, beginnt sogar zu feilschen. Er sei freiwillig bereit, dem Todesengel zu folgen und sich dem Gericht zu stellen, wenn ihm vorher der Platz im Garten Eden gezeigt werde, an dem er nach seinem Tod ruhen werde.

Bei einem so ausgefallenen Wunsch kann der Engel keine Entscheidung treffen, fliegt erneut zum Herrn und erhält die Erlaubnis, Rabbi Josua auf seinen Flügeln vor das Paradies zu bringen. Dort angekommen, steigt der Rabbi auf die Paradiesesmauern, verschafft sich einen Überblick und läßt sich seinen Platz zeigen. Man ahnt, was jetzt kommt. Natürlich rührt sich Rabbi Josua nicht vom Fleck und listet noch dazu dem Todesengel das Schwert ab, mit dem dieser die

Seelen zu töten pflegt. Die Geschichte gibt keine Auskunft über die Gefühlslage des Herrn, sondern teilt nur seinen Urteilsspruch mit: „Geh überallhin, wo Rabbi Josua gewandert ist; hat er in meinem Namen einen Schwur getan, so ficht diesen an, führe Josua aus dem Garten Eden und nimm seine Seele, wo aber nicht, so hole nur dein Schwert zurück, ihn aber laß bleiben, wo er ist."

Eintauchen ins Meer der Liebe

Jesus hatte Himmel und Erde miteinander versöhnt. In dem Gebet, das er seinen Jüngerinnen und Jüngern hinterließ, wird die Gemeinschaft von Engel, Mensch und Gott betont. Der Wille des Vaters allein soll Richtschnur für das Verhalten der gesamten Schöpfung sein: „wie im Himmel, so auf Erden". Das Vaterunser öffnet zugleich den Blick in die Zukunft, wo Gottes Reich vollendet sein wird. Im Himmel werden dann keine Engel mehr rebellieren, und auf Erden wird kein Sünder mehr sein. Dieser Himmel ist so wenig beweisbar wie die himmlischen Boten. Wer an ihn wie ein Kind glaubt, dem geht es wie Rabbi Josua: Er sitzt bereits im Paradies. So hatte auch Luther gepredigt: „Die Glauben haben, befinden sich im Paradies und thronen mit dem Herzen im Himmel."

In Gottes Engeln kommt die Gegenwart des Himmels zum Ausdruck. Sie stehen dem Menschen vom Augenblick seiner Erschaffung zur Seite. Auch das irdische Leben des Gottessohnes ist von der Geburt bis zur Himmelfahrt in allen entscheidenden Phasen von Engeln begleitet. Dem Engel des Trostes im Garten Gethsemane stehen die beiden Engel vom Tag der Auferstehung und der Himmelfahrt gegenüber. Sie helfen, das Werk der Menschwerdung zu vollenden, haben also eine wichtige Aufgabe und sind nicht schöne Rahmung wie auf den Kitschbildern.

Als Maria von Magdala, Johanna, Maria, die Mutter des Jakobus und weitere, namentlich unbekannte Frauen das Grab Jesu am Ostermorgen besuchten, fanden sie es leer. Darüber waren sie bekümmert. Lukas berichtet nicht, welche Gedanken die Herzen der Jüngerinnen bewegten. Befürchteten sie, der Leichnam sei gestohlen worden? Steckte vielleicht der geheimnisvolle Joseph von Arimathäa dahinter, der nicht zum Jüngerkreis gehört und dennoch die teure Grabhöhle gestiftet hatte? Wer aber hätte etwas von einem gestohlenen Leichnam gehabt? Auch andere werden darüber grübeln. So der Frühaufklärer Reimarus (1694–1768), der behauptete, die Jünger hätten den Leichnam gestohlen, um eine Auferstehung vorzutäuschen. Das ist zumindest nach dem Bericht des Lukas unmöglich, da der Männerkreis nicht nur seinen Herrn in der Stunde des Todes alleingelassen hatte, sondern die Nachricht der Jüngerinnen von Jesu Auferstehung barsch „als wär's Geschwätz" abwertete, „und sie glaubten ihnen nicht" (Lukas 24,11).

Mit Sicherheit haben die Jüngerinnen auch nicht den Verdacht gehabt, ihr Herr und Meister sei vielleicht nur scheintot gewesen. Darüber konnte nur spekulieren, wer das grauenhafte Sterben auf Golgatha nicht mit eigenen Augen gesehen hatte. Warum war das Grab leer? Die Antwort der Engel schuf ein neues Verstehensproblem: „Er ist nicht hier, er ist auferstanden" (Lukas 24,6). Wir wissen nicht, was die Jüngerinnen unter „Auferstehung" verstanden und ob sie damit eine bestimmte Vorstellung verbanden. Die Engel am Grab sind Dolmetscher der leeren Höhle. Ihre Worte sind den Frauen so wichtig, daß sie sofort weitererzählt werden. Ohne Engelwort wäre das leere Grab nicht bedeutsam geworden. In seltener Übereinstimmung berichten Markus, Matthäus, Lukas und Johannes, daß die Botschaft von Jesu Auferstehung im Zusammenhang mit einer Deutung der leeren Grabstelle aus dem Mund von Engeln erfolgte. Man kann diesen Befund zuspitzen und behaupten: Ohne Gottes Engel gäbe es kein Wissen um Auferstehung.

Hermeneutische Nachhilfe leisten die Engel auch nach der Himmelfahrt. Vierzig Tage war Jesus in der Wüste und wurde vom Teufel versucht, vierzig Tage liegen zwischen Auferstehung und Himmelfahrt. An Ostern geschah keine Rücknahme der Kreuzigung. Der Tod wurde nicht rückgängig gemacht, sondern das Leben und Leiden des Menschensohnes vollendete sich in der Verewigung. Ausdrücklich wird betont, daß der Auferstandene die Wundmale von der Kreuzigung auch weiterhin trägt. Wie die Engel leistet auch Christus zwischen Gott und Mensch Botendienste, doch im Gegensatz zu den Engeln ist er zugleich göttlicher und geschöpflicher Natur. Sein Menschsein wird durch die Auferstehung in Gott hineingenommen.

Auf zahlreichen Bildern der abendländischen Kunst ist diese Bergung gelebten Lebens dargestellt, indem Gottvater den Leichnam seines Sohnes oder ein Kruzifix in den Händen hält. Das grauenhafte Sterben auf Golgatha blieb für Gott nicht folgenlos. Veränderte es ihn? War der Ewige nach der Menschwerdung ein anderer geworden? Erhielt er durch die Kreuzigung einen Erfahrungszuwachs? Christus ist der Mittler zwischen Himmel und Erde. Wenn er Gott zur Sprache bringt, dann zugleich die Sache des Menschen vor und in Gott.

Als wahrer Mensch und wahrer Gott wird der Auferstandene jedoch nicht in den Himmel zurückkehren, ohne vorher dem Elferkreis seiner Jünger die Sendung des Heiligen Geistes zu prophezeien. Damit tritt die dritte Kraft der Trinität in ihr geschichtliches Wirken. Daß der Heilige Geist nicht in Konkurrenz oder in einem Ablösungsverhältnis zum Wirken der Engel steht, zeigt die Apostelgeschichte mit der Befreiung des Petrus aus dem Gefängnis durch einen Engel. Mit Petrus wird der erstberufene Jünger gerettet. An ihn erging das Verheißungswort Jesu, ihm folgen nach katholischer Lehre die Päpste auf den „Stuhl Petri" nach.

Nicht unfrei von humoristischen Zügen, erzählt Lukas die Geschichte seiner Befreiung. Kaum ist die junge Gemeinde im Pfingsterlebnis spirituell gestärkt und gefestigt worden, da wird ihr geistliches Oberhaupt gefangengenommen. Die „Gemeinde betete ohne Aufhören für ihn zu Gott" (Apostelgeschichte 12,5). Gott erhört ihr Gebet, schickt einen Engel ins Gefängnis. Der löst die Ketten und führt Petrus, an den Wächtern vorbei, in die Freiheit. Petrus kennt das Haus, wo sich die kleine Gemeindeschar aufzuhalten pflegt. Er klopft an das Hoftor und ruft. Die Magd Rhode erkennt seine Stimme, vergißt vor Freude, das Tor zu öffnen, läuft ins Haus und teilt den Betenden die Gebetserhörung mit. Äußerst befremdlich für den heutigen Leser reagiert die Gemeinde mit Unglauben und der bösen Unterstellung: „Du bist von Sinnen" (Apostelgeschichte 12,15).

In der Geschichte von der Befreiung des Petrus wiederholt sich das Ostergeschehen. Christus ersteht aus der Grabeshöhle, Petrus wird aus der Höhle des Gefängnisses befreit. Der weiblichen Zeugin schenkt der männliche Jünger- und Gemeindekreis keinen Glauben. Als Rhode nicht aufhört zu bezeugen, daß Petrus leibhaftig vor dem Tore stehe, reagiert man sogar psychologisierend: „Es ist sein Engel." Dies ist im Sinne einer Projektion zu verstehen, denn auch der vermeintliche Engel wird nicht in den Kreis gebeten.

Der Befund stimmt traurig. Was ist das für eine Kirche, die weder mit dem Eingreifen des Engels in die Geschichte rechnet, noch an die Macht des Gebetes glaubt? Lukas erzählt die Befreiungsgeschichte nicht ohne Seitenhieb auf die junge Kirche. Er zeigt damit, daß neben dem Heiligen Geist auch weiterhin Gottes Engel das Werk der Erlösung begleiten. Auch hier läßt sich der Befund zuspitzen, wenn man darüber nachdenkt, was geschehen wäre, wenn Petrus nicht von dem Engel befreit worden wäre. Gäbe es ohne Engel keine Kirche?

Wie wenig Heiliger Geist und Engel in Konkurrenz stehen, zeigt letztlich die Himmelfahrt Jesu selbst. Nach der Verheißung des Geistes wurde Jesus „zusehends aufgehoben" (Apostelgeschichte 1,9), bis er hinter einer Wolke verschwand. Noch blicken die Jünger in den Himmel, da werden sie von zwei Engeln belehrt: „Ihr Männer von Galiläa, was steht ihr da und seht zum Himmel? Dieser Jesus, der von euch weg gen Himmel aufgenommen wurde, wird so wiederkommen, wie ihr ihn habt gen Himmel fahren sehen" (1,11).

Auch dieses letzte Kapitel der Heimholung der Schöpfung in Gott, die Wiederkehr des auferstandenen Christus, der kommen wird, „zu richten die Lebenden und die Toten", geschieht unter Begleitung der Engel. Nach Matthäus kommt Christus „in seiner Herrlichkeit, und alle Engel mit ihm" (Matthäus 25,31). Johannes greift auf Jaakobs Traum von der Himmelsleiter zurück und läßt Christus zu seinen Jüngern sagen: „Wahrlich, wahrlich, ich sage euch: Ihr werdet den Himmel offen sehen und die Engel Gottes hinauf- und herabfahren über dem Menschensohn" (Johannes 1,51).

Als Richter ist Christus Herr der himmlischen Heerscharen. Das reformatorische Kampflied „Ein feste Burg ist unser Gott" überträgt daher konsequent den alttestamentlichen Gottestitel „Herr Zebaoth" auf ihn. Auf den zahlreichen Bildern mittelalterlicher Maler und in Stein gehauen auf den Eingangsportalen gotischer Kathedralen, trägt der Weltenrichter die Wundmale seines eigenen Leidens, Engel halten die Marterwerkzeuge der Schinder hoch. Der himmlische Richter hat am eigenen Leib erfahren, was es heißt, ein Mensch zu sein. Er hat geliebt und gelitten, er ist gestorben und begraben worden. Das gibt keine Gewähr für eine Allversöhnung, wie sie der Kirchenvater Origenes annahm, schenkt aber Hoffnung auf einen gnädigen Urteilsspruch.

Weil kein menschliches Leben sich selbst vollenden kann, findet nach dem Tod eine Reinigung statt. Die katholische Kirche spricht vom Fegefeuer, in dem Gott selbst den Menschen von allem reinigen und befreien wird, was einem himmlischen Leben in Ewigkeit noch entgegensteht. Damit kann keine Gleichmacherei gemeint sein. Im himmlischen Haus des Vaters sind viele Wohnungen, und in sie wird Einzug halten, was wir gewesen sind. Die große Szene vom Weltgericht nennt auch das Kriterium für den Eintritt ins Himmelhaus: „Was ihr getan habt einem von diesen meinen geringsten Brüdern, das habt ihr mir getan" (Matthäus 25,40).

So viele Wohnungen in diesem Haus sein mögen, Dachzimmer und Kellerwohnungen, lichte Räume und dunkle Kammern, die Vielfalt der Wohnungen und Vielzahl der Charaktere ihrer Bewohner kennt auch eine Grenze. Wo der Hausfriedensbruch befürchtet werden muß, trennt der Weltenrichter die Böcke von den Schafen. Das Haus Gottes hat ein Ausweichquartier für diejenigen, die sich weigern, der himmlischen Hausordnung zu folgen. Es ist die Hölle, „das ewige Feuer, das bereitet ist dem Teufel und seinen Engeln!" (Matthäus 25,41).

Man sollte diesen Ort nicht mit Dantes Augen sehen. Er ist zuerst Ausdruck der inneren Trennung zwischen Menschen, die eine unterschiedliche Beziehung zu Christus haben. Im Himmel, hatte Jesus gesagt, wird mehr Freude sein über einen reumütigen Sünder als über 99 Gerechte, die der Buße nicht bedürfen. Wird man dort auch Tränen vergießen über den reichen Mann in der Hölle? Abraham spricht von einer Kluft zwischen Himmel und Hölle, die so gewaltig sein soll, „daß niemand, der von hier zu euch hinüber will, dorthin kommen kann und auch niemand von dort zu uns herüber" (Lukas 16,26).

Bezieht Abraham Gott damit ein? Sollte die Hölle ein Ort der Gottesferne sein, den Gott selbst nicht aufheben kann, weil sich der Teufel und seine Engel in alle Ewigkeit gegen ihren Schöpfer auflehnen werden? Wenn dies so sein sollte, reagiert die abgewiesene Liebe Gottes mit unendlichem Schmerz? Ist mit der Hölle „die wenigstens analoge Rede von einer eschatologischen Tragödie" gerechtfertigt, „sofern von einem teilweisen Scheitern des Weltplanes Gottes, einer teilweisen Sinnlosigkeit seiner Schöpfung gesprochen werden kann oder muß", wie Hans Urs von Balthasar behauptet?

Die Vorstellung, daß einst der Mensch unter jubilierenden Engelchören Gott lobpreisen wird, während jenseits des Abgrundes die Gottlosen in den Flammen der Hölle Pein leiden, ist absurd. Nur ein Marquis de Sade könnte an diesem endzeitlichen Szenario „sadistischen" Gefallen finden. Christus selbst war am Karsamstag hinabgestiegen in das Reich des Todes, um die Seelen zu erlösen, die vor seiner Menschwerdung gestorben waren. Dieser Karsamstag dauert bis ans Ende der Zeiten, wo Gott „alles in allem" (1. Korintherbrief 15,28) sein wird. Solange dürstet Jesus nach Liebe.

„Er bedarf unserer Werke nicht, sondern nur unserer *Liebe*", sagt Therese von Lisieux. „Ach! mehr denn je fühle ich, Jesus dürstet. Er trifft nur auf Undankbare und Gleichgültige unter den Jüngern der Welt und unter seinen eigenen Jüngern findet er, ach!, so wenig Herzen, die sich ihm ohne Rückhalt hingeben, die die ganze Zärtlichkeit seiner unendlichen Liebe verstehen." Jesus selbst hatte gegenüber seinen Jüngern ein hoffnungsloses Bild von der Erwiderung der göttlichen Liebe gezeichnet, als er die rhetorische Frage stellte: „Doch wenn der Menschensohn kommen wird, meinst du, er werde Glauben finden auf Erden?" (Lukas 18,8).

Auf diesem Hintergrund leuchtet die Vielzahl der Heiligen und die breite Verehrung der Gottesmutter ein. Wenn die Sache der Gläubigen so schlecht steht, bedarf sie der Fürsprache und Fürbitte auf breiter Front. Es gibt niemanden, der Gottes Erbarmen nicht bedürfte, und keinen, der es verdient hätte.

Wenn Gott alles in allem sein wird, dann wird mit allen Menschen und Engeln auch Christus in Gott geborgen sein. Die große Einheit wird sichtbar, das Universum krümmt sich in Gott zurück, der Punkt äußerster Verdichtung ist erreicht, der verlorene Sohn ist in das Haus des Vaters eingekehrt. Was dies für Gott selbst bedeutet, mag dann vielleicht als letztes Geheimnis offenbar werden. Finden die drei großen Fragen – „Woher kommen wir, wer sind wir, wohin gehen wir?" – eine Antwort? Oder gewinnen sie nur einen neuen Horizont? Oder sind alle Antworten so überflüssig geworden wie die Fragen selbst, weil Gott alles in allem ist?

Daß der Gottesdienst diesen Augenblick aus Ewigkeit in Lied und Gebet vorwegnimmt, deutete der Engelgesang bei den Hirten auf dem Felde (Gloria) und das Sanctus der Seraphim in Jesajas Vision bereits an. Auch Hildegards Engelvision ist ein Abbild jener Einheit, wo Gott alles in allem ist. Sie will den Menschen dazu bewegen, die Flügel des Glaubens auszubreiten und in Gott zu fliegen. Dieses Eintauchen in das Meer der Liebe Gottes, das Durchdrungenwerden von den warmen Strahlen der göttlichen Sonne, das Erfülltwerden von der göttlichen Luft in allen Sinnen hat Gerhard Tersteegen in seinem Lied „Gott ist gegenwärtig" besungen. Gott gegenwärtig sein lassen, darauf allein kommt es an. Wer die Flügel des Glaubens ausbreitet und Gott wirken läßt, der wird von Gott in Gottes Mitte emporgehoben, um unter seinen Flügeln geborgen zu sein.

„Ich in dir,
du in mir,
laß mich ganz verschwinden,
dich nur sehn und finden."

Namensverzeichnis